진짜 부자
가짜 부자

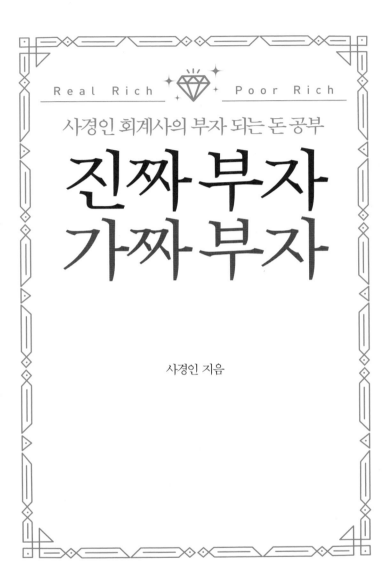

Real Rich · Poor Rich

사경인 회계사의 부자 되는 돈 공부

진짜 부자
가짜 부자

사경인 지음

더클래스

집도 없고
비싼 차도 없지만,
나는 부자다

나는 현재 집을 소유하고 있지 않다. 처가와 가까운 서울 외곽의 낡은 아파트에서 전세로 살고 있다. 타고 다니는 차는 생산된 지 10년도 더 된 국산 승용차다. 중고 시세를 조회해보니 300만 원 내외다. 이렇게 집도 없고 비싼 차도 없지만, 나는 부자다. 세상이 바라보는 기준에서는 이해가 되지 않겠지만, 내 기준에서 나는 부자라고 생각한다. '가진 게 없어도 마음만은 부자'라는 득도의 경지를 말하려는 것이 아니다. 회계사로서 숫자와 금액에 근거하여 주장하는 것이다.

내 소득은 3~4년 전에 비해 절반으로 줄었다. 경제적으로 한창때인 40대 중반에 소득이 절반으로 줄어든다면, 아마도 대개는 큰 스트레스를 받을 것이다. 하지만 나는 3~4년 전에는 부자가 아니었고, 오히려 지금 부자다. 내가 세운 '부자 방정식'의 계산 결과가 내가 부자가 됐음을 알려주고 있다.

'집도 차도 없고, 소득이 절반으로 줄어든 부자 따위 되고 싶지 않아'라고 생각할 사람들을 위해 몇 가지 힌트를 드리겠다. 몇 달 전 둘째가 태어나던 때 나는 출산 예정일을 전후해서 한 달간 아무런 경제활동도 하지 않았다. 오로지 만삭의 아내와 새로 태어날 둘째, 그리고 갑작스러운 변화에 당황할 첫째 아이에게만 집중했다. 아내가 아이를 낳던 날도 강의를 하러 가야만 했던 첫째 때와는 완전히 다른 삶이다.

몇 주 전에는 페이스북에서 다음과 같은 글을 봤다.

"핀란드 로바니에미에서 한 달 사실 분 계신가요?"

핀란드에 살고 있는 글쓴이가 한 달간 한국에 들르는데, 그동안 비는 집을 지원자에게 공짜로 빌려주겠다는 내용이었다. 기간은 당장 3주 뒤부터 한 달 동안이었다. 삽시간에 공유된 글에 수많은 '좋아요'와 댓글이 달렸는데, 주로 다음과 같은 내용이었다.

"우와! 정말 좋은 기회네요. 가실 수 있는 분들이 부러워요!"

"정말 격하게 신청하고 싶네요."

"일을 때려치워야 할지 고민이 되네요."

"신청할 상황은 안 되니 마음만이라도 떠나봅니다."

어떤가. 당신이라면 당장 3주 뒤부터 한 달간의 여행을 나설 수 있겠는가? 그 글을 읽고 나한테 필요한 건 '아내의 허락'뿐이었다. 여행경비나 생계 걱정은 하지 않고 그날 저녁 바로 지원했다. '부자 방정식'을 통해 '진짜 부자'가 되고 나서 내가 얻은 자유다.

어떻게 이런 삶이 가능해졌는지를 이 책에서 이야기하려 한다. 나를 진짜 부자로 만들어준 건 '돈에 대한 집착'이나 '욕망을 억누르는 절약' 같은 것이 아니었다. 가장 중요한 건 '깨달음'과 '방향 설정'이었다. 이 책을 통해 독자가 얻을 것으로 기대되는 깨달음은 다음과 같다.

첫째, 진짜 자산과 가짜 자산을 구분할 수 있게 된다. 대다수의 사람이 자산이 아닌 것(집이나 자동차)을 자산으로 착각하는 바람에 부자가 되지 못한다.

둘째, 좋은 부채와 나쁜 부채를 구분할 수 있게 된다. 누군가는 절대 빚을 져서는 안 된다고 하는 반면 또 누군가는 빚을 이용해 부자가 되는데, 그 원리를 깨치게 된다.

셋째, 부자가 될 수 있는 소득과 부자가 되기 힘든 소득을 구분할 수 있게 된다. 엄청난 연봉과 소득을 자랑하면서도 우울함에 빠져

사는 사람과 많지 않은 소득임에도 걱정 없이 살아가는 사람의 차이를 알게 된다.

넷째, 무조건 아끼는 비결이 아니라 기꺼이 절약하는 방법을 알게 된다. 아끼느라 많은 것을 포기하는 삶이 아닌, 절약을 통해 더 나은 삶을 누리게 된다.

다섯째, 부자의 기준을 바로잡게 된다. 일반적으로 생각하는 재산 기준이 아니라 삶에 대한 만족도를 바탕으로 한 부자의 기준을 알고, 좀더 행복한 삶에 다가가게 된다.

이 책은 회계에 관한 책이다. 회계가 왜 '부자 방정식'이 되는지 깨닫고 그걸 실천할 수 있도록 방향을 제시한다. 동시에 어떻게 살아갈 것인가에 관한 책이기도 하다. 내 아버지가 나에게 가르쳐주지 못한 것을, 미래의 내 아이들은 나에게 배울 수 있도록 미리 써놓는 책이다. 과거를 후회하는 버릇이 없는 내게, 거의 유일하게 '좀더 일찍 알았더라면 좋았을 텐데'라고 생각되는 내용을 담은 책이다. 이 책을 읽는 당신이 몇 년 뒤에는 자신의 부에 만족하는 삶을 살아갈 수 있다면 좋겠다.

사경인

차례

1부
진짜 부자가 되는 방정식은 있다

1장

부자 아빠는 왜 '회계'를 공부하라고 했을까?

2장

부자 방정식 하나, 나의 현재 위치를 확인하라

Real Rich
Poor Rich

Real Rich
Poor Rich

11장

부자가 되는
로드맵을
그려라

1부

진짜 부자가
되는
방정식은 있다

부자 아빠는
왜 '회계'를
공부하라고 했을까?

전혀 다른 공부가 필요하다

세계적 베스트셀러인 로버트 기요사키의 《부자 아빠 가난한 아빠》
에는 두 아빠가 등장한다. 박사 학위까지 받고 성공적인 경력을 쌓
았지만 가난했던 자신의 아빠와 중학교도 채 마치지 못했지만 부자
가 된 친구 아빠다. 부자가 되는 법을 배우고 싶다는 주인공에게 부
자 아빠는 학교에서는 그 방법을 가르치지 않는다고 말한다. 학교
교육으로는 '돈을 위해 일하는 법'을 배울 뿐 '돈이 나를 위해 일하
게 만드는 법'은 배우지 못한다며, 전혀 다른 공부가 필요하다고 얘
기한다. 하지만 한 가지 과목만은 예외를 둔다.

바로 회계다.

부자가 되는 데 학교 교육이 도움이 되지 않는다고 주장하던 부자 아빠가 왜 회계만은 꼭 배우라고 한 것일까?

저 내용을 처음 접했을 때, 회계사였던 내 마음속에는 뿌듯함이 차올랐다. 내 직업이 자랑스러웠고, 나도 조만간 큰 부자가 될 거라고 믿었다. 하지만 책을 읽고 공부를 해가며 깨달은 바는 내가 회계사로서 했던 회계 공부와 부자가 되기 위한 회계 공부 사이에는 큰 차이가 있다는 것이었다.

부자가 되기 위해 회계 공부는 필수다. 하지만 세상에 널리 알려진 회계학은 부자 되는 방법과 거리가 있다. 학교에서 배우는 회계는 내가 부자 되는 방법이 아니라 회사를 부자로 만드는 방법이다. 회사를 부자로 만들기 위한 '기업회계'와 나 자신이 부자가 되기 위한 '재테크 회계'는 같은 원리로 작동하지만 실제 적용에서는 큰 차이가 있다.

돈에 대해
공부한 적이 있는가?

우리는 인생의 가장 많은 시간을 돈을 버는 데 할애하면서도, 정작 돈에 대한 공부는 제대로 하지 않는다. '돈 공부'라는 말을 접하면 묘한 위화감이 느껴진다. 자식이 공부하겠다고 하면 그렇게 반가운

소리가 없겠지만, 그것이 돈에 대한 공부라면 어떨까? 돈과 공부는 함께하기 힘든 단어처럼 여겨진다.

나의 아버지도 마찬가지여서 학창 시절 내게 아르바이트를 허락하지 않으셨다.

> "돈 걱정 같은 건 아빠한테 맡기고,
> 넌 공부나 열심히 해라!"

부모님께서는 원하는 공부를 끝까지 마치지 못하셨다. 돈이 없었기에 학교를 더 다니지 못하고 집안일을 돕거나 돈벌이를 해야 했다. 그 설움을 자식에겐 물려주지 않으리라 다짐했기에 아르바이트를 용납할 수가 없었다.

그런데 공부만 열심히 할 수 있도록 뒷바라지하겠다는 그 각오는 나에게 오히려 독이 됐다. 내 의식 속에 돈은 '걱정하지 말아야 할 것' 또는 '신경 쓰지 말아야 할 것'으로 자리 잡았고, 사회생활을 하면서도 여전히 크게 신경 쓰지 않고 걱정하지 않아도 되는 것으로 여겼다. 걱정하지 않아도 될 만큼 돈이 많았다면 다행이겠지만, 그러지 않았다는 게 문제다. 뒤늦게 헤아려본 내 주머니 사정은 심각한 수준이었다. 직업이 회계사인데도 말이다.

나는 대학원에서 회계학을 배우고 회계사 시험에 합격했다. 결혼하던 시점까지 회계법인에 다닌 기간이 4년이나 됐지만, 여전히 가난했다. 중이 제 머리 못 깎듯, 내 재정상태는 엉망이었다. 자산이 수천억 원인 회사를 감사하고 문제점을 지적하면서도, 정작 내가 재무적 곤경에 처했다는 사실은 알지 못했다. 뭔가 함정에 빠졌다는 느낌은 있었지만 원인이 무엇인지, 어떻게 빠져나가야 할지 미처 깨닫지 못했다. 알고 있는 지식을 내 상황에는 적용해보지 못한 것이다.

우리가 돈에 대해 걱정하는 건 사실 돈이 없어서라기보다, 돈에 대해 잘 모르기 때문이다. 만약 나에게 주어진 소득이 평생 월 300만 원으로 정해져 있다고 생각해보자. 늘어나지도 줄지도 않으며, 대출을 받을 수도 없다. 그럼 그 돈으로 어떻게든 살아갈 것이다. 월 200만 원이어도 상관없다. 어떻게든 아끼고 쪼개서 그 돈에 맞춰 살아갈 수밖에 없다. 목돈이 들어가는 집이나 자동차 등은 애초에 생각하지도 않고, 그 대신 돈이 없어도 구할 수 있는 소소한 행복을 찾아 나설 것이다.

하지만 내 손에 쥐게 되는 돈은 정해져 있지 않다. 소득이 늘어나기도 하고, 때때로 줄어들기도 한다. 지출 규모 역시 마찬가지다. 가정을 꾸리고 아이가 생겨나면 당연히 지출이 늘어나며, 주택을 구입하기 위해 대출을 받을 일도 생긴다. 어느 순간에는 위험을 무릅쓰고 투자를 해야 할 수도 있다. 막연히 '내일은 더 나아지겠지'라는 기대 속에 살아가지만, 막상 내일이 되어도 여전히 돈은 걱정거리다. 10년 후를 기대한다면, 10년 전을 생각해보라. 지금의 나는 10년 전의 내 기대처럼 됐는가?

우리 대다수는 돈에 대한 주도권을 갖고 있지 못하다. 원하는 곳에 사용하지 못하고, 어쩔 수 없이 또는 자기도 모르게 쓰게 된다. 돈에 대해 잘 알지 못하고 주도권이 없다는 건, 누구나 몇 번은 해봤을 다음과 같은 질문으로도 알 수 있다.

"다달이 받는 월급은 도대체 다 어디로 가고,
이렇게 늘 쪼들리는 걸까?"

부자로 가는 길을 알려주는
내비게이션

몇 해 전 강의를 다녀오는 길에 갑자기 내비게이션이 먹통이 되고, 핸드폰마저 배터리가 다 된 적이 있었다. 그나마 전에 몇 번 다녀온 적이 있는 곳이라 이정표를 보며 겨우 돌아올 수는 있었지만 시간이 배로 걸렸다.

돈에 대한 공부를 하고 부자가 되는 방법을 배우면서 내가 깨달은 건, 회계가 바로 부자가 되는 길을 알려주는 내비게이션과 같다는 것이다. 물론 내비게이션이 없다고 해서 차가 움직이지 못하거나 목적지에 갈 수 없는 건 아니다. 마찬가지로 회계를 잘 모르고 부자가 된 사람도 얼마든지 있다. 하지만 그들이 회계를 알았다면 훨씬 이른 시간에 더 큰 부자가 됐을 것이다.

내비게이션은 목적지를 입력하면 현재 위치와 목적지 사이의 최단 거리를 찾아서 안내해준다. 이 책이 다루게 될 내용도 당신이 부자가 되는 길에 마찬가지 원리로 작동할 것이다.

첫째, 당신의 현재 위치를 찾아줄 것이다. 현재 위치를 알아야 내비게이션이 경로를 찾을 수 있다. 부자가 되고 싶어 하는 사람은 많지만, 현재 자신이 부자에서 얼마나 떨어져 있는지 알고 있는 사람은 많지 않다. 자신의 재무상태표를 그려본 적이 있는가? 회계가 제시하는 '재무상태표'는 일반적인 재산 목록과는 다르다. 아주 간단한 아이디어로 당신의 재무상태를 입체적으로 파악하게 해줄 것이다.

둘째, 목적지를 입력할 수 있다. 당신이 생각하는 부자의 기준은 무엇인가? 어떤 부자가 되고 싶은가? 누구나 부자가 되고 싶어 하지만, 부자의 기준을 구체적으로 가지고 있는 사람은 많지 않다. 부자의 기준은 사람마다 다를 수 있는데, 그 차이는 숫자의 크기에서만 발생하는 게 아니다. 측정 기준 자체가 다를 수 있다. 예를 들어 '10억이냐, 100억이냐'를 묻는다면, 측정 기준을 '재산'이라고 단정하고 그 측정값을 묻는 것이다. 하지만 누군가는 부자의 기준을 재산이 아닌 다른 측정치로 정할 수 있는데, 그중 한 사람이 바로 나다. 이 책을 읽고 나면 당신도 자신만의 기준을 세워 목적지를 설정하게 될 것이다.

셋째, 목적지에 도달하기 위한 다양한 경로를 파악할 수 있다. 대부분 내비게이션은 목적지를 입력하면 여러 가지 경로를 제시해준다. 거리상 가장 짧은 길, 덜 막혀서 빠른 길, 이용료가 없는 무료 도로 등 여러 가지 경로 중에서 선택할 수 있다. 부자가 되는 길에도 여러 가지가 있다. 가능한 경로 몇 가지를 이 책에서 살펴보게 될 것이다. 내비게이션이 있다고 해서 자동차가 목적지까지 스스로 움직이는 건 아니다. 길을 알려주더라도 직접 시동을 걸고 운전을 해야 목적지에 도달할 수 있다. 마찬가지로 이 책만 읽는다고 해서 저절로 부자가 되는 것은 아니다. 당신이 스스로 그 경로를 따라가기 위해 노력해야 한다. 대신 회계는 그 어렵고 지루한 길을 완주할 수 있도록 당신에게 계속 피드백을 주고 동기를 부여할 것이다.

컴퓨터 게임 중 RPG(롤플레잉게임)는 사실 매우 지루한 게임이다. 괴물을 때려잡고 아이템을 얻기 위해서 '레벨업 노가다'를 지겹도록 해야 한다. 레벨업 시스템이 별 의미 없어 보이는 마우스 클릭을 밤을 새워가며 하게 만드는 것이다. 내 캐릭터가 점점 강해지고 성장하며 화려해지는 과정을 실시간으로 확인할 수 있기에 시간 가는 줄 모르고 클릭을 계속하게 된다. 회계는 당신의 부자 레벨이 오르는 것을 계속해서 보여줄 것이고, 거기에 중독된다면 당신은 마침내 목표로 했던 삶에 바짝 다가설 수 있을 것이다.

아주 쉬운 부자 방정식

회계원리 시간에 배우는 몇 가지 방정식이 있다. 주로 덧셈과 뺄셈으로 이뤄진 아주 간단한 식인데, 예를 들면 이렇다.

자산 - 부채 = 자본
수익 - 비용 = 이익

아주 간단하지만 이 식만으로도 기업이 가진 게 어느 정도이며, 얼마를 벌어서 얼마를 남기는지 파악할 수 있다. 규모가 작은 1인 기업부터 수백조의 대기업에까지 모두 적용할 수 있는 식이다. 이를 바탕으로 기업은 목표를 세우고 예산을 짜고 경영상의 문제점을 찾아낸다.

이 식을 기업이 아닌 개인에 맞춰 조금만 변형하면 내가 고안한 '부자 방정식'이 된다. 겁먹을까 봐 미리 말해두지만, 전혀 어렵지 않다. 식은 간단하지만 그 위력은 대단하다. 회계사로서 '고소득 노예'였던 내가 '저소득 부자'가 될 수 있었던 비결이 바로 부자 방정식을 깨닫고 실천한 것이었다. 이제부터 하나씩 배우고 실천한다면 분명 당신의 인생에도 적지 않은 변화가 생기리라 자신한다.

2장

부자 방정식 하나,
나의 현재 위치를
확인하라

가지고 있는 재산이 얼마나 되는가?

강의에서 사람들에게 종종 이런 질문을 던져본다.

> "가지고 계신 자산이 얼마나 되나요?
> 대강 1,000만 원 단위나 억 단위로
> 파악이 되시는 분?"

옆 사람 눈치를 보느라 입 밖으로 소리 내어 말하지는 않지만, 그래도 헤아려내는 사람들이 많다.

"이제 직장생활 1년 차라 재산이라 할 만한 게 없어요."

"지금 아파트 시세가 이 정도이고, 은행에 예금이랑 주식이 있으니 대강 이 정도인 듯하네요."

당신은 어떤가? 잠시 책을 덮고 헤아려보기 바란다. 강의 중도 아니고, 눈치 보이는 사람들도 옆에 없을 테니 진짜 계산해보기 바란다. 어느 정도의 자산을 가지고 있나?

계산한 다음에는 이 페이지의 여백이나 메모장 같은 곳에 적어보기 바란다. 여기서 가장 중요한 포인트는 '적어보는 것'이다. 사람들이 다이어트에 실패하고 살을 빼지 못하는 이유가 '방법을 몰라서'는 아니다. 행동으로 옮기는 데 실패해서다. 이 책을 읽고 부자가 되는 데 실패했다면, 그 역시 책의 내용을 몰라서가 아니다. 실행하는 데 실패해서다. 일단 적어보자.

당신이 생각하는 현재 자산 규모는? _____

자, 적었다면 그다음 질문을 해보겠다. 마찬가지로 강의 중에 던지는 질문이다.

"당신의 자본은 얼마인가요?"

이 역시 적어보자.

당신이 생각하는 현재 자본 규모는? _____

어떤가. 첫 번째 질문한 '자산'과 두 번째 질문한 '자본'의 차이가 이해되는가? 상당수의 사람이 두 번째 질문을 들으면 이렇게 반응한다.

"응? 무슨 소리야? 같은 질문 아냐?"

아니면, 지우개를 들어 첫 번째 답을 수정한다.

"아하, 자산 말이지?"

진짜 부자는 자본이 많은 사람

기업회계에서는 자산과 자본을 다음과 같이 구분한다. 흔히 '대차대조표 등식' 또는 '재무상태표 등식'이라고 부르는 유명한 식이다 (자산·부채·자본을 표시하는 재무제표를 오랫동안 '대차대조표'로 불렀으나 현재 공식 용어는 '재무상태표'다).

$$자산 = 부채 + 자본$$

예를 들어, 당신이 아파트를 샀다고 하자. 5억 원짜리 아파트를 사는데 가진 돈이 3억 원뿐이라 은행에서 2억 원의 대출을 받았다. 그러면 당신이 소유한 5억 원짜리 아파트라는 '자산'은 은행 대출금

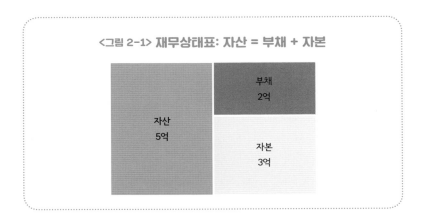

<그림 2-1> 재무상태표: 자산 = 부채 + 자본

부채
2억

자산
5억

자본
3억

이라는 2억 원의 '부채'와 당신 몫인 3억 원의 '자본'으로 구성된다. 그러니 자산이 얼마냐고 하면 5억 원이라고 답하고, 자본이 얼마냐고 하면 부채를 제한 3억 원이라고 답해야 한다.

사실 우리가 일상생활에서 사용하는 용어는 자산이나 자본이 아닌 '재산財産'이다. 보통 재산이 얼마나 되느냐고 물어보지, 자산 또는 자본이 얼마나 되느냐고 묻진 않는다. 그렇다면 이 상황에서 재산은 얼마일까? 국어사전에서 재산의 의미를 찾아보면 '금전적 가치가 있는 재화나 자산'이라고 풀이되어 있어 앞서 살핀 '자산'에 가깝다(법률적 측면에서는 적극적 재산인 자산 이외에 소극적 재산인 부채를 포함하는 경우도 있다). 그래서 우리는 누군가의 부를 얘기할 때 "빌딩을 두 채나 가지고 있어"와 같이 자산의 의미로 파악한다.

하지만 진짜 부자는 자산이 많은 사람이 아니라 자본이 많은 사람이다. 빌딩을 두 채나 가지고 있더라도 대출을 받아 구입한 것이고, 빌딩 가격이 떨어져 대출금도 못 갚는 '깡통건물'이라면 결코 부자라고 할 수 없다.

'부'는 자산이 아닌
자본을 기준으로 판단해야 한다.

　그런데 자본이라는 용어는 내가 가진 재산이라는 의미보다는 장
사나 사업을 하기 위한 밑천의 의미가 강하다. 사전적인 의미 역시
'장사나 사업 따위의 기본이 되는 돈'이라고 하여 종잣돈의 개념이
다. 기업 입장에서는 주주가 제공하는 자본이 종잣돈의 역할을 하
기 때문에 이를 자본이라고 표현해도 이상할 게 없다. 하지만 개인
입장에서 '내가 가진 게 얼마나 되는지'를 표현하는 데 자본이라는
용어는 아무래도 이상하다. 그래서 나는 개인에게는 자본이라는 용
어 대신 '순자산' 또는 '순재산'이라는 명칭을 쓰기로 했다. 기업회계
에서도 자본 대신 순자산이라는 용어를 사용하기도 한다. '총자산
에서 부채를 빼고 남은 순수한 자산'이라는 의미다.

부자 방정식 1:
자산 - 부채 = 순자산

기업회계의 재무상태표 등식은 다음 두 가지 형태로 표현된다.

$$자산 = 부채 + 자본 \quad ①$$
$$자산 - 부채 = 자본 \quad ②$$

두 식은 수학적으로는 같지만, 해석은 조금 다르다. ①번 식은 주로 회사를 설립할 때 사용한다. 회사 차릴 때 필요한 돈을 어떻게 조달했는지, 자기 돈(자본)과 남의 돈(부채)을 합쳐 얼마가 투입됐는지를 나타낸다. 반면 ②번 식은 회사를 운영한 결과를 나타낸다. 투자자 입장에서 지금 내 몫이 얼마나 됐는지, 즉 늘었는지 줄었는지를 파악하기 위해 전체 자산에서 부채를 빼 내 몫을 계산하는 의미다.

개인 입장에서도 ①번은 투자 시점에 필요한 식이다. 5억 원짜리 아파트를 살 때, 내 돈과 은행 빚이 얼마씩 들어갔는지를 파악하는 것이다. 반면에 내 순수한 재산이 얼마나 되는지 알아보기 위해서는 아파트 시세가 어떻게 변동했는지를 파악하고, 남아 있는 대출금을 차감한다. 따라서 ②번 식을 이용하되 자본이라는 명칭을 '순자산'으로 바꾸면 다음과 같은 방정식이 만들어진다.

자산 - 부채 = 순자산

이것이 첫 번째 부자 방정식이다.

재테크의 목표는
자산을 늘리는 것이 아니다

재테크 계획을 세우는 사람들 중 시작부터 잘못된 경우를 종종 본다. 재테크의 목표를 다음과 같이 세우는 것이다.

- 6개월에 1,000만 원 모으기
- 5년 안에 종잣돈 1억 만들기
- 집, 차, 현금 10억

서점에 가보면 책 제목이나 목차에서도 이런 내용을 흔히 볼 수 있다. 이런 재테크 목표들이 아쉬운 이유는 모두 자산의 관점에서 설정된 것이라는 점이다. 물론 이런 목표 앞에 '빚지지 않고'라는 말이 생략됐다고 봐야겠지만, 실행하는 과정에서 문제점들이 생겨난다.

예를 들어, 5년 안에 1억 원을 모으겠다는 목표를 달성하기 위해 적금에 가입하는 사람도 있다. 쓰고 남는 돈을 저축해서는 도저히 모을 수가 없을 것 같아 적금에 가입해 돈이 강제로 모이게 하고, 나머지 돈으로만 생활하겠다고 독한 마음을 먹는 것이다. 그런데 돈이 부족하면 어떻게 되나? 결국 신용카드 할부나 현금서비스를 활용하게 된다. 형편을 고려하지 않고 무조건 돈을 모으겠다는 각오는 물도 마시지 않고 굶어서 살을 빼고야 말겠다는 계획과도 같다. 마음가짐은 칭찬해주고 싶지만, 달성하기 힘들 것이다.

빚 없이 집, 차, 현금 10억을 만들겠다는 목표도 마찬가지다. 집을 사는 데 대출 없이 순수하게 자기 돈으로만 구입하는 사람이 얼마나 되겠는가. 빚 없이 집을 사겠다는 목표 때문에 현금이 모일 때까지 기다리다가 주택 구입 시기를 놓치는 경우가 많다. 모이는 돈보다 더 빨리 오르는 집값을 계속 쳐다봐야 했던 누군가의 후회 어린 목소리가 떠오르지 않는가? 우리 부모님이 종종 하시는 말씀이 있다.

> "그때 목욕탕 앞 땅을
> 빚을 내서라도 샀어야 했는데…."

재테크의 기준과 목표는 자산이 아니라 자본, 즉 순자산이 되어야 한다. 단순히 자산을 늘리는 게 목표라면 제2 금융권 대출을 받으면 된다. 스톡론(주식담보대출)을 이용하면 투자자산을 당장 몇 배로 불릴 수도 있다. 하지만 총자산이 아니라 부채를 차감한 순자산을 기준으로 목표를 세워야 한다. 따라서 현재 내 순자산이 얼마인지를 파악하는 것이 출발점이 되어야 한다.

예를 들어 당신의 현재 자산이 6,000만 원이고, 부채가 2,000만 원이라고 해보자. 5년 뒤에 순자산 1억 원을 만들고 싶다면 1년에 얼마씩 모아야 할까?

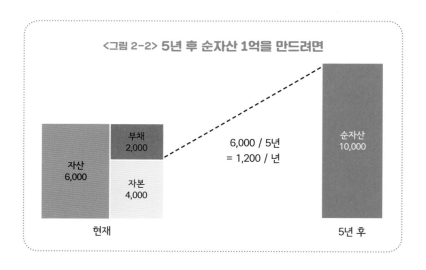

<그림 2-2> 5년 후 순자산 1억을 만드려면

6,000 / 5년
= 1,200 / 년

자산
6,000

부채
2,000

자본
4,000

순자산
10,000

현재

5년 후

〈그림 2-2〉에서 보듯이 현재 출발점은 순자산 4,000만 원이다. 목표 지점인 1억 원까지는 6,000만 원이 증가해야 한다. 기간이 5년이므로 1년에 1,200만 원씩 모아야 한다.

만약 당신의 평균 연봉이 3,000만 원이라면 한 달에 지출할 수 있는 예산은 얼마일까? 1년에 1,200만 원을 모으려면 한 달에 100만 원씩 저축해야 한다. 수입이 월 250만 원(= 3,000만 원 ÷ 12)이므로 쓸 수 있는 돈은 150만 원이다. 그럼 150만 원을 가지고 어떻게 한 달을 생활할지, 반드시 지출해야 하는 필수항목부터 예산을 배분해나가는 게 재테크의 첫 번째 단계다.

그런 다음에는 다달이 자산과 부채를 확인해서 계획대로 한 달에 100만 원씩 순자산이 증가하는지 확인하고, 목표나 계획을 수정해나간다. 예를 들어 계획을 실행한 지 석 달이 지나면, 자산과 부채가 얼마이든지 간에 그 차액인 순자산은 4,300만 원이 돼 있어야 한다. 만약 그 시점에 순자산이 4,350만 원으로 계획보다 앞선다면 조금 여유를 부려도 되고, 반대로 부족하다면 좀더 허리띠를 졸라매야 할 것이다.

순자산이 얼마인지 파악하라

자산에서 부채를 빼야 진짜 내 순자산이 된다는 개념을 우리가 몰랐던 건 아니다. 대출을 80%나 끼고 산 아파트를 온전한 내 자산이라고 생각하는 사람은 아마도 없지 않을까. 중요한 건 이 개념을 아는 데서 그치지 않고 현실에 활용하는 것이다.

실제 자신의 자산이 얼마이고 부채가 얼마인지 아는 사람은 드물다. 그것을 기록하고 관리하는 사람은 더더욱 드물다. 정말 한번 물어보자.

> "당신의 순자산은 1년 전보다 얼마나 늘었나요?
> 순자산이 한 달에 보통 얼마씩 증가하나요?"

재테크 계획을 세우고 돈관리를 하고 있다는 사람들도 막상 이

질문에는 답하기 어려워한다. 한 달 월급이 얼마인지는 알지만, 내 순자산이 얼마나 늘었는지는 모르는 것이다. 점포를 운영하는 자영업자 중에도 월 매출은 파악하지만, 각종 경비를 빼고 남는 순이익이 얼마인지는 파악하지 못하는 경우가 은근히 많다. 당장에 지출이 발생하는 재료비나 인건비, 임대료만 경비라고 생각했다가 감가상각비나 세금을 빼고 나면 남는 게 없어 '앞으로 벌고 뒤로 밑지는' 장사를 한다.

회사 사장이 자기 회사의 매출액은 알지만, 비용을 빼고 남긴 순이익이 얼마인지는 모른다면 어떨까? 한 달에 이익이 얼마나 나는지 모르는 회사가 제대로 경영이 될까? 기업에서는 상상하기 힘든 일이 개인 차원에서는 일상적으로 발생한다. 바로 회계 시스템이 없기 때문이다. 즉, 숫자를 체계적으로 기록하지 않기 때문이다.

순자산을 적어보자

케이블 채널을 돌리다가 재미있는 영화 장면이 나와서 한참을 빠져들어 본 적이 있다. 실컷 보다가 갑자기 깨달았다.

'아…, 영화관에서 봤던 거네!'

그렇게 재미있게 봤던 영화도 몇 년 지나면 머릿속에서 사라진다. 한 번 읽거나 본 것만으로는 절대 내 것이 되지 못한다는 의미다. 직접 해봐야 내 것이 된다.

당신의 순자산을 파악하여 기재해보자. 어렵지 않다. 다음 워크북에 당신이 가진 자산의 내역을 기재하고 금액을 적으면 된다. 부채도 내역을 파악해서 금액을 적으면 된다. 이 표들이 당신의 부자 방정식을 완성해줄 것이다.

부자가 되는 방법은 어렵지 않다. 그 방법을 따라가는 게 귀찮고 어려울 뿐이다. 읽고 이해하는 건 쉽다. 고작 이런 게 부자 되는 비결인가 싶을 것이다. 하지만 그 방법을 따라 하다 보면 얼마나 어려운 일인지 알게 된다. 별것 아닐 거라 예상했던 일이 막상 해보면 꽤 까다롭고, 여러 가지 부분에서 부딪히게 될 것이다. 부딪히는 지점은 각자가 다 다른데, 대개 다음과 같은 고민을 하게 된다.

'이것도 자산으로 봐야 하나?'

'이건 금액을 얼마라고 적어야 하지?'

기업회계에서도 결국 이 두 가지, 즉 '인식'과 '측정'에 대해 고민한다.

어쨌든 부딪히고 막히는 부분이 있어야 그게 뚫렸을 때 깨달음을 얻는다. 다음 표에 적어도 되고, 아니면 따로 엑셀로 정리해도 된다. 미루지 말고 당장 해보자.

자산	
항목	금액
합계	

진짜 부자 가짜 부자

부채	
항목	금액
합계	

순자산	
자산	
부채	
순자산(자산 - 부채)	

헷갈리는 게 있어야 정상이다

직접 자신의 재무상태표를 만들어보면 여러 가지를 깨닫게 된다. 예상보다 많은 고민이 필요하고 작성하기 어려운 지점도 만날 것이다. 골칫거리가 생겨야 정상이다. 통장에서 예금 잔액을 확인해 적는 것 정도야 별문제 아니지만, 이런 고민은 어떻게 하나?

'자동차는 얼마짜리 자산이지?'

일반적인 직장인에게 가장 비싼 자산 두 가지는 집과 자동차다. 자산 목록에 자동차를 적는 건 알겠는데 얼마로 적어야 할까? 살 때 2,000만 원을 줬던 자동차는 지금도 2,000만 원짜리 자산일까? 차가 없어서 그런 고민을 할 필요가 없다면 다음 질문은 어떤가.

'보험료 낸 건 자산인가?'

소득이 있다면 대부분 보험 하나 정도는 가입했을 것이다. 가입한 보험이 하나도 없다고 하더라도, 최소한 국민연금은 납부하고 있을 것이다. 이건 자산일까, 아닐까? 보험료가 지출인 건 알겠는데, 내가 받을 것으로 기대되는 보험금은 자산이 아닐까? 만약 자산으로 봐야 한다면 얼마로 적어야 할까? 납입한 금액? 만기에 예

진짜 부자 가짜 부자

상되는 수령액? 아니면, 지금 해지한다고 할 때 받을 수 있는 환급금?

우리가 매달 납입하는 보험은 도대체 뭘까? 자산인지 아닌지 구분도 못 하면서 보험사에 다달이 돈만 가져다 바치는 건 아닐까? 보험이 뭐지?

그 외에 생겨나는 고민거리들은 개인마다 모두 다를 수 있다. 예를 들어, 자신의 재산 목록 1호가 수집품인 사람들도 있다. 좋아하는 연예인에 관한 기념품을 모으기도 하고, 희귀 골동품이나 한정판 운동화를 모으는 사람들도 있다. 이것들도 자산으로 봐야 할까? 가치는 어떻게 측정할까?

직접 적어보기를 간곡하게 권한 것도 이 때문이다. 직접 적어본 사람만이 저자인 내가 미처 생각하지 못한 자신의 과제를 찾고, 이를 해결하는 과정에서 자기만의 방법을 찾아낼 수 있다. 지금 당신이 찾아야 할 것은 '사경인이 부자가 된 방법'이 아니라 '내가 부자가 될 방법'이다. 사경인의 방법은 당신의 방법을 찾는 데 참고사항일 뿐이다. 직접 해보지 않으면 자신의 위치를 찾을 수 없고 해결책도 구할 수 없다.

자신의 재정에 대해 질문을 던지고 풀어나가는 것은 돈에 대한 주도권을 쥐는 과정이다. 다시 한번 강조하지만, 모르니까 걱정이 되는 것이다. 보험과 같은 나머지 질문들은 일단 뒤에서 다시 다루기로 하고, 어떻게 측정할지에 대한 고민부터 풀어가 보자.

현재 위치를 파악하기 위한 기준

앞에서 내가 던진 질문, 당신이 스스로 던진 질문에 정해진 답은 없다. 반면, 기업의 재무상태표를 작성할 때는 답이 있다. 바로 '회계기준'이다. 어떤 것을 어떻게 측정해서 어떻게 보고할지 기준을 제시한 것으로, 기업은 반드시 그 기준을 따라야 한다.

회계기준은 하나가 아니다. 어떻게 기준이 여러 개일 수 있냐고 묻는 사람도 있겠지만, 실제로 다양하다. 우리나라에서 기업들이 사용하는 회계기준에는 크게 다음의 세 가지가 있다.

- 한국채택국제회계기준
- 일반기업회계기준
- 중소기업회계기준

각각의 기준은 적용 대상이 다르다. 주식시장에 상장된 회사는 한국채택국제회계기준을 따라야 하지만, 비상장회사는 일반기업회계기준을 적용하면 된다. 규모가 영세하여 외부감사도 받지 않는 기업은 중소기업회계기준을 따르면 된다.

회계기준이 필요한 건 다른 사람에게 보여주기 위해 작성하는 표이기 때문이다. 은행에서 돈을 빌리거나 투자자에게 투자를 받으려면 재무제표를 보여줘야 한다. 이렇게 다른 사람에게 보여줄 때는 통일된 기준을 사용할 필요가 있다. 돈을 빌리러 오는 회사마다 재무제표가 모두 다르게 생겼다면 은행 입장에서는 판단을 내리기 어렵고, 회사는 대출을 받기가 어려워질 것이기 때문이다.

하지만 개인의 재무제표는 작성 의무도 작성 기준도 없다. 남에게 보여주기 위한 것이 아니기 때문이다. 당신의 현재 위치를 스스로 파악하고 확인하기 위한 것이지 누군가에게 보여주고 자랑하기 위한 것이 아니다. 오히려 누가 볼까 봐 걱정돼서 워크북을 작성하기조차 주저하는 사람도 있을 것이다.

정해진 기준이 없다는 건 제약 없이 마음껏 해도 된다는 뜻이지만, 상당수의 사람에게는 오히려 무엇부터 해야 할지 모른다는 의미가 되기도 한다. 차라리 자동차는 어떤 금액으로, 보험금은 어떻게 하라고 정해주길 바라는 사람이 많다. 영화 〈쇼생크 탈출〉에서 브룩스라는 인물은 50년간 수형생활을 한 후 가석방이 된다. 마침내 자유를 찾았지만, 그는 그 자유를 어찌해야 할지 몰라 괴로워하다가 자살로 생을 마감한다. 마찬가지로 40년간 복역하고 석방된 레드는 다음과 같은 독백을 한다.

> "40년 동안 항상
> 누군가의 허락을 받고 오줌을 쌌다.
> 한 방울의 오줌도 허락 없이는 나오지 않았다."

개인의 재무제표는 작성 기준이 없으니 자유롭게 작성해도 된다.

문제는 당신의 방광이 걱정된다는 점이다. 그래서 몇 가지 선택지를 제시해본다. 주관식보다는 객관식을 선호하는 사람들에게 도움이 될 것이다. 물론 더 창의적이고 적절한 대안을 찾아서 적용하는 건 언제나 환영이다.

금액을 측정하는 세 가지 방법

개인의 재무제표를 작성할 때, 기업의 기준을 참고할 수 있다. 기업도 자동차를 사서 보유하고 보험도 가입하니 말이다. 기업이 자산을 측정하는 기준은 세 가지다(이론상으로는 〈재무보고를 위한 개념체계〉 등에 더 많은 측정 기준이 등장하지만, 사실상 사용되는 건 세 가지로 볼 수 있다).

자동차를 예로 들어 세 가지 기준이 뭔지 알아보자.

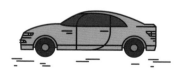

지금 보유 중인 자동차는 3년 전에 2,000만 원에 구입했다. 5년 정도 타다가 바꿀 예정이었으므로 앞으로 2년 뒤에는 팔고 다른 차를 살 것이다. 지금 중고 시세는 1,300만 원 정도이며, 2년 뒤에는 1,000만 원 정도 받고 팔 수 있을 것 같다.

진짜 부자 가짜 부자

① 역사적원가(HC, Historical Cost)

역사적원가는 애초에 샀을 때의 가격을 말한다. 사례의 자동차는 2,000만 원이 역사적원가다. 이 역사적원가는 바뀌지 않는다(학문적으로는 틀린 얘기가 되지만, 쉽게 이해할 수 있도록 단순화한 설명이다). 이미 지불한 것이니 몇 년이 지났느냐와 무관하게 이 가격은 달라지지 않는다.

② 공정가치(FV, Fair Value)

공정가치는 쉽게 말해 현재의 '시세'를 말한다. 여기서는 현재 중고 시세인 1,300만 원이 공정가치가 된다. 이 시세는 오를 수도 있고 떨어질 수도 있다. 공정가치로 측정할 때는 측정 시점마다 시세를 확인해야 한다.

③ 상각후원가(AC, Amortised Cost)

역사적원가나 공정가치(시세)에 비해 상각후원가는 생소하고 어려운 개념이다. 상각은 '깎아나간다'라는 뜻으로, 원가를 일정하게 깎아나가거나 때에 따라서는 가치를 일정하게 불려나가는 것을 의미한다.

연 이자율이 10%이고 만기가 3년인 일시납 정기예금이 있다고 하자. 적금처럼 매달 돈을 넣을 필요는 없지만 납입한 금액에 대해서는 3년 뒤에 이자와 원금을 받을 수 있다. 만약 이 정기예금에 100만 원을 넣어두었다면 1년 뒤 예금의 가치는 얼마일까? 10% 이자가 붙어서 110만 원일 것이다. 2년 후에는 120만 원이 된다. 만약 금리 조건이 이자에도 이자가 붙는 복리라면, 110만 원에 이자 11만 원이 붙어서 121만 원이 될 것이다. 단리든 복리든, 사전에 정해진 약정이율대로 일정하게 불어날 것이므로 이 금액으로 평가하는 것이 상각후원가다.

상각후원가를 자동차에 적용해보자. 지금 중고 시세가 1,300만 원이라고 했지만 사실 당장 중고차로 팔 계획이 없다면 이 시세는 의미가 없다. 오히려 5년 타고 바꿀 예정이라면 바꾸는 시점의 시세가 더 중요하다. 이 경우 2,000만 원에 사서 5년 타고 나면 1,000만 원 정도 받을 것으로 예상했다. 애초 2,000만 원짜리 자동차가 5년 뒤엔 1,000만 원이 되므로, 가치가 1년에 200만 원씩 줄어든다고 생각하면 된다. 이 가정에 따라 자동차를 사고 나서 1년이 지난 시점에는 1,800만 원, 2년 뒤에는 1,600만 원, 3년이 지난 지금은

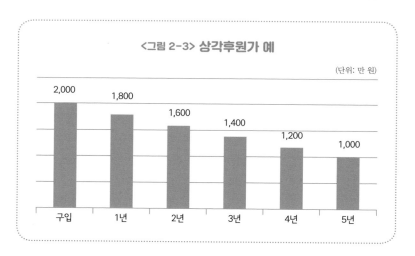

〈그림 2-3〉 상각후원가 예

(단위: 만 원)

구입	1년	2년	3년	4년	5년
2,000	1,800	1,600	1,400	1,200	1,000

1,400만 원이라고 평가하는 것이 상각후원가다. 1년에 200만 원씩 깎아나가는 방법이다. 이를 회계에서는 가치가 감소함에 따라 깎아나가는 비용이라는 의미로 '감가상각비減價償却費'라고 부른다. 이 예에서는 1,400만 원이 감가상각후원가다.

정리하면, 이 자동차는 세 가지 측정 기준에 따라 각각 다른 금액으로 평가할 수 있다. 어려운 정식 용어보다는 쉽게 원가, 시세, 상각으로 표현하겠다.

[표 2-1] **자동차의 세 가지 금액 예**
(단위: 만 원)

측정 기준	원가(HC)	시세(FV)	상각(AC)
금액	2,000	1,300	1,400

측정 기준을 선택하라

HC(원가), FV(시세), AC(상각) 중 어느 것으로 측정해야 할까? 이는 개인의 선택에 달렸다. 예를 들어 자동차를 타고 다니는 목적이 아니라 수집 목적으로 샀고, 잘 보관해뒀다가 50년 뒤에 전시품으로 팔겠다면 HC가 적정한 측정치가 될 수도 있다. 만약 언제라도 돈이 필요할 때 차를 팔아 마련하겠다는 생각이라면, FV로 평가하는 것이 좋을 것이다. 대다수의 사람에게 자동차는 장기간 사용하다 마음에 정한 교체 시점이 되면 바꾸는 소유물이니 이때는 AC가 적정할 것이다. 실제로 기업회계기준에서도 AC(원가 모형)나 FV(재평가 모형)를 선택해서 적용할 수 있도록 허용하고 있다.

자동차를 예로 들었지만 다른 자산들도 대부분 이 세 가지 중 하나로 가치를 측정할 수 있다. 만약 땅을 가지고 있다면, 살 때 가격인 원가 그대로 평가하거나 시세를 알아보고 시세로 평가할 수도 있다. 일반적으로 토지는 가치가 감소하지 않기 때문에 상각후원가는 잘 적용하지 않는다. 주식에 투자했다면 시세로 평가하는 것이 합리적이겠지만, 비상장 주식이라면 시세를 구하기가 어려워 원가나 상각후원가(예컨대 "이 주식의 가치는 1년에 최소 10%씩은 늘어나!"와 같이)로 측정해야 할 수도 있다.

때에 따라서는 자신만의 측정 기준을 만들 수도 있다. 예를 들어, 자동차를 5년 정도 타되 중고 시세가 괜찮은 시점에는 팔겠다고 계획했다고 하자. 이 경우에는 매년 상각후원가와 그 시점의 시세를 비교하여 둘 중 큰 금액으로 평가하는 게 합리적일 것이다. 다음과 같이 평가하는 방법이다.

[표 2-2] 상각후원가와 시세 중 큰 금액으로 평가

[표 2-2] 상각후원가와 시세 중 큰 금액으로 평가 (단위: 만 원)

구분	1년 차	2년 차	3년 차	4년 차	5년 차
상각후원가	1,800	1,600	1,400	1,200	1,000
시세	1,750	1,650	1,300	1,250	1,100
평가액	1,800	1,650	1,400	1,250	1,100

어떻게든 자신이 기준을 정하면 된다. 참고로 나는 자동차에 대해서는 지금까지 제시된 방법들이 아니라 전혀 다른 방법으로 평가한다. 이 방법은 뒤에서 소개할 것이다.

적었을 때 비로소
깨닫는 것들

한번 상상해보자. 당신 친구가 ATM기에 신용카드를 넣고 100만원을 인출한다. 연 12%의 이자를 내는 현금서비스다. 왜 비싼 현금서비스를 받느냐고 물었더니 이번 달 적금을 납입하기 위해서란다. 가입한 적금의 금리는 2%라고 했다. 12%짜리 현금서비스를 받아그 돈을 2%짜리 적금에 넣는다는 얘기다. 이런 바보가 세상에 어디있을까?

그런데…, 있다. 그것도 아주 많다. 내 주변에서도 많이 봤고, 이 책을 읽고 있는 독자 중에도 무척 많을 것이다. 그리고 다름 아닌 나조차 예전에는 그런 바보였다.

ATM기에서 인출한 돈을 그대로 가져가 적금에 납입하는 '뻔한' 바보짓을 하는 사람은 아마 없을 것이다. 적금이 먼저 빠져나간 후 생활비가 부족해 현금서비스를 받았으리라. 자신은 열심히 저축하고 있다고 생각하면서. 하지만 부자 방정식에 따라 자신의 자산과 부채를 파악해보면 얘기가 달라진다.

재무상태표에 쭉 나열한 자산과 부채를 확인해보자. [표 2-3]처럼 대다수 사람의 자산 내역에는 적금이나 예금이 있을 것이다. 그리고 부채 내역에는 은행 대출금이나 신용카드 결제액이 있을 것이다. 그 결제액에 현금서비스를 받은 금액이나 신용카드 할부를 이용한 금액이 포함된 사람도 있을 것이다.

[표 2-3]에서 왼쪽에 있는 자산은 오른쪽에 있는 부채로 구입했

[표 2-3] 개인의 재무상태표 예

자산 내역		부채 내역	
현금	XXX	대출금	XXX
예금	XXX	신용카드 결제액	XXX
적금	XXX	:	
전세보증금	XXX		
자동차	XXX	순자산 금액	
:			XXX

다고 봐야 한다. 어쩌면 당신은 12% 수수료의 현금서비스를 받아 구입한 건 옷이라고, 그 돈으로 2%짜리 적금을 납입하는 바보는 아니라고 생각할 수 있다. 하지만 적금 부을 돈으로 옷을 샀다면 어땠을까? 2%의 이자를 못 받는 대신, 12%의 수수료를 낼 필요가 없었다. 결국 당신은 12%의 수수료를 물면서 2% 이율의 적금을 납입한 것이다.

당신의 자산 목록에 적금이나 예금이 있고, 부채에 신용카드 할부나 현금서비스 내역이 있는가? 그렇다면 당신은 우리가 상상했던, 현금서비스 받은 돈을 가지고 적금을 넣는 사람인 것이다.

재테크의 목표를 순자산에 두지 않고 자산을 기준으로 '5년 안에 종잣돈 1억 만들기'로 정했을 때 생겨나는 문제점이 이것이다. 어떻게든 목표 금액을 모으고 말겠다면서 그 금액에 맞춰 적금에 가입한다. 그런 다음 막상 생활비가 부족해지면 신용카드나 현금서비스에 의존한다. 이것이 왜 문제인지 이해가 됐는가?

대부분 사람은 직접 적어서 비교해보기 전까지는 이런 사실을 깨닫지 못한다. 내가 그랬다. 나는 회계사 시험에 합격하고 회계법인에 입사해서 직장생활을 하다가 늦은 나이에 입대했다.

회계사 시험에 합격한 직후 합격증을 받으러 갔더니, A 은행이 가판에서 상품 홍보를 하고 있었다. 합격증을 보여주니 곧바로 마이너스통장과 신용카드를 만들어줬다. 회사에 입사하고 나니 급여통장을 만들라고 했다. 회사의 주거래은행이 B 은행이어서 그 은행의 통장만 가능했다. 급여는 B 은행 통장으로 들어오고, 카드 사용액은 A 은행 마이너스통장에서 결제가 됐다. 결제계좌를 마이너스 통장에 연결해놓으면 잔액이 없어도 연체될 일이 없기에 핸드폰이나 각종 공과금도 A 통장에서 결제되게 해놓았다. 그러다가 A 통장의 마이너스 금액이 커지면 B 통장에서 이체해 마이너스를 메웠다.

얼마 후 군에 입대했다. 훈련소에서 급여통장을 만들어줬다. 우체국만 가능하다고 해서 우체국 통장을 별도로 만들었다. 회계법인에서 받던 월급에 비하면 하루 저녁 야근 수당 정도였는데, 그 돈에는 손을 대고 싶지 않았다. 한 달 동안 고생한 대가가 순식간에 사라지는 걸 보기 싫었던 것 같다. 복무 기간에 군대에서 준 돈은 우체국 통장에 그대로 쌓였다. PX에서나 휴가 나와서 쓰는 돈은 신용카드로 결제했고, 그 금액은 그대로 A 통장의 마이너스 금액으로 쌓였다. 군대에서는 인터넷뱅킹도 되지 않고 부대 내에 은행 지점도 없기에 회계법인에서 받았던 급여는 B 은행 계좌에 그대로 남아 있었다.

병장이 되고 제대가 가까워지자 사고 싶은 것들이 생겨났다. 휴가와 외출이 잦아지자 휴대폰도 장만했고, 집에 있는 낡은 컴퓨터도 새로 바꿨다. 아직 소득이 없기에 일시불 결제는 부담스러웠다. 몇 달 후 제대하고 재입사하면 월급을 받게 될 테니 할부로 구입했다. 당시 내 재무상태표는 [표 2-4]와 같았다(물론 그때 작성해본 건 아니다).

심지어 군생활 2년 동안 마이너스통장의 대출액이 급여통장의 자산보다 훨씬 커져 있었다. 결국 마이너스통장 대출과 신용카드 서비스를 받아 급여통장에 입금한 꼴이 됐다. 바보짓을 하면서도

[표 2-4] 군 제대 시점 나의 재무상태표

자산 내역		부채 내역	
B 은행 급여통장	XXX	A 은행 마이너스통장	XXX
우체국 급여통장	XXX	신용카드 결제액	XXX

회계법인에 다시 입사하면 걱정하지 않아도 된다는 생각만 했다.

그런데 몇 년 뒤, 문득 이런 생각이 들었다.

'이상하다. 내가 받은 연봉은
다 어디로 가고 없는 거지?'

금리를 적어보자

앞에서 작성한 자산, 부채에 금리를 기재해보라. 자산의 수익률과 부채의 금리를 비교해보자. 자산을 수익률이 낮은 것부터 5개만 다음 표에 옮겨 적고, 부채는 금리가 높은 것부터 옮겨 적어보자.

Work book 4

자산			부채		
항목	수익률	금액	항목	금리	금액

좌우 항목을 비교해보자. 수익률이 낮은 자산으로 금리가 높은 부채를 상환하는 것이 어떨까?

3장

부자 방정식 둘,
경로를
확인하라

가계부 매일 쓰기는
너무 힘든 일

원래 기업회계에서 배우는 두 번째 방정식은 손익계산서 등식인 '수익 − 비용 = 이익'이다. 벌어들인 수익에서 비용을 빼고 나면 이익이 되고, 이 이익만큼 순자산이 증가한다. 예를 들어 급여로 300만 원을 받고 그중 200만 원을 썼다면, 이번 달 순이익은 100만 원이 된다. 월초에 순자산이 4,000만 원이었다면 월말 순자산은 100만 원이 늘어 4,100만 원이 된다. 이것이 재무상태표와 손익계산서의 구조다.

수익과 비용을 파악하면 그 기간의 이익을 구할 수 있고, 그 이익을 지난번 순자산에 더하면 증가한 순자산 금액을 확인할 수 있다. 하지만 이런 식으로 개인의 재무제표를 만들어 재테크 목표를 점검

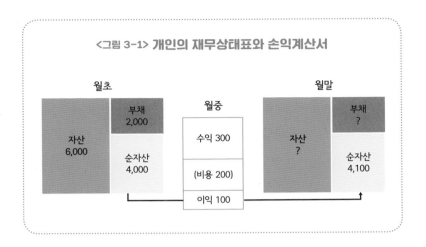
<그림 3-1> 개인의 재무상태표와 손익계산서

하는 방법에는 큰 문제점이 있다. 바로 매일매일의 지출액을 기록해야 한다는 것이다.

급여를 받는 직장인이라면 수익이야 월급날 한 번만 기록하면 되지만, 비용은 하루도 빠지지 않고 매일 발생한다. 수많은 재테크 서적에서 매일 가계부를 쓰라고 하지만, 나는 그 방법을 권하고 싶지 않다. 나조차도 매일 기록하는 건 실패했기 때문이다. 매일 일기 쓰듯 지출액을 기록하는 건 정말 대단한 일이다. 꾸준함과 인내심에 박수를 보내고 싶지만, 결코 따라 하고 싶지는 않다. 나는 그 시간에 책을 읽거나 아이와 놀아주는 걸 선택하겠다.

나 역시 한때는 가계부를 기록하려 했다. 매일 수기로 작성하는 건 비효율적이라는 생각에 한 달에 한 번 카드 사용액과 통장 입출금 내용을 정리했다. 그런데 막상 해보니 그조차도 쉬운 작업이 아니었다. 여러 개의 신용카드 내역을 모두 조회해서 내려받고, 카드사마다 제각각인 양식을 통일해야 했다. 카드는 이번 달에 사용했는데 결제는 다음 달에 이루어지기 때문에 통장 내역과 대조해서 조정하기도 해야 했다. 이번 달 사용액(1일부터 31일까지의 사용액) 모두가 다음 달 결제되면 편하지만 결제일에 따라 사용 기간이 다르기 때문에 조정이 필요하다. 예를 들어 전월 16일부터 당월 15일까지 사용액이 25일에 결제된다면, 16일부터 말일까지의 사용액만 부채로 남아 있어야 한다는 식으로 조정해야 한다.

결제일을 통일해도 카드사별로 청구일 구간이 달랐다. 게다가 경조사 등으로 현금을 인출하여 사용했을 때는 어떤 내역이었는지 기억해내는 데 애를 먹었다.

결국 한 달에 한 번은 최소 반나절 이상 끙끙대야 손익계산서를 완성할 수 있었다. 게다가 끝내 어디에 썼는지 밝혀지지 않거나 사용액과 결제액 사이에 차이가 생겨나는 등 꽤 큰 금액이 '잡손실'이라는 항목으로 쌓여갔다. 그러다 보니 바쁠 때는 서너 달 건너뛰고 분기에 한 번 정리하게 되기도 했다. 이렇듯, 비용을 전부 기록하는 건 결코 쉬운 작업이 아니다.

한 달에 한 번
잔액만 확인하라

가계부를 주기적으로 써서 관리할 수 있다면 좋다. 스스로 지출 내역을 점검하고 계획된 소비를 하는 데 분명 큰 도움이 된다. 하지만 방학 숙제로 나온 일기만큼이나 귀찮은 일이다. 워런 버핏이 한 유명한 얘기가 있다.

> "정확하게 맞히려다
> 완전히 빗나가는 것보다
> 대충이라도 맞히는 편이 낫다."

난 본래 직업이 회계사이다 보니 숫자에 민감하게 반응하는 버릇이 있다. 숫자가 딱 떨어지게 맞지 않으면 그냥 넘기지를 못한다. 이 습관 때문에 한 달에 한 번 가계부를 정리하는 게 결코 쉽지 않았다. 그래서 대안을 찾았다. 비용 내역을 적지 않는 방법이다. 비용을 적지 않고 어떻게 가계부를 작성할 수 있을까?

힌트는 〈그림 3-2〉에 있다. 내가 이번 달에 쓴 비용은 얼마일까?

우리의 목표는 가계부를 잘 작성하는 것이 아니라 부자가 되는 것이다. 가계부는 수단이지 목표가 아니다. 부자의 기준을 순자산에 두고, 내 목표대로 순자산이 증가하는지 점검해나가는 게 장부

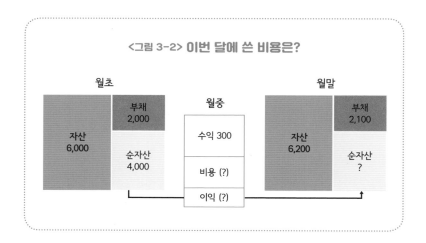

<그림 3-2> 이번 달에 쓴 비용은?

월초		월중		월말	
자산 6,000	부채 2,000	수익 300		자산 6,200	부채 2,100
	순자산 4,000	비용 (?)			순자산 ?
		이익 (?)			

를 작성하는 목표다. 〈그림 3-2〉에서 월말에 자산과 부채의 잔액을 확인해봤더니 각각 6,200만 원, 2,100만 원이었다고 하자. 자산과 부채가 각각 왜 늘었는지는 모르겠지만 어쨌든 월말에 순자산은 4,100만 원(= 6,200만 원 - 2,100만 원)이 됐다. 그럼 지난달 순자산이 4,000만 원이었으니 이번 달 이익은 100만 원이 된다.

내가 받은 이번 달 급여가 300만 원이라면 한 달 동안 지출한 비용은 얼마인가?

수익 300만 원 - 비용 = 이익 100만 원
비용 = 200만 원

결국 내가 이번 달에 쓴 비용은 200만 원이라는 걸 알 수 있다. 나는 이렇게 한 달에 한 번 자산과 부채의 잔액만 확인한다. 지출

내역을 모두 정리하는 데는 반나절이 걸리지만, 자산과 부채 잔액을 확인하는 건 금방 할 수 있다. '뱅크샐러드'나 '토스' 같은 앱을 사용하면 여러 통장의 잔액과 카드 사용액을 한 번에 조회할 수도 있다(앞으로 좋은 앱이 많이 개발되겠지만, 내가 현시점까지 사용해본 바로는 뱅크샐러드가 가장 편리했다. 단순히 통장 잔액 조회를 넘어 증권계좌·보험·연금까지 한 번에 조회할 수 있고, 신용카드 지출액도 쉽게 살펴볼 수 있다).

이렇게 자산과 부채 잔액을 조회해서 순자산을 구한 다음 지난달 말과 비교하면 이번 달에 내 순자산이 얼마나 증가했는지 알 수 있다. 내 소득에서 순자산 증가액을 빼면 그게 바로 내가 이번 달에 지출한 금액이 된다.

부자 방정식 2:
순자산 − 순자산 = 이익

여기서 두 번째 부자 방정식이 등장한다.

$$순자산 − 순자산 = 이익$$

물론 수학적으로는 성립이 안 된다는 사실을 나도 안다. 정확히는 다음과 같이 적는 게 맞다.

이번 달 순자산 - 지난달 순자산 = 이번 달 이익

이렇게 이번 달 이익을 구하고 나면, 다음 식을 통해서 이번 달 지출액도 구할 수 있다.

이번 달 소득 - 이번 달 이익 = 이번 달 지출

순자산의 증감을 확인하자

앞에서는 현시점의 자산과 부채를 기록했다. 이제 시점을 바꿔서 지난달 말과 지지난달 말의 자산과 부채를 기록해보자.

편의상 표에는 당월 말과 전월 말이라고 표현했다. 당신이 책을 읽고 있는 시점이 8월 11일이라면 7월 말이 당월 말이 되고, 6월 말이 전월 말이 된다. 두 달의 자산과 부채를 기록한 다음, 7월 말 순자산이 6월 말에 비해서 얼마나 늘었는지 또는 줄었는지 확인해보자. 그리고 이 순자산 증감액을 7월 소득에서 빼면 당신이 한 달간 지출한 금액이 된다.

〰〰〰〰〰〰〰〰〰 **Work book 5** 〰〰〰〰〰〰〰〰〰

자산		
항목	당월 말	전월 말

합계		

부채		
항목	당월 말	전월 말
합계		

순자산		
항목	당월 말	전월 말
자산		
부채		
순자산(자산 - 부채)		

손익 추정	
A. 당월 말 순자산	
B. 전월 말 순자산	
C. 순자산 증가액(A - B)	
D. 당월 소득	
E. 당월 지출액(D - C)	

순자산 증감을 기준으로 지출액을 파악해보면 어떤 생각이 드는가? 예상했던 수준이라면 다행이다. 하지만 기대나 예상과 다르다면, 그때는 지출액을 살펴볼 필요가 있다. 매달 적는 건 기록 자체를 포기하게 만들지만, 궁금할 때만 확인하는 건 해볼 만하다. 카드 사용액, 통장 이체 내역, 현금 사용액 등을 확인하고 분류해서 예상치 못한 지출이 있었는지 점검해보자.

재테크의 기본은 측정이다

앞에서 얘기한, 회계가 부자가 되는 길의 내비게이션이라는 사실을 다시 한번 확인해보자. 내비게이션의 1단계는 현재 위치 확인이고, 2단계는 목적지 입력이었다. 미래의 순자산 목표를 세우고, 현재 순자산을 확인한 다음, 해당 경로를 향해 순조롭게 나아가고 있는지 한 달에 한 번씩 체크하는 것, 이것이 재테크의 기본이다.

이 기본조차 다져지지 않은 상태에서 사람들은 이런 질문을 던진다.

> "그래서, 뭐 사야 해요?
> 어디에 투자할까요?"

이는 마치 가고자 하는 목적지도 없고 현재 위치도 확인하지 않은 채, 운전대를 잡고 이렇게 말하는 것과 같다.

> "그래서 좌회전이요, 직진이요?
> 아니면 우회전? 어떤 길이 빨라요?"

금융상품 하나 잘 가입하고, 투자종목 하나 잘 골라서 부자가 된 사람이 얼마나 있을까? 대다수 부자는 목표가 명확하고 자신의 부가 어느 정도인지 정확히 파악하고 있다. 재산이 늘어나는 속도가 너무 빨라서 "나도 내 재산이 얼마인지 몰라"라고 하는 부자도 있겠지만, 현실적으로 우리가 도달할 수 있는 영역은 아니다. 오히려 운 좋게 횡재했다가 그 재산을 지켜내지 못해 가난에서 벗어나지 못하는 사람들이 더 많다. 재산을 관리하려면 기록하고 측정하는 게 먼저다. 다음 문장은 경영학의 창시자로 불리는 피터 드러커가 한 명언이라고 알려져 있다.

> "측정하지 않으면 관리할 수 없고,
> 관리할 수 없으면 개선할 수 없다."

기업뿐만 아니라 당신의 부도 측정하지 않으면 관리할 수 없고, 관리할 수 없다면 개선할 수도 없다.

'10년 안에 내 집 장만'은 목표가 아니다

우리는 순자산 기록을 통해 현재 위치를 확인하는 방법을 배웠다. 그리고 이를 주기적으로(한 달에 한 번) 기록함으로써 내 위치가 어떻게 변해가는지 점검하고 관리하게 됐다. 그럼 이제 남은 건 목적지

진짜 부자 가짜 부자

를 설정하는 것이다. 미래의 순자산 목표를 가지고 있는가?

재테크의 목표는 구체적인 금액으로 정하는 게 좋다. '10년 안에 내 집 장만'처럼 목표를 두루뭉술히 설정하는 것은 좋지 않다. 얼마짜리 집을 목표로 하는가? 막연히 집을 갖는 걸 목표로 할 뿐 서울 시내 아파트 한 채가 보통 얼마나 하는지, 어느 정도의 돈이 있어야 구입할 수 있는지조차 잘 모르는 사람도 많다.

주거하고자 하는 지역이 어디인가? 어떤 형태의 주택을 구입하고 싶은가? 아파트인가, 단독주택인가? 현재 시세는 어느 정도인가? 자금은 어떻게 마련할 계획인가? 빚 없이 순전히 내 돈만으로 구입하고자 하는가? 대출을 받는다면, 순수하게 필요한 자금은 얼마인가?

중학생이던 시절, 방학 때 부모님께서 서울에 보내주셨다. 서울에 사는 친척에게 부탁해서 대학교 구경을 시켜주셨다. 네가 가고 싶은 대학을 직접 보고 꿈을 키우라는 부모님의 속뜻이 담겨 있었다. 말로만 듣던 대학교 캠퍼스를 구경하니, 목표가 좀더 명확해졌다.

재테크의 목표를 세울 때도 마찬가지다. 성공한 선배의 집들이를 가거나 잘나가는 상사의 집에 초대받아 가면, '이런 집에 살려면 재산이 얼마 정도 되어야 하나?'라는 궁금증이 생긴다. 그럴 땐 구체적으로 확인해보자. 인터넷에서 부동산 정보를 검색해보면 시세를 쉽게 알 수 있다. 그뿐 아니라 대출 한도와 금리까지도 간단히 확인할 수 있다.

목표 기간은 각자가 다르게 설정할 수 있다. 꼭 단일 기간일 필요도 없다. 예를 들어 [표 3-1]과 같이 단계를 나누어 설정할 수도 있다. 또는 국가의 경제개발계획처럼 5년 단위로 5개년 계획을 세워도 된다. 어쨌거나 그 목표는 구체적인 수치여야 한다.

[표 3-1] 목표 기간 설정 예

구분	기간	순자산 목표
장기	20년	10억 원
중기	10년	5억 원
단기	5년	2억 원

순자산 목표액과
실제 순자산 움직임을 비교하자

미래의 순자산 목표를 설정했으면 가장 가까운 목표와 현시점의 순자산을 비교해보자. 차액을 기간(월)으로 나누면 월별 목표 순자산 증가액을 구할 수 있다.

Work book 9

구분	예시	기입
A. 순자산 목표	100,000,000	
B. 현재 순자산	60,000,000	
C. 목표 순자산 증가액(A - B)	40,000,000	
D. 달성 기간	60개월	
E. 월별 목표 순자산 증가액(C ÷ D)	666,667	

이제부터 한 달에 한 번씩 자산과 부채를 기록하여 순자산을 구한 다음, 목표액과 비교하여 차액을 기록해보자. 엑셀 등을 이용해서 다음과 같이 기록하면 된다.

구분	XX년 1월	XX년 2월	XX년 3월	XX년 4월	XX년 5월
자산	60,000,000	60,120,000	60,560,000	60,720,000	60,620,000
부채	20,000,000	19,600,000	19,100,000	18,600,000	18,000,000
순자산	40,000,000	40,520,000	41,460,000	42,120,000	42,620,000
목표	40,000,000	40,666,667	41,333,333	42,000,000	42,666,667
차액	0	(-)146,667	(+)126,667	(+)120,000	(-)46,667

재테크에도
Plan-Do-See가 필요하다

기업경영의 기본은 계획(Plan)하고 실행(Do)한 다음 결과를 확인(See)하여 점검하는 것이다. 당신의 가계에도 'Plan-Do-See'가 필요하다. 순자산 목표를 세운 다음(Plan), 한 달을 지내보고(Do), 그 결과를 기록하여 점검(see)하는 것이 가계를 운영하는 기본이다. 애초에 설정했던 목표대로 잘 진행되는지 한 달에 한 번씩 점검해 보자.

만약 목표한 순자산보다 실제 순자산이 크다면 조금 여유를 부리며 작은 사치를 누려도 된다. 반대의 경우라면 지출을 점검하고 줄일 수 있는 부분을 찾아 허리띠를 졸라맬 필요가 있다. 그래도 목표와의 격차가 줄어들지 않는다면 다른 대안을 찾아야 한다. 목표 자체를 수정하거나, 아니면 고정급여 외에 추가로 소득을 만들 계획을 세워야 한다.

〈그림 3-3〉은 내가 과거에 실제로 사용했던 프로그램의 화면이다. 내 목표는 일정액 이상의 부동산 임대소득을 얻는 것이었다. '다달이 임대료로 이 정도 금액이 들어오면 큰 걱정 없이 살겠다'라는 수준을 정한 다음, 부동산 정보 사이트에 접속했다. 현재 보증금과 월세가 내가 원하는 수준인 상가나 건물을 찾고, 매매 가격을 확인한 다음, 담보대출 한도와 금리까지도 확인했다. 대출을 받으면 이

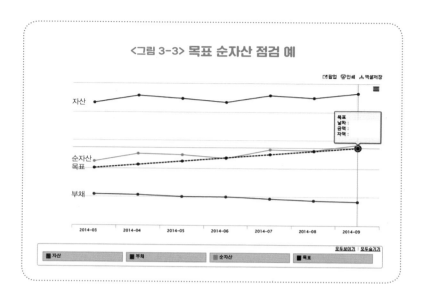

<그림 3-3> 목표 순자산 점검 예

자를 부담해야 하므로 '월세 – 대출이자'가 내가 원하는 수준으로 나오는 매물을 다시 찾은 다음, '매매 가격 – 보증금 – 담보대출'로 순투자액을 구했다. 그리고 이 금액을 순자산 목표 금액으로 설정했다.

그런 다음 매달 말일에 한 번 순자산을 확인해서 목표 달성 선보다 위에 있으면 조금 여유를 부렸고, 목표선까지 내려오면 다시 허리띠를 졸라맸다. 목표선 아래로 내려온 경우에는 이유가 무엇인지 지출 내역을 점검하고 대책을 세웠다.

목표 설정과 점검은
부부가 함께 하라

배우자가 있다면 이 책을 함께 읽기를 권한다. 다 읽고 나서는 부부 간에 독서 토론을 해봤으면 좋겠다. 토론이 자칫 부부싸움으로 번 질 수도 있겠지만, 재테크의 목표를 설정하고 같이 점검하는 것은 반드시 필요한 일이다. 부부의 재산을 합쳐서 관리하는 경우에는 공동의 목표를 세우고 한 달에 한 번씩 같이 점검할 필요가 있다. 재산을 각자 관리하는 경우에도 각자의 목표를 공유하고 주기적으 로 같이 점검하길 권한다.

부부 공동의 목표는 무엇인가? 목표를 정하기 위해서는 먼저 다 음의 질문을 해야 한다.

> "10년 뒤 또는 20년 뒤에는
> 어떤 형태의 삶을 살고 싶은가?"

아직 아이가 없다면 자녀 계획을 세우는 게 우선일 수도 있다. 식 구가 몇 명이냐에 따라 많은 부분이 영향을 받는다. 신혼부부이거 나 결혼을 앞두고 있다면 박상훈·김의수의 《돈 걱정 없는 신혼부 부》를 읽어보기를 권한다. 출간한 지 오래됐지만 '10억 만들기보다 10년 뒤 비전이 더 중요하다'라는 저자들의 주장이 잘 녹아 있는 책이다. 부부가 같이 읽는다면 돈 때문에 생기는 다툼을 줄이는 데 도움이 될 것이다.

부부가 원하는 형태의 삶을 그렸다면 이를 실현하기 위해 필요한 순자산 목표액을 산정해보자. 순자산 목표액에서 현재의 순자산을 뺀 다음 달성 기간으로 나누면, 월별 목표 순자산 증가액을 구할 수 있다. 소득이 대체로 일정한 월급쟁이라면 예상수익에서 목표 순자산 증가액을 차감해서 지출 예산을 산정할 수 있다. 어떻게든 이 금액으로 한 달을 생활해야 미래에는 부부가 원하는 형태의 삶에 도달할 수 있다.

본의 아니게 가슴 아픈 결과가 나올 수도 있다. 예를 들어 부부가 원하는 삶에 도달하기 위해서는 순자산이 한 달에 1,000만 원씩 늘어야 하는데 부부 합산 소득이 500만 원일 수 있다. 현 상태로는 도달할 수 없는 꿈이다. 현실을 받아들이고 목표(금액 또는 기간)를 수정하거나 추가적인 소득을 얻을 방법을 찾아 나서야 한다. 쓰고 싶은 곳에 다 쓰면서 원하는 만큼의 부자가 되기는 힘들다. 더 큰 목표를 세웠다면 지출을 더 줄여야만 한다. 어쩔 수 없다.

아인슈타인이 했다고 알려진(실제로 했는지 확인은 안 되지만) 유명한 얘기가 있다.

> "똑같은 일을 반복하면서
> 결과가 달라지기를 기대하는 것은
> 정신병 초기 증세다."

진짜 부자 가짜 부자

당장의 지출을 줄이는 건 결코 쉽지 않은 일이다. 사랑하는 아이가 과자를 맛있게 먹는 모습을 보면 '아이 과잣값이 얼마나 한다고 그걸 아끼나'라는 생각이 든다. 값비싼 취미 생활을 하는 것도 아니고 고작 '게임 아이템' 하나 사는 것도 눈치를 봐야 하나 싶어진다. 남들은 몇 개씩 가졌다는 명품가방을 나도 하나쯤은 가져야 사는 의미가 있는 것 같다. 인간은 지출을 하면 행복을 느끼게 되어 있다. 반대로 지출을 줄이면 불행해지는 느낌을 받는다. 마케팅과 광고가 우리를 그렇게 내몰고 있다.

배우자가 씀씀이를 줄이자는 말을 꺼내면 마치 내가 낭비한다고 비난하는 것처럼 들린다. 가계부를 적자고 하면 나를 감시하려는 것으로 보인다. 그러다 보면 말이 곱게 나갈 리 없다.

> "가계부를 써야 할 만큼
> 많이 벌어다 주기는 하니?"

부부 사이의 돈 얘기는 마주 보고 하기보다는 같은 곳을 바라보며 해야 한다. 서로의 벌이와 씀씀이에 대해 얘기하는 게 아니라, 같이 그려가는 미래를 얘기해야 한다. 10년 뒤의 목표를 정하고 어떻게 그 목표에 도달할지 머리를 맞대야 한다. 공동의 목표를 위해서 서로 희생할 부분을 찾고 그 희생에 감사해야 한다.

재정적인 부분에서 나는 아내에게 많은 부분을 감사하고 있다. 특히 신혼 초에 아내가 이해하고 받아들여줬던 부분들에 대해 평생

고마움을 간직하고 있다. 나와 아내는 결혼하고 신혼집을 따로 구하지 않았다. 결혼 전에 내가 전세로 살던 13평짜리 빌라에 신혼살림을 꾸렸다. 계약서에 나온 면적이 13평이었으니 실평수는 11평 정도 됐을 것이다. 양가 가족을 제외하고는 집들이도 할 수 없었다. 집이 좁아 여러 사람이 앉을 공간이 없었기 때문이다.

벌이가 나쁘지는 않았다. 나는 고액연봉을 받는 회계사였고 아내 역시 좋은 직장에 근무했기에, 마음만 먹으면 괜찮은 집을 구할 수 있었다. 서울에서 자신들의 연봉보다 싼 전셋집에 산다는 건 아마 흔치 않은 일일 것이다. 당신의 연봉에 해당하는 금액으로 구할 수 있는 전셋집을 한번 떠올려보라. 하지만 보증금이 연봉보다 작았던 그 집에서 우리는 계약을 연장해가며 3년을 더 살았다. 신혼을 그렇게 견뎌준 덕에 순자산을 빠르게 늘릴 수 있었다. 달콤해야 할 신혼 기간에 너무했다고 할 수도 있지만, 달콤한 기간이기에 잘 견뎌낸 것 같다. 둘만 있을 때 아낀 덕에 네 식구가 된 지금 여유가 생긴 것이다.

고진감래!
쓴맛이 다해야 단맛이 난다!

그 뒤로도 많은 부분을 욕심내지 않고 살아올 수 있었던 건, 우리에게 비전이 있었기 때문이다. 지금 참아내면 미래에는 무엇이 생기는지 알게 됐다. 한 달에 2만 원이면 미래에 1,000만 원이 된다.

'2만 원? 그거 아껴봐야 얼마나 된다고'라며 대수롭지 않게 여기는 사람이 많지만, 아껴보면 생각이 달라진다. 당시 〈매경프리미엄〉에 기고했던 칼럼에서 이 내용을 다뤘다.

조카에게 주는 천만 원 선물 내게 큰 유익이 되는 이유

[직장인들이여 회계하라 — 46] 이번 설에 19개월 된 아들에게 세배하는 법을 가르쳤다. 문화센터에서 하던 '앞구르기'와 자꾸 혼동하는 바람에 할머니를 뒤꿈치로 내리찍어야 했지만, 그 모습도 귀여웠는지 제법 쏠쏠하게 세뱃돈을 거두어들였다. 이 돈은 아들 명의의 주식계좌에 입금됐고, 대신에 조카들의 세뱃돈은 내 주머니에서 나가야 했는데 이 돈의 행방은 어디로 갔을지 모르겠다.

그런데 만약 이렇게 마주칠 때마다 쥐여주는 '과잣값' 대신 한 번에 1,000만 원 정도를 선물로 준다면 어떨까? 현재 대학 등록금 평균이 650만 원 정도라고 하니 아마도 필자의 조카들이 입학하는 시점에는 1,000만 원 내외가 될 것 같다. 입학하는 시기에 맞춰 등록금에 보태거나 방학 때 해외여행이라도 다녀오라며 1,000만 원을 내놓는다면, 조카에게는 최고의 삼촌이 될 수 있지 않을까?

그렇다면 이제 막 태어난 조카가 자라서 대학에 입학하기까지

20년 동안 매달 얼마 정도를 모으면 1,000만 원을 만들 수 있을까? 단순히 계산해보면 1년에 50만 원씩을 모아야 하고 매월 5만 원 가까운 돈이 필요하다. 나는 조카가 넷인데 한 명당 5만 원이라면 매달 20만 원이라는 적지 않은 금액이 필요하다. 그냥 1년에 두 번 명절에만 세뱃돈 주는 '나쁘지 않은 삼촌'에 머물러야 할지도 모르겠다.

하지만 투자를 통해 '복리의 마법'을 부려보면 어떨까? 은행 이자율 1%대로는 큰 기대를 하기 힘들다. 주식투자를 통해 회사채 정도의 수익률을 목표로 해보자. 지금 투자등급으로 분류되는 'BBB-' 등급의 회사채 수익률이 8% 수준이다. 매월 4만 원씩 납입하고 연 8%의 수익을 계속 낸다면 20년 뒤에는 대략 2,290만 원이 된다. 목표한 1,000만 원을 훨씬 넘는다. 월 2만 원만 투자하더라도 1,145만 원이다. 수익률을 연 7%로 낮추더라도 1,020만 원이 된다.

조카가 대학 입학할 때 1,000만 원을 선물할 수 있는 멋진 삼촌이 되기 위해 필요한 돈이 월 2만 원 정도라면 투자할 만하지 않은가? 물론 매월 2만 원도 적은 돈은 아니며 연 7%의 수익률도 달성하기 쉬운 수익률이 결코 아니다. 하지만 현실적으로 충분히 도전해볼 만한 수준이라고 생각된다.

필자의 경험에 따르면 이런 방식의 투자는 멋진 삼촌이 된다는 것 외에도 장점이 한 가지 더 있다. 바로 기업과 주식을 바라보는 관점이 달라진다는 사실이다. 어차피 20년을 투자해야 하는 계좌이기에 기업을 길게 보고 장기적인 성장에 관심을 갖게 된다. 한 달에 2만 원이라는 투자금으로는 단기적인 급등을 경험하더라도 수익이 크게 늘어나지 않는다. 그보다는 오랜 기간 꾸준히 기업가치가 상승할 종목에 관심을 갖게 된다. 시장의 변화와 산업의 성장을 내다보고 길목을 지키는 기업을 찾게 된다.

이런 목표를 달성하려면 사업보고서를 통해 사업 모델을 확인하고 재무제표를 통해 재무구조를 분석해야 한다. 투기가 아닌 진짜 투자를 하는 방법을 고민하고 공부하게 된다. 그리고 본인이 가지고 있는 다른 계좌와 장기 수익률을 비교해보면 어떤 스타일의 투자가 본인에게 더 큰 수익을 안겨주는지 검증할 기회를 준다. 이를 통해 자신에게 단기적인 모멘텀 투자와 장기적인 가치 투자 중 어떤 옷이 더 잘 맞는지도 확인할 수 있다. 멋진 삼촌이 됨과 동시에 현명한 투자자가 될 기회에 도전해보기를 권한다.

― 출처: 〈매경프리미엄〉 2017. 2. 7

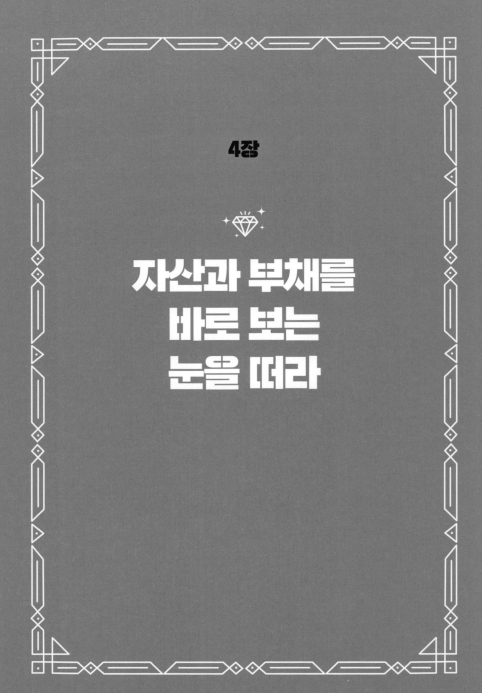

4장

자산과 부채를
바로 보는
눈을 떠라

내가 가진
최고의 자산은 무엇인가?

당신이 가진 자산 중 가장 비싼 두 가지가 무엇인가? 〈Work book 1〉에 당신이 적은 내용을 확인해보자. 값어치가 가장 높은 두 가지가 무엇인가? 강의 중에 이런 질문을 하면 대다수가 다음처럼 답한다.

"집과 자동차!"

나는 이것 때문에 우리네 삶이 힘들고 어렵다고 생각한다. 집과 자동차를 자산으로 여기기 때문에 경제적인 여유가 없고 자유를 얻지 못한다. 무슨 얘기인지 모르겠다면, 이제부터 하나씩 살펴가며 진짜 자산과 가짜 자산을 구분해보자.

먼저 '자산'의 정의가 무엇일까? 회계 이론에서는 자산을 다음과 같이 정의한다.

> 자산은 과거 사건의 결과로 기업이 통제하는 현재의 경제적 자원이다. 경제적 자원은 경제적 효익을 창출할 잠재력을 지닌 권리이다.   – 출처: 〈재무보고를 위한 개념체계〉 4.3~4.4

말이 어려우니 하나씩 풀어보자. 일단 자산을 얻게 된 '과거 사건'이 있어야 한다. 돈을 주고 샀든 길을 가다 주웠든. 그 과거 사건의 결과로 내가 '통제'할 수 있게 된 것이어야 한다. 자동차가 내 자산이라면 그걸 내 마음대로 몰고 다닐 통제권이 있어야 한다. 그리고 '경제적 자원'이어야 한다. '경제적 자원은 경제적 효익을 창출할 잠재력이 있어야 한다'라는 건 쉽게 말해 앞으로 돈이 될 가능성이 있어야 한다는 얘기다.

어렵게 적혀 있지만 쉽게 정의하면 '내가 가진 것 중에 앞으로 돈이 될 수 있는 것'을 말한다. 은행에 맡긴 예금을 살펴보자. 이 예금은 내가 과거에 은행에 맡긴 결과이며, 언제든 찾아 쓸 수 있으므로 나에게 통제권이 있다. 그리고 은행에 달라고만 하면 돈으로 바뀌는 경제적 자원이므로 내 자산에 해당한다.

그렇다면 자동차는 어떨까?

    진짜 부자 가짜 부자

진짜 자산 vs. 가짜 자산

자동차가 자산인지 아닌지 확인하기 위해 앞에서 다룬 내용 중 경제적 자원에 대해 살펴보자. 경제적 자원이란 앞으로 돈이 될 가능성이 있어야 함을 의미했다. 앞으로 돈이 된다는 의미를 확장해보면, 내가 이 자산을 가짐으로써 미래에 내 수입이나 소득이 늘어야 함을 뜻한다. 부자 방정식에서 이는 무척 중요한 개념이다. 다시 한번 강조한다.

> 진짜 자산이라면 그걸 가짐으로써
> 미래 소득이 늘어야 한다!

가짜 자산은 구입하는 데 돈이 들어가지만, 내 미래 소득을 늘려주지 못하는 자산이다. 반면 진짜 자산은 그걸 가짐으로써 내 미래 소득이 늘어난다. 이 관점에서 자동차는 진짜 자산일까? 자동차를 가짐으로써 미래에 어떤 소득이 늘어나는가? 당신의 직업이 택시나 화물차 기사라면 자동차는 자산이 될 수 있다. 그 자동차를 가지고 돈을 벌기 때문이다. 하지만 보통의 직장인이라면 어떨까?

자동차를 구입하고 나면 그때부터 수입이 늘어날까, 지출이 늘어날까? 십중팔구 지출이 더 늘어난다. 전철·버스·택시 요금이 얼마나 줄어들지는 모르겠지만 기름값, 보험료, 자동차세 같은 유지비에 감가상각비까지 있다. 다 따져보면 어마어마한 지출이다. 돈을 더 주고 더 비싼 차를 사면 어떨까? 진짜 자산이라면 더 큰 금액을 투자했을 때 더 큰 수입이 생겨야 한다. 예금에 더 많은 돈을 넣으면 그에 비례해서 더 많은 이자를 지급받는다. 하지만 자동차는? 비싼 차일수록 유지비가 더 들어간다. 더 큰 금액을 들일수록 미래 소득이 줄어드는데, 자동차가 자산이 될 수 있을까?

기업이 자동차를 자산으로 기록하는 건 그것으로 돈을 벌기 때문이다. 직접 물건을 배달함으로써 물류비용을 줄이고 이익을 늘리는 데 기여하기 때문에 자산이 된다. 하지만 개인은 어떨까? 자산가를 상대로 영업을 하는 사람은 고객에게 성공한 사람이라는 인상을 주고 신뢰감을 높이기 위해 고급 차를 탈 필요가 있다고 이야기하기도 한다. 그렇다면 고급 차를 구입한 다음 늘어난 소득이 얼마인지, 정말 차량 유지비를 넘어서는지 확인해보기를 권한다.

혹자는 이렇게 묻기도 한다.

"자동차 팔면 돈이 되잖아요. 팔아서 돈 되는 거면 자산 아닌가요?"

맞다. 팔아서 돈으로 회수하면 자산이다. 그런데 이렇게 되묻고 싶다.

"우리가 자동차를 언제 파는가?"

바로, 더 비싼 차를 살 때다. 팔고 나면 현금이 생기기보단 더 큰 지출이 생긴다. 더 싼 차로 바꾸는 사람들이 얼마나 될까? 나는 내

자산 목록에 자동차를 포함하지 않았다. 애초에 자동차를 자산으로 생각하지 않았기 때문이다. 현재 타고 있는 자동차는 9년 전에 구입한 중고차다. 구입 당시 이미 3년 된 중고차였으니 출고된 지는 12년이 됐고, 주행거리도 12만 킬로미터를 넘었다. 차에 대해서 잘 모르는 아내도 한 번씩 묻는다.

"남자들은 차 좋아한다던데, 바꾸고 싶은 생각 없어요?"

나라고 고급 차에 대한 욕심이 왜 없겠는가. 얼마 전 둘째가 태어나 식구가 넷이 되고 나서는 여러 가지 이유, 특히 안전 문제로 차를 바꿀 필요가 생겼다. 그래서 조만간 바꿀 계획이다. 하지만 차를 오랫동안 바꾸지 않아서 얻은 것이 있다.

> 지금까지 중고차를 10년 가까이 탄 대가로
> 나는 집을 한 채 얻었다.

원래는 지금 타고 있는 중고차가 5년 정도 되면 차를 바꿀 계획이었다. 3년 된 중고차를 사서 5년 정도 타면 나쁘지 않은 선택이라고 봤다. 그래서 그 계획에 맞춰서 돈을 따로 모았다. 주식계좌 하나를 자동차 구입용으로 개설한 다음 투자를 했다. 5년 정도 투자한 다음 투자 성과에 맞춰서 성과가 좋으면 고급 외제차를, 나쁘면 국산 중고차를 살 계획이었다.

그런데 3년 정도 모아가던 때에 기업 분석에 대한 의뢰가 들어왔다.

"이 회사 어떤지 재무제표 좀 봐줄 수 있으세요?"

내 강의를 들었던 증권사 직원분이 비상장사 하나를 검토해달라는 의뢰를 하셨다. 투자를 고려 중인 회사인데, 혹시 재무제표에서 안 좋은 점이 보이는지 확인해줄 수 있느냐는 것이었다. 간간이 그런 요청이 있었지만 시간이 없어 들어주지 못했는데, 때마침 시간 여유가 생겨 의뢰를 수락했다.

재무제표를 들여다보는 동안 나도 그 회사에 관심이 생겼다. 재무제표를 통해 파악되는 위험 요소들이 있긴 했지만, 거기에 대한 회사의 설명과 대책이 충분히 이해됐다. 그래서 의뢰하신 분에게 투자하려는 이유가 무엇인지, 어떤 부분에 대한 기대가 있는지 물어봤는데 시나리오가 괜찮았다. 나도 그 투자에 참여할 수 있는지 조심스레 물어봤다.

"회계사님께서 투자하신다면, 룸을 열어드리겠습니다."

분명히 리스크가 있는 투자였다. 비상장사의 경우 상장이 되지 않으면 자금을 회수하기가 어렵고, 상장을 하기까지 얼마나 오래 걸릴지도 쉽사리 예측되지 않는다. 잘되면 대박이지만, 잘못되면 쪽박이다. 고민 끝에 아내에게 의견을 물었다.

> "투자해볼 만한 비상장사가 있는데
> 한번 해보면 어떨까?"

아내는 고개를 갸웃하며 되물었다.

"위험하지 않겠어?"

"위험해. 상장 안 되면 본전도 못 뽑고 망할 수도 있어."

"안 돼, 그럼. 하지 마. 왜 해?"

"근데, 이게 잘되면 대박이 날 것 같거든. 우리 차 바꾸려고 모아 놓은 돈 있잖아? 그 돈으로 투자해보면 어떨까? 지금 타는 차도 크게 불편하지 않고, 더 탈 수 있으니까. 투자했다가 실패하면, 새 차 샀다가 사고 나서 폐차했다고 생각하자. 차는 폐차했는데, 다친 데 하나 없이 멀쩡히 걸어 나왔다고 생각하면 오히려 감사해야 하지 않겠어? 대신 잘되면, 끝내주는 자동차로 바꿀 수 있어."

그렇게 아내의 동의를 얻어 투자했다. 차를 바꾸지 않고 10년을 타는 대신, 그런 식으로 세 번의 투자를 했다. 하나는 거의 망했고, 하나는 아직 큰 성과 없이 그대로고, 나머지 하나는 아직 상장은 안 됐지만 장외시장에서 제법 상승했다. 만약 처분한다면 시골에 작은 아파트 한 채를 사둘 정도는 된다. 차를 5년 정도 더 탔더니 작은 집이 한 채 생긴 것이다. 물론 셋 중 한 종목이 크게 상승해줬기에 가능한 결과지만, 5년째에 차를 바꿨다면 그 차 역시 지금은 반값밖에 못 받는 중고차가 됐을 것이다. 게다가 지금 얻은 결과에 비하면, 차를 바꿨다고 해서 내 인생이 크게 달라졌을 것 같지는 않다. 이것이 나에게는 가짜 자산을 진짜 자산으로 바꾼 값진 경험이 됐다.

만약 내가 5년 되는 시점에 차를 바꾸는 대신 현대차나 기아차의

[표 4-1] 현대·기아차의 주가 등락률(2015~2019)   (단위: 원, %)

구분	현대차	기아차
2015년 1월 2일 주가	169,000	52,300
2019년 8월 13일 주가	129,000	43,750
등락률	-23.7	-16.3

주식을 샀다면 어땠을까? 현대차가 만든 자동차를 사는 대신 그 회사의 주식을 사는 것이다. 사실 현대차와 기아차의 최근 몇 년간 주가흐름은 좋지 않다. 예정대로 차를 바꿨다면 2015년 초일 텐데 당시와 현재 주가를 비교해보면 [표 4-1]과 같다.

내가 글을 쓰고 있는 시점을 기준으로 지난주에 '블랙먼데이'로 불리는 폭락이 있었다. 코스닥이 단 하루 동안 7.49%나 하락했고, 코스피는 지난주에 1900선이 붕괴되기도 했다. 자동차 대신 주식을 사서 5년 가까이 기다린 결과는 20% 하락이다. 그렇다고 해도 나는 차보다 주식을 선택하겠다. 5년 된 중고차의 가격은 50% 하락이 예삿일 아닌가. 게다가 투자를 잘하는 능력까지 갖췄다면 환상적인 결과를 얻을 수 있다. 참고로 저 기간에 나의 투자수익률은 지난주 폭락을 반영하고도 100%가 넘는다. 원금이 2배로 늘었다는 얘기다.

진짜 부자 가짜 부자

집은 자산일까?

좀더 당황스러운 질문일 수 있다. 자동차가 자산이 아니라면, 집은 자산일까? 앞에서 적용한 기준으로 집도 판단해보자. 집을 사고 나면 미래에 소득이 늘어날까, 지출이 늘어날까? 전세나 월세에서 벗어나 내 집을 사고 나면 큰 꿈을 이룬 것처럼 느껴진다. 많은 이들이 재테크의 목표를 '집, 차, 10억'으로 삼는 것도 이 때문일 것이다.

물론 집을 사면 그동안 부담하던 월세나 전세대출금 이자를 줄일수 있다. 지출을 줄일 수 있다면 그건 분명 자산이다. 하지만 자동차도 대중교통 요금은 줄일 수 있었다. 줄어드는 지출보다 추가되는 유지비가 더 크다면 자산에 해당하지 않는다.

말이 나온 김에 자동차 얘기를 좀더 해보자. 실제로 자동차를 구입한 후 교통비 절감액이 유지비보다 클 수도 있다. 하지만 차량에 대한 감가상각비까지 고려하면 구입 후의 비용이 더 커지는 게 보통이다. 물론 출퇴근 시간이 단축된다면, 시간을 절약하는 효과도 고려해야 할 것이다. 그렇다면 줄어든 출퇴근 시간에 뭘 하는지 살펴보자.

출퇴근 시간을 줄였더니
수입이 늘어나던가?

그 시간을 절약해서 정말 돈을 벌었는가? 그 시간에 부업을 해서 수입이 늘었는가? 실제 순자산 증가 속도가 빨라졌는지 어떤지는 적은 내용을 확인해보면 된다. 자동차 구입 전과 후의 순자산 증감 내역을 비교해보라. 차량 구입 후에 정말 순자산 증가 속도가 빨라졌다면, 자동차가 자산에 해당한다. 물론 그걸 확인하기 위해서는 한 달에 한 번씩 재무상태를 기록해야 한다. 측정하지 않으면 관리할 수 없다.

그런데 사실 자가용 출근이 시간을 많이 줄여주진 않는다. 직장이 서울이라면 오히려 대중교통이 가장 빠르다. 혹시 자가용 출근이 더 빠르다고 하더라도, 운전대를 잡으면 할 수 있는 게 별로 없다. 온전히 운전에 집중하며 앞차 꽁무니만 쳐다봐야 한다. 하지만 대중교통을 이용하면 책을 읽거나 오디오 강의를 듣는 등 자기계발에 투자할 수 있다. 나는 깊은 산 속에 자리 잡은 연수원에 강의를 하러 가는 경우가 아니면 거의 대중교통을 이용한다.

본 줄기로 다시 돌아와서, 집에 대해 살펴보자. 집을 사면 분명 월세나 임차료를 줄일 수 있다. 하지만 집을 유지하기 위해 보이지 않는 비용도 생겨난다. 남의 집이라면 대강 살았을 것을 자기 집이 생기면 집과 살림살이에 좀더 투자를 하게 된다. 냉장고도 커지고, 가구도 고급스러워진다. 인테리어에도 공을 들이게 된다. 이제 내 집이니 그래도 될 것 같고, 아깝지 않다는 생각에 벽지나 장판도 한 등급 위의 것을 선택한다. 내야 하는 세금도 많아지고 대개는 의료

보험료도 오른다. 기존에 무주택자로서 받았던 혜택이 없어지기도 한다. 이런 것들을 반영해서 실제로 계산을 해보면, 집을 산 다음에 현금흐름이 생각만큼 크게 개선되지는 않는다. 집을 사기 위해 쏟은 돈과 비교해보면 수익률이 높지 않다. 물론 삶의 질이 개선된다는 점은 있다. 마음에 여유가 생기고 안정감이 드는 것은 무시할 수 없는 부분이다.

그렇다고 하더라도, 집은 좋은 자산이 아니다.

임대 목적의 수익형 부동산과 주거 목적의 부동산은 종류가 다른 자산이다. 집을 사서 세를 준다면 이건 좋은 자산이다. 이제부터 꼬박꼬박 임대소득이 생겨나 내 소득이 늘어나기 때문이다. 더 비싼 집을 사면 더 많은 임대소득을 얻을 수 있다.

하지만 내가 깔고 앉은 집은 어떨까? 소득이 늘어나나? 더 비싼 집을 사면 더 많은 소득이 생기나? 그렇지 않다. 더 비싼 집을 사면 세금이나 유지비 등 지출이 더 커진다. 임대 목적의 부동산은 좋은 자산이지만, 주거 목적의 부동산은 좋은 자산이 아니다. '부동산에 투자하는 것'과 '내 집을 사는 것'은 구분해야 한다.

집값은 오르기 마련이다. 모든 자산의 가격은 장기적으로 오를 수밖에 없다. 무서운 집값 상승을 경험했던 이전 세대는 자식들에게 돈 벌면 집부터 사라고 한다. 내가 살고 있는 집의 가격이 오르면 부자가 될 수 있을까? 집값이 오른다고 해서 당장 수입이 늘어나는 것은 아니다. 공시지가가 상승하면 오히려 세금만 오른다.

그래도 집을 팔면 상승한 집값만큼 돈을 벌게 되니 부자가 되는 게 아닐까? 자동차에서 했던 질문을 똑같이 해보고 싶다.

"우리는 집을 언제 파는가?"

자동차를 파는 시점은 더 비싼 차를 사려고 할 때다. 집은 어떨까? 마찬가지로 대부분 사람은 더 크고 좋은 집으로 이사하기 위해서 집을 판다. 따라서 집이 돈이 되는 시점은 집주인인 내가 죽는 시점이다. 내 돈이 되는 게 아니라 자식들의 돈이 된다. 같은 맥락에서, 지금 내 재무제표에 자산으로 잡히는 집은 내 집이 아니라 부모님의 집이 되어야 하는지도 모른다.

나의 진짜 자산을 구분하자

〈Work book 1〉에서 당신이 자산으로 기재했던 항목들을 다음 표에 옮겨 적어보자. 나중에 정말로 돈이 되는 진짜 자산과 돈으로 되돌아올 것 같지 않은 가짜 자산을 구분해보자. 진짜 자산은 얼마나 되는가?

ⵈⵈⵈⵈⵈⵈⵈⵈ **Work book 11** ⵈⵈⵈⵈⵈⵈⵈⵈ

자산		
항목	금액	진짜 자산

합계		

참고로, 진짜 자산이라면 수익률이 0보다 커야 한다. 〈Work book 4〉를 펼쳐서 당신이 기록한 결과를 확인해보라. 당신이 적은 자산 다섯 가지의 수익률은 몇 퍼센트였나? 0보다 큰 수익률을 기재하지 못했다면 과연 진짜 자산일까?

진짜 부자 가짜 부자

부채는 정말 나쁜 걸까?

누군가가 '빚이 많다'고 이야기하면 어떤 인상을 받는가? 아무래도 좋은 느낌은 아닐 것이다. 우리에게 '부채'라는 단어는 부정적인 뉘앙스가 강하다. 재미 삼아 인터넷 서점에서 '빚'이라는 단어로 검색을 해봤는데(부채'로 검색했더니 '빨간 부채 파란 부채'나 '부채 만들기' 등이 나오기에 검색어를 바꿨다), 다음과 같은 제목의 도서들이 떴다.

- 빚 때문에 고민입니다
- 어느 날 400억 원의 빚을 진 남자
- 굿바이, 빚
- 빚, 정리의 기술
- 빚, 확실하게 줄여주는 63가지 방법

대체로 빚이나 부채는 나쁜 것이고 빨리 없애야 하는 것으로 보인다. 하지만 나에겐 빚이 많다. 나의 신혼 초 얘기를 다시 해보겠다. 신혼여행을 다녀온 후 아내가 조심스럽게 얘기했다.

> "나한테 통장을 맡기면 안 돼요?"

주변 사람들 대다수가 '결혼하면 돈관리는 여자가 해야 잘산다'고 얘기했다는 것이다. 그런데 내 직업이 회계사인 만큼 아무래도 더 잘할 것 같기도 해서 조심스러웠나 보다. 중이 제 머리 못 깎는다는 얘기도 있지만, 게으른 성격이라 매일매일 가계부 쓰고 관리하는 걸 할 생각이 애초부터 없었기에 흔쾌히 통장을 건넸다.

통장 잔액을 확인한 아내는 깜짝 놀랐다. 당시 통장 잔액이 7,900만 원이 넘어 8,000만 원이 조금 안 됐다. 문제는 그게 마이너스였다는 것이다.

앞에서 얘기한 대로 회계사 시험에 합격하자마자 은행에서 한도 3,000만 원짜리 마이너스통장을 개설해줬다. 회계법인에 몇 년 근무하며 연봉이 오르자 이번엔 다른 은행에서 추가로 한도 5,000만 원짜리 마이너스통장을 개설해줬다. 그렇게 마이너스 한도가 8,000만 원인 상태에서 부모님 도움 없이 결혼을 하다 보니, 결혼 준비와 신혼여행 비용으로 한도를 꽉 채워 쓴 상태였다. 그걸 아내가 관리하겠다고 하니 내 입장에서는 마다할 이유가 전혀 없었다.

잔액을 확인한 아내는 당황하더니 말을 바꿨다.

> "플러스가 되면
> 그때부터 내가 관리할게요."

미안한 얘기지만, 아내는 통장을 영영 돌려받지 못할 것이다. 주기 싫은 게 아니라 플러스가 될 일이 없기 때문이다. 지금 빚은 그때보다 더 늘어 억 단위가 됐다. 지난주에 주가가 폭락하자 조회만

해두었던 신용대출 한도를 다 채워서 추가대출을 받았다. 더 하락하면 토지담보대출도 받을 계획이다.

나는 빚을 다 갚을 생각이
조금도 없다.

　신용카드는 다 잘라야 하고 빚부터 갚아야 부자가 된다고 하는데, 나는 왜 빚을 갚을 생각이 없을까? 그건 내 상황이 조금은 다르기 때문이다. 사실 상황이란 건 사람마다 다를 수밖에 없다. 우리는 〈Work book 4〉에서 자산의 수익률과 부채의 금리를 비교했다.

　가지고 있는 부채의 금리보다 수익률이 낮은 자산이 있다면, 둘을 상계함으로써 이자비용을 줄일 수 있다. 5%짜리 차입금이 있는데 2%짜리 적금을 들 이유가 없는 것이다. 이 경우에는 빚부터 갚는 게 맞다.

　그런데 반대 경우라면 어떨까? 즉, 부채의 금리보다 자산의 수익률이 높다면? 만약 차입금 이자율이 5%인데, 적금금리가 10%라면 한 푼이라도 더 대출을 받아 적금에 넣는 게 가만히 앉아 5%를 버는 방법이다. 나의 경우가 여기에 해당한다.

　내 부채 중 금리가 가장 높은 게 3%대 초반이다. 반면에 주식투자 수익률은 연 20%를 넘는다. 그러니 부채를 쓰지 않을 이유가 없다. 20% 이상 남는 장사인데 무엇하러 갚겠는가. 내가 워크북을 직접 작성해보라고 누차 강조한 것도 이런 이유에서다.

자산에 포함하는 항목은 사람마다 다르고, 적절한 평가 방법을 가장 잘 아는 사람도 자기 자신이다. 자산의 수익률과 부채의 이자율을 비교하면 누군가는 빚부터 갚는 게 맞지만, 다른 누군가는 빚을 더 내는 게 맞을 수 있다. 그러니 스스로 기록하고, 스스로 진단하고, 스스로 대책을 세워 자신만의 부자 방정식을 완성해야 하는 것이다.

많을수록 좋은 부채도 있다

주식투자 하시는 분들을 대상으로 재무제표 강의를 하다 보면 간혹 이런 질문을 받는다.

"어떤 자산이 많은 회사가
좋은 회사인가요?"

어떤 자산이 많아야 좋은 회사일까? 현금? 설비? 특허 같은 무형자산? 내 대답은 이렇다.

"그런 거 없습니다."

진짜 부자 가짜 부자

흔히 현금과 같은 안전자산이 많으면 좋은 회사로 취급한다. 그런데 현금이 정말 좋은 자산일까? 현금이나 예금은 안정성 측면에서 좋은 자산이다. 경제 전반이나 개별 기업에 일시적인 위기가 닥쳤을 때, 현금이 많으면 잘 이겨내고 버틸 수 있다. 다른 자산은 경제위기가 닥치면 동반하여 가치가 떨어질 수 있지만, 현금은 인플레이션을 제외하고는 가치 하락 위험이 덜하다. 안정성 측면에서 좋은 자산인 건 분명하다.

그런데 수익성은 어떨까? 현금을 들고 있다고 해서 수익이 생기나? 얼마 안 되는 예금금리 이상은 기대할 수 없는 자산이다. 투자자에게 안정성은 방어를 위한 안전장치일 뿐, 주가가 상승하는 데에는 수익성과 성장성이 더 중요하다. 하지만 현금은 수익성도, 성장성도 갖고 있지 않다.

그러면 무형자산은 어떨까? 눈에 보이진 않지만 회사가 수십 년간 신뢰로 쌓아 올린 브랜드 가치나 오랜 연구개발 끝에 획득한 특허권 같은 무형자산이 많으면 좋지 않을까? 물론 그런 항목이 많아서 나쁠 건 없다. 하지만 아쉽게도 재무제표에는 무형자산이 그 자산의 '가치'로 기록되는 것이 아니라 '원가'로 기록된다. 2장에서 설명한, 금액을 측정하는 세 가지 방법 중 공정가치FV가 아닌 역사적원가HC로 보고되는 것이다. 즉, 브랜드나 특허의 실제 가치가 높다고 해서 높은 가격으로 기록되는 것이 아니라 비싼 대가를 치렀을 때 비싼 자산으로 기록된다는 뜻이다. 10억 들여 개발한 100억짜리 특허는 10억으로 기록되고, 20억 들여 개발한 50억짜리 특허는 20

억으로 기록된다. 그러므로 무형자산이 더 많고 금액이 크다고 해서 좋은 것만은 아니다.

사실 투자자 입장에서 가장 좋은 건 자산이 없는 회사다. 자산 100억 원으로 이익 10억 원을 내는 회사와 자산 10억 원으로 이익 10억 원을 내는 회사 중 어디가 더 좋겠는가? 자산에 투자하지 않고도 같은 이익을 낼 수 있으니 당연히 후자를 택할 것이다.

따라서 많을수록 좋다고 할 만한 자산이 특별히 없다. "에이, 그래도 뭔가는 있지 않나요?"라고 하면 나는 다음과 같이 얘기한다.

> "많으면 좋은 게 있긴 한데,
> 그건 자산이 아니라 부채에 속해요."

이 말을 들으면 대부분이 당황스러워한다. 어떤 자산이 많아야 좋으냐고 물었더니, 그런 건 없고 되려 부채가 많아야 좋다고 하니 말이다. 그런데 정말이다. 그리고 이 부채는 당신한테도 좋은 부채다. 도대체 어떤 부채가 많아야 좋은 걸까?

[표 4-2] 자산의 크기와 자산수익률 예

구분	A	B
자산	100억 원	10억 원
이익	10억 원	10억 원
ROA(자산수익률)	10%	100%

좋은 부채 vs. 나쁜 부채

기업의 재무제표는 부채를 유동부채와 비유동부채로 나누어 보여 주는데, 이것은 만기에 따른 구분이다. 쉽게 말해 1년 안에 갚아야 하는 부채는 유동부채, 만기가 1년 넘게 남아 있는 부채는 비유동부채로 구분한다. 그런데 좋은 부채와 나쁜 부채를 구분하기 위해서는 상환 잔여 기간이 아니라 이자부부채와 무이자부부채로 나눌 필요가 있다.

보통 빚을 지면 이자를 내야 하는데, 이를 이자부부채라 한다. 반면에 이자를 내지 않아도 되는 무이자부부채도 있다. 단골 가게에 가서 외상을 했다고 하자. 매일 들르는 구멍가게에 갔는데 때마침 현금이 없어서 카드를 내밀었더니 "그냥 다음번에 올 때 현금으로 주세요"라고 한다. 이때 하루에 얼마씩 이자를 계산하지는 않을 것이다. 기업들은 대부분 외상거래를 한다. 그런데 거래처가 별도로 이자를 계산해서 받지 않는다면 이 외상은 무이자부부채다.

회사에 무이자부부채가 많다는 것은 좋은 일일까, 나쁜 일일까? 갚아야 할 빚이 많으니 나쁘다고 해석하기 쉬운데, 사실 이는 좋은 부채다. 무이자부부채란 쉽게 말해 남의 돈을 이자 한 푼 내지 않고 가져다 쓴다는 얘기다. 이만큼 좋은 게 있겠는가?

만약 친구가 당신에게 이렇게 얘기한다면 어떻게 하겠는가?

"친구야, 내가 돈 빌려줄게.
이자 안 받고…."

빌려다가 그대로 은행에만 맡겨놔도 공짜로 이자를 받게 되니 이렇게 고마운 친구가 어디 있으랴. 흔히 장사를 할 때 '받을 돈은 빨리 받고, 줄 돈은 천천히 주라'고 얘기하는 것도 무이자부부채를 잘 활용하라는 얘기다.

나는 신용카드를 사용하는 것에 대해서 별로 거부감이 없다. 돈을 모으려면 카드부터 자르라고 하는 사람들도 있지만, 신용카드가 제공하는 서비스는 기본적으로 무이자부부채다. 지출을 그만큼 늦춰주는 효과가 있다. 단, 나는 할부나 현금서비스는 절대 이용하지 않는다.

진짜 부자는
빚을 잘 활용한다

내 어머니는 빚지는 걸 무척 싫어하신다. 아버지께서 늦은 밤 술에 취해 들어오시면 꼭 이렇게 물으셨다.

"외상 했어요, 안 했어요?"

만약 외상으로 드셨다고 하면 당장 가서 갚아주고 와야 잠을 주무시는 성격이다. 그렇게 빚지는 걸 싫어하는 성격 탓에 부자가 되지 못하셨다. 외상값은 무이자부부채인데 빚이라면 그저 나쁜 것으로 취급하셨으니까. 앞에서 언급한 후회의 말씀을 그래서 하시게 됐다.

> "그때 목욕탕 앞 땅을
> 빚을 내서라도 샀어야 했는데…."

가난한 사람들이 빚지는 걸 극도로 싫어하는 반면(그래서 파산도 안 하겠지만), 부자들은 빚을 잘 이용한다. 개인이 어떻게 무이자부부채를 활용할 수 있을까? 사실 가게 외상값이나 신용카드를 이용해서 부자가 되기는 힘들지 않은가. 하지만 널리 알려진 유명한 방법도 있다. 바로 '갭투자'다. 전세제도는 세계에서 우리나라에만 존재하는데, 집주인이 집을 전세 주고 받은 보증금은 세입자에게 되돌려줘야 하는 부채다. 하지만 그 보증금에 대해서 이자를 지불하지 않기 때문에 전세보증금은 무이자부부채에 해당한다. 갭투자는 이를 적극적으로 활용하는 투자 방법이다.

거래 가격이 5억 원인 아파트를 사서 4억 원에 전세를 내놓았다면 집주인이 투자한 금액은 1억 원이다. 주택 가격과 전세보증금의 차액gap인 1억 원만 투자해서 부동산을 구입할 수 있다. 이 상태에서 아파트의 가격이 20% 올라 6억 원이 되면 보증금 4억 원을 빼고

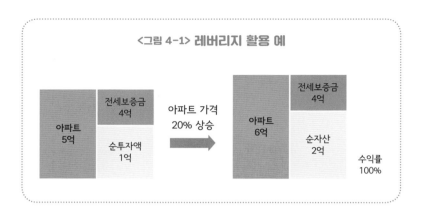

<그림 4-1> 레버리지 활용 예

내 몫은 2억 원이 된다. 아파트 가격은 20% 올랐는데 내 몫은 1억 원에서 2억 원으로 100%가 증가한다. 이를 흔히 '부채의 레버리지 효과'라고 한다. 레버리지는 '지렛대'라는 뜻이며, 원래 20%인 수익률을 보증금이라는 부채를 '지렛대'로 이용해서 5배인 100%의 수익률을 내는 것이다. 물론 반대로 주택 가격이 20% 하락하면 손실률도 5배인 100%가 된다.

갭투자에서 집주인과 세입자의 재무상태표를 그려보면 〈그림 4-2〉와 같다.

이 상황만 놓고 본다면 누가 더 부자인가? 집주인의 순자산은 1억 원인 데 비해 세입자의 순자산은 4억 원이다. 거꾸로 해석하면 세입자 B는 4억 원의 재산을 가지고도 전세살이를 하는데, A는 1억 원만 가지고도 집주인이 됐다. 물론 A는 그 대가로 집값 변동이라는 위험을 부담해야 한다. 하지만 인플레이션이 일반화된 경제에서 집값은 상승할 확률이 더 높다. 이 점을 고려하면 A는 아파

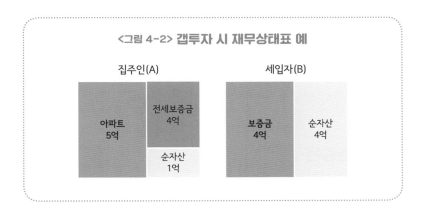

<그림 4-2> 갭투자 시 재무상태표 예

집주인(A)

아파트
5억

전세보증금
4억

순자산
1억

세입자(B)

보증금
4억

순자산
4억

트 가격 하락으로 인한 위험보다는 가격 상승에 따른 혜택을 볼 확률이 높다. 만약 B가 순자산 4억 원을 가지고 갭투자를 한다면 A와 같은 아파트 4채를 취득할 수 있다(그림 4-3).

무조건 전세금을 빼서 갭투자를 하라는 말이 아니다. 다만, 부자들은 B와 C의 경우를 모두 고려해서 자신에게 적합한 의사결정을 하는 반면 가난한 사람들은 오직 B만을 생각한다는 얘기다. 주택

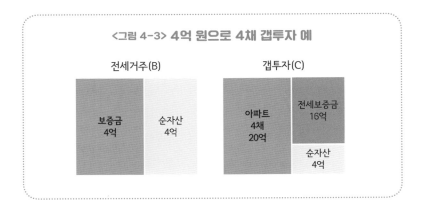

<그림 4-3> 4억 원으로 4채 갭투자 예

전세거주(B)

보증금
4억

순자산
4억

갭투자(C)

아파트
4채
20억

전세보증금
16억

순자산
4억

가격 상승기에 재산을 모으고 부자가 된 사람들은 대부분 C와 같은 의사결정을 한 사람들이다. 부자들은 빚도 잘 이용한다.

부동산 편중은 정말 문제일까?

한국의 가계 자산은 부동산 편중이 심한 편이다. 조사 방법이나 대상에 따라 편차는 있지만 선진국에 비해 펀드나 주식, 채권 같은 금융자산의 투자 비중은 낮은 반면 부동산의 비중은 높다. 가계 자산의 효율적인 배분이 이루어지지 않아 부동산시장이 침체할 경우 대다수의 가계가 곤경에 처할 수 있다는 지적도 많다.

나 역시 부동산에만 의존하지 않고 다양한 자산에 분산투자 하는 것이 위험관리 측면에서 바람직하다고 생각한다. 하지만 한 가지 지적하고 싶은 것은 부동산 편중의 원인이 무엇이냐는 점이다. 부동산 편중이 문제라고 하지만, 사실 우리가 주변에서 가장 많이 접할 수 있는 부자는 부동산을 통해 부를 이룬 사람들이다. 오히려 부동산에 집중투자 해서 더 좋은 성과를 거둔 사람이 많다.

단순히 '선진국에 비해 부동산 편중이 심하니까 문제다'라는 지적은 한 가지를 간과한 결과다. 앞서 말한 것처럼 한국에는 전 세계에서 유일하게 전세제도가 존재한다는 점이다. 무이자부부채는 좋은 부채인데 한국에서는 부동산에 투자할 때 전세보증금이라는 좋은 부채를 활용할 수 있다. 그러니 외국과 단순비교를 해서는 안 되며, 오히려 이를 잘 활용하는 한국의 부동산 투자자들이 현명하다고 볼 수 있다. 무이자부부채를 활용할 수 있는데도 부동산투자 비중이 외국과 같다면, 오히려 그게 더 이상한 일일 것이다. 다만, 우리나라에서도 월세가 전세를 대체해간다면 외국과 비슷한 양상으로 바뀌지 않을까 예상해본다.

조달비용보다 투자수익이 크다면 괜찮다

전세금에 대해 다룬 김에 몇 가지를 더 살펴보자. 집을 얻을 때 전세가 유리할까, 월세가 유리할까? 우리 부모님 세대는 대부분 '전세금은 나중에 돌려받지만 월세는 사라지는 돈'이라며 되도록 전세를 권한다. 맞는 얘기일까?

뒤에서 다시 한번 다루겠지만, 경제적인 의사결정을 할 때는 각 경우의 수가 자신의 재무제표에 미칠 영향을 비교해보는 것이 좋다. 그러면 올바른 선택을 하는 데 도움이 된다. 같은 아파트에 대해 전세와 월세의 조건이 다음과 같다고 하자.

- 전세: 보증금 4억 원
- 월세: 보증금 1억 원/월세 120만 원

이 상황에서 전세와 월세 중 어느 것이 세입자에게 유리할까? 일단 보증금은 무수익자산이다. 나중에 되돌려받는 돈이므로 내 자산이 맞지만, 수익을 내는 자산은 아니다. 무이자부부채가 좋은 부채라면, 무수익자산은 나쁜 자산이다.

전세로 계약을 하면 재무상태표에 3억 원이라는 자산이 묶이게 된다. 대신 손익계산서에서 월세 120만 원을 줄이는 효과가 있다. 비용을 줄이는 것은 이익을 늘리는 것이므로 결국 수익과 같은 효과가 있다. 즉, 3억의 보증금은 월세지출을 줄여 매달 120만 원의 수익을 가져오는 효과를 낸다. 1년이면 '120만 원 × 12개월 = 1,440만 원'의 수익을 내므로 보증금의 수익률은 '1,440만 원 ÷ 3억 원 = 4.8%'가 된다.

만약 3억 원을 그동안 예금으로 보유했고 예금 이자율이 2%였다면, 전세로 계약하는 것이 유리하다(월세는 매달 지출하고 예금 이자는 분기별로 받으므로 둘을 비교하려면 복리수익률로 계산해야 하나, 이해하기 쉽게 단리로 계산했다). 2% 수익을 내던 자산을 4.8%짜리 자산으로 바꾸는 것이기 때문이다. 그런데 만약 3억 원을 그동안 주식으로 보유했고 주식의 수익률이 연 8%였다면, 오히려 월세가 더 유리하다. 8%짜리 자산을 4.8%짜리로 바꾸면 3.2%가 손해이기 때문이다. 정리하면, 보증금으로 지급하는 자산(예금 또는 주식)의 수익률에 따라

의사결정이 달라진다는 뜻이다.

참고로, 앞에서 계산한 보증금의 수익률 4.8%를 '전월세 전환율'이라고 한다. 보증금 3억 원의 전세를 월세로 전환하면 4.8%에 해당하는 1,440만 원의 월세를 내야 한다는 의미다. 전월세 전환율과 내가 가진 자산의 수익률을 비교하면 전세와 월세 각각의 유불리를 판단할 수 있다.

나의 경우에는 월세가 더 유리했다. 앞에서 언급한 대로 주식투자 수익률이 연 20%가 넘는 상황에서 내 자금을 전세보증금으로 묶어둘 필요가 없기 때문이다. 13평짜리 신혼집에서 벗어나 처음 이사할 때, 주변 사람들의 반대에도 전세가 아닌 월세계약을 한 이유가 이것이었다. 이런 의사결정을 하기 위해서라도 자신이 가진 자산의 종류와 각 자산의 수익률을 파악하고 있어야 한다.

만약 가진 자금이 없어서 전세대출을 받아야 하는 상황이라면 어떨까? 월세가 아닌 전세계약을 하기 위해서는 3억 원의 자금이 더 필요하고 이 자금을 대출받아야 한다. 이때는 전세대출 이자율을 전월세 전환율과 비교한다. 그 결과 이자율이 전환율보다 크다면 월세가 낫다. 은행에 내는 대출이자가 집주인에게 내는 월세보다 많기 때문이다. 반대의 경우에는 전세가 더 낫다.

2019년 현재 전월세 전환율이 6% 정도이고 전세자금대출 이자율이 3% 정도에서 시작하니, 일반적으로 전세가 월세보다 낫다고 말하는 것이다(물론 전세보증금은 집값이 하락하는 경우 돌려받지 못할 위험도 있다). 두 번째 이사를 해 지금 살고 있는 집으로 올 때는 전세계약을 했는데, 바로 이 때문이었다. 결혼 초에는 빚을 지는 것을 무조건 싫어했던 아내가 빚이 꼭 나쁜 것만은 아니라는 것에 동의하고 아내의 명의로 전세대출을 받았다(전세대출까지 고려하면 처음 이사했을 때도 월세보다는 전세대출을 받아 전세계약을 하는 것이 유리했다. 내 자금은 계속 투자해서 수익을 내고, 전세보증금은 대출을 받아 충당한다면 대출 이자율과 전월세 전환율의 차이만큼 더 유리한 선택이 된다. 하지만 당시 나는 회계법인을 그만두고 프리랜서가 된 직후라 대출에 제한이 있는 데다 아내가 빚지는 것을 워낙 싫어해서 월세를 택했다).

결론적으로, 부채의 좋고 나쁨은 조달비용과 투자수익에 따라 달라진다. 부채를 조달해서 부담하게 되는 조달비용(이자)이 그 자금을 투자해서 얻게 되는 수익보다 크다면 그 부채는 빨리 갚는 게 좋다. 반대로 조달비용보다 투자수익이 크다면 굳이 갚을 필요가 없는 좋은 부채다. 무이자부부채는 조달비용이 0이기 때문에 은행 예금에 넣어두기만 해도 되는, 좋은 부채다. 만약 자신이 부담하는 대출 이자율보다 투자자산의 수익률이 높다면 레버리지를 이용해 좀 더 일찍 부자가 될 수 있다.

어쨌든 이런 판단을 하려면 자신의 자산과 부채 내역을 기록하고, 투자수익률과 조달비용을 산정할 수 있어야 한다. 우리는 〈Work book 4〉에서 자산과 부채에 수익률과 금리를 기재했다. 이를 다시 한번 확인해보기 바란다.

만약 안 적고 넘어왔다면 제발 적어보기 바란다. '부자가 되는 방법이 이런 거구나'라며 고개를 끄덕이는 것으로 충분하다면 적지 않고 읽기만 해도 된다. 하지만 당신의 인생에 변화를 가져오길 원한다면 반드시 적어봐야 한다. 적는다고 해서 모두 부자가 될 리는 없다. 하지만 적지 않았을 때보다 부자가 될 확률은 10배 이상 올라갈 것이다.

자산의 수익률과
부채의 이자율을 적어보자

〈Work book 1~4〉를 펼쳐 자신이 기록했던 결과를 살펴보자. 자산과 부채에 수익률과 이자율이 빠짐없이 기재됐는가? 만약 기재하지 못한 항목이 있었다면 다시 한번 고민해서 채워 넣자. 무수익자산이나 무이자부부채라면 수익률과 이자율이 0%다. 하지만 자산의 수익률을 산정할 때는 기회비용도 고려해야 한다. 앞에서 살펴봤듯이, 전세보증금은 당장 수익을 가져오지는 않지만 비용을 줄여주는 효과가 있다. 3억 원의 보증금이 월세 120만 원을 줄여서 연간 1,440만 원의 비용을 줄이는 효과가 있다면, 전세보증금의 수익률은 4.8%가 된다.

〈Work book 5~8〉을 펼쳐 당신이 기록했던 자산과 부채의 모든 항목 옆에 각각 수익률과 이자율을 기록해보라. 무수익자산이 있는지 살펴보고, 당신이 보유한 자산의 수익률과 부채의 이자율을 비교해보라.

5장

수익과 비용을 구분하는 기준이 있는가

수익에도 여러 종류가 있다

기업의 손익계산서를 보면 수익이 영업수익과 영업외수익으로 구분되어 있다. 회사의 주된 영업에서 생겨나는 수익은 영업수익, 주된 영업이 아닌 부업이나 일시적인 수익은 영업외수익으로 구분한다. 삼성전자가 핸드폰을 팔면 영업수익인 매출액이 되지만, 사무실에서 쓰던 책상을 중고로 내다 팔면 영업외수익이 된다. 삼성전자의 본업은 책상 판매가 아니기 때문이다. 이처럼 '주된 영업이냐, 아니냐'가 구분 기준이 된다. 기업 입장에서는 영업수익이 중요하다. 영업수익은 앞으로도 지속될 확률이 높지만, 영업외수익은 반복될 가능성이 작기 때문이다.

그렇다면 개인의 수익은 어떻게 구분하면 좋을까? 앞서도 말했듯이, ㅁ 개인의 재무제표를 작성하는 기준은 정해져 있지 않다. 스스로 기준을 정해서 구분하면 된다. 기업과 마찬가지로 주업이냐, 부업이냐로 영업소득과 영업외소득으로 나누어서 볼 수도 있다(기업 회계에서는 '소득'이라는 용어를 쓰지 않지만, 보통 사람들에겐 '수익'보다 '소득'이 더 익숙한 용어이기에 이 책에서는 같은 의미로 사용한다). 회계법인에 근무할 때 가끔 기업에 강의를 나가면 적은 금액이지만 강의 수당을 받았는데, 부외수입으로 짭짤했다. 급여 외의 소득이기에 기타소득 또는 영업외소득으로 구분할 수 있을 것이다. 월급을 받는 직장인이 주말이나 휴일에 가끔 아르바이트를 한다면 아르바이트비를 영업외소득으로 볼 수 있을 것이다. 은행 예금에서 나오는 소액의 이자나 주식투자로 얻는 수익도 영업외소득으로 구분하면 될 것이다. 하지만 나는 개인의 소득을 이렇게 '주업이냐, 아니냐'로 나누는 것을 싫어하고 경계한다.

> 그것이 우리에게 잘못된 관점을 부여하고,
> 부자가 되는 길에서
> 멀어지게 하기 때문이다!

기업과 마찬가지로 주업(본업)을 기준으로 구분하는 것이 왜 개인에게 잘못된 관점을 부여할까? 기업에 영업수익이 영업외수익보다 더 중요한 것처럼, 개인도 영업소득이 더 중요하다고 생각할 수 있기 때문이다. 본업과 아르바이트로 구분하면 당연히 본업이 더 중요하다고 생각할 것이다. 하지만 부자가 되기 위해서는 관점을 바꿀 필요가 있다. 이 책을 통틀어 가장 강조하고 싶은 내용인데, 내가 소득을 구분하는 기준은 다음과 같다.

자동으로 들어오느냐, 아니냐.

자동으로 들어오는 소득은 내가 무언가 열심히 노력하지 않아도 통장에 들어오는 소득이다. 당신에게는 그런 소득이 있는가? 1년 정도 전 세계를 여행하더라도 당신 통장에 계속 들어오는 돈이 있는가? 당신의 소득 중에서 자동으로 들어오는 소득은 얼마나 되는가? 이 책에는 부자가 되기 위한 여러 가지 개념과 조건이 등장하지만, 가장 중요한 한 가지를 꼽으라면 바로 이것이다.

당신의 재무제표에 자동으로 들어오는 '시스템수익'이 얼마나 되는가?

'아무런 노력도 하지 않고 돈을 번다고? 그건 도둑 심보지'라고 생각한다면 부자들의 생각과는 동떨어져 있는 것이다. 대다수가 '열심히 일하고 노력해서 돈을 벌어야지'라고 생각할 때, 부자들은 이렇게 생각한다.

'그걸 왜 네가 직접 하려고 하니?'

노동을 하지 않고 얻는 소득을 '불로소득'이라고 한다. 그런데 불로소득이라는 말은 일반적으로 '좋지 않은 것'으로 받아들여진다. 나 역시 '노동은 신성한 것'이기를 바란다. 하지만 나는 내 노동을 진정 신성하게 만들기 위해서라도 적극적으로 불로소득을 추구한다. 어쩌면 모순될 수 있는 이 주장에 대해서는 뒤에서 다시 자세히 다루기로 하고, 여기서는 자본주의에 대해 살펴보자. 사실 불로소득을 부정한다는 것은 곧 자본주의를 부정하는 것이 될 수 있다.

'자본주의'란 무엇일까? 의외로, 명확한 정의가 없다. 상업자본주의, 산업자본주의 등으로 구분하고 정의해보기도 하지만 하나의 개념으로 정의하기가 어렵다. 화폐가 생겨나고 돈에 대한 이자를 지급하면서 자연스럽게 발달한 체제인데, 사회주의자들이 사회주의가 무엇인지 설명하는 과정에서 사회주의에 대비되는 의미로 자본주의라는 용어가 생겨났다. 자본주의를 단순하게 정의할 수는 없지만 몇 가지 명확한 특징이 있는데, 그중 하나가 생산 수단의 사유화와 그에 대한 대가를 인정한다는 것이다. 어려운 얘기지만 쉽게 풀어보면, 제품을 생산하는 데 참여한 노동뿐만 아니라 그에 필요한 자본에 대해서도 대가를 지불한다는 것이다.

원시 시대에는 사냥에 참가해서 함께 땀을 흘린 이들이 고기를 나누어 가졌다. 하지만 자본주의 체제에서는 사냥에 참가하지 않더라도 사냥에 필요한 자본을 제공했다면 고기를 나누어준다. 10명이 함께 돌도끼를 던지는 것과 5명이 총을 들고 나가 사냥을 하는 것 중 어느 것이 결과가 더 좋겠는가? 후자의 결과가 더 좋다면 총을

[표 5-1] 사냥의 성과 비교: 돌도끼 vs. 총

구분	참가자	수확물	배분
돌도끼	10명의 사냥꾼	10마리	1마리/명
총	5명의 사냥꾼 + 1명의 자본가	18마리	3마리/명

살 수 있도록 자본을 제공한 사람에게 사냥감을 나누어주더라도 모두가 더 좋은 결과를 얻을 수 있다. 심지어 돌도끼를 던지는 것보다 그저 방아쇠를 당기는 것이 훨씬 편한 일이기도 하다.

[표 5-1]에서 보는 것처럼 10명의 사냥꾼이 10마리의 짐승을 잡았다면 각자 1마리씩 가져갈 수 있다. 반면에 5명의 사냥꾼이 1명의 자본가가 제공한 총을 이용해 18마리를 잡았다면 6명이 각자 3마리씩을 가져가게 된다. 물론 사냥꾼과 자본가의 배분비율이 심하게 왜곡되면 오히려 사냥꾼 각자가 가져가는 몫이 줄어들 수도 있다. [표 5-1]의 총을 사용한 경우에서 자본가가 15마리를 가져가고 나머지 3마리만 사냥꾼에게 나누어준다면 사냥꾼이 가져가는 몫(0.6마리)은 돌도끼를 던질 때(1마리)보다 못할 것이다. 반대로 자본가에게 아무런 몫도 나누어주지 않는다면 어떨까? 자본가는 아무런 노동도 제공하지 않았으니 그에게 사냥감을 나누어주는 것은 불로소득을 제공하는 것이라며 거부한다면? 사냥꾼들은 다시 돌도끼를 던져야 할 것이다.

자본가의 몫을 불로소득이라며 인정하지 않는 것은 좋은 방법이 아니다. 그보다는 사냥꾼들도 배분받은 3마리를 모두 먹지 않고

1마리씩을 남겨서 모은 다음 총으로 바꾸는 것이 더 좋을 것이다. 자본주의 체제에서는 사냥꾼도 자본가가 되어야 한다.

어떤가, 당신은 총을 가지고 있는가?

자신이 총을 가진 자본가인지, 총을 빌려 사냥만 하는 사냥꾼인지 구분하는 방법이 있다. 바로 자신의 소득 중에 불로소득이 있는지 확인하는 것이다. 자본가라면 일을 하지 않아도 자동으로 들어오는 소득, 즉 불로소득이 있을 것이다. 자본주의 체제의 주인은 자본가다. 자신이 자본가인지 아닌지 구분하기 위해서 소득을 주업과 부업으로 구분하지 않고 자동소득과 수동소득으로 구분하도록 하는 것이다.

이 책을 읽는 사람들 중에는 급여를 받는 근로소득자가 가장 많을 것이다. 근로소득자의 소득을 '주업에서 나오느냐, 아니냐'를 기준으로 영업소득과 영업외소득으로 나눈다면, 열심히 일을 해서 받는 노동소득(급여)은 영업소득이 되고 은행이자나 투자소득 또는 부동산 임대소득 등 자본가로서 받는 소득은 영업외소득이 된다. 노동소득은 주업이니 중요하고 자본소득은 부업이니 중요하지 않다고 여긴다면, 자본주의 체제에서 부자가 되는 길과는 반대로 가는 것이다.

본업보다 부업인 투자가 더 중요하다는 주장을 하려는 게 아니다. 계속해서 노동소득에만 의존하다 생을 마감하고 싶은가? 설사 당신이 그걸 원한다고 하더라도 당신에게 급여를 주는 상대방도 과연 그렇게 생각할까? 정년퇴직이라는 제도가 왜 생겼겠는가. 노동소득보다 자본소득이 커져야 여유 있는 은퇴를 할 수 있지 않겠는가?

'부자가 되려면 돈을 위해 일하지 말고, 돈이 나를 위해 일하게 만들어야 한다'라고 흔히 말한다. 분명 좋은 말인 것 같고 어려운 말도 아닌 것 같은데, 구체적으로 어떻게 해야 하는지는 감이 잘 안 온다. 결국엔 내가 일을 하지 않아도 들어오는 소득을 만들어야 한다는 얘기로, 그 방법을 뒤에서 자세히 알아볼 것이다. '돈이 돈을 번다'는 말을 자칫 돈이 있어야 돈을 벌 수 있다는 말로 오해하는데, 이 역시 내가 일을 하지 않아도 돈이 돈을 벌어오는 시스템의 중요성을 강조한 말로 해석해야 한다.

진짜 부자가 되기 위한 수익 구분은 다르다

나는 내 소득을 네 가지로 구분한다. 앞에서 언급한 대로 개인의 소득을 구분하는 데에는 정답이 없지만, 이 책을 읽는 사람들에게는 좋은 가이드가 될 것이다.

첫 번째 구분은 앞에서 언급한 자동소득이다. 일을 하지 않고 얻는 소득이기에 '불로소득'이라고 표현할 수도 있지만 부정적인 느낌을 주는 단어이기에 좋아하지 않는다. 그보다는 '돈을 벌어들이는 시스템'에서 나오기 때문에 '시스템수익'이라고 구분한다(앞서도 잠깐 언급했다시피, 기업회계처럼 소득과 수익을 엄밀히 구분하지 않고 같은 의미로 사용하고자 한다). 불로소득을 추구한다고 하면 뭔가 부정적인 느낌을 주는데, 시스템수익을 만든다고 하면 건설적인 느낌을 준다. 또한 시스템을 구성하는 과정에 분명 나의 수고와 노동이 들어가기에 불로소득이라고 딱 잘라 말할 수도 없다. 어쨌든 내가 가장 선호하는 형태의 소득이고, 뒤에서 다룰 세 번째 부자 방정식에서 부자의 기준을 구성하는 수익이다.

자동소득과 대비되는 소득이 수동소득이다. 어떻게든 내가 일을 해야 받을 수 있는 노동의 대가이기 때문에 '노동수익'으로 표현한다. 그런데 자동소득과 수동소득으로 명확히 구분하기 어려운 소득도 있다. 매달 일을 해야 하는 건 아니지만 그래도 주기적으로 일을 해야 하는 경우다. 나의 경우 온라인 수험 강의가 그렇다. 온라인으로 수험 강의를 제공하는데 한 번 강의를 촬영해 업로드하면 1년간은 소득이 들어온다. 1년에 한 번 정도는 개정된 내용에 맞춰서 업데이트를 하고 재촬영을 해야 하기에 나는 이걸 '반자동수익'이라고 부른다.

소득의 마지막 구분은 '투자수익'이다. 내가 투자한 대상의 가격이 상승해야 얻을 수 있는 수익으로, 대표적인 것이 주식투자를 통한 평가차익이다. 자동소득과 혼동될 수 있는데, 자동소득은 손실이 나는 경우가 없다. 반면 투자수익은 수익이 날 수도 있지만 가격

[표 5-2] 개인 수익의 구분

구분	종류
시스템수익	별다른 노동의 투입 없이 자동으로 얻는 소득
반자동수익	주기적인 노동 투입이 필요한 반자동 형태의 소득
노동수익	일을 해야 얻을 수 있는 소득
투자수익	투자자산의 가격 상승을 통해 얻게 되는 소득
기타수익	이상 네 가지에 해당하지 않는 소득

이 하락하는 경우에는 손실이 생길 수도 있다.

개인 사정에 따라 이상의 네 가지 소득으로 구분할 수 없는 소득분류가 생겨날 수 있다. 예를 들어 갑자기 복권이 당첨됐다면, 그 당첨금이 네 가지 소득 중 어디에 속하는지 불분명하다. 자동소득도 아니지만 노동소득도 아니고, 그렇다고 복권을 투자로 보기에도 모호하다. 이럴 경우를 대비해 기타소득이라는 나머지 분류도 필요하다.

다시 말하지만, 이런 구분은 자의적이다. 저마다 자신의 상황에 맞춰 적합한 구분을 하면 된다. 같은 소득도 사람에 따라 분류가 달라질 수 있다. 예를 들어 나는 주식투자로 얻은 소득을 투자수익으로 구분하지만, 주식투자를 전업으로 하고 매일매일 차트를 들여다보며 끊임없이 매매하는 형태의 투자를 하는 사람이라면 노동수익으로 구분할 수도 있다.

수익 구분이 달라지면
자산 구분도 달라진다

수익을 이상과 같이 구분하고 나면, 자산의 구분 기준도 생겨난다. 나는 시스템수익을 만들어내는 자산을 '시스템자산'으로 분류한다. 노동수익을 만들어내는 건 내 신체이기 때문에 별도의 자산으로 구분하지 않는다. 물론 노동수익을 역산하여 인적 자산을 산정할 수도 있지만, 자산가치를 계산하는 게 쉽지 않다. 반자동수익을 만들어내는 자산이 있다면 이것도 시스템자산으로 구분한다. 시스템자산과 주기적인 노동이 결합해서 반자동수익을 만들어내기 때문이다. 투자수익을 만들어내는 자산은 '투자자산'이 된다.

자산을 시스템자산과 투자자산으로 구분하면 새로운 관점을 얻게 된다. 예를 들어 아파트를 사서 임대를 한다면 이 아파트는 시스템자산일까, 투자자산일까? 임대 방식에 따라 분류가 달라진다. 만약 월세 형태로 임대했다면 시스템자산에 속한다. 매달 꼬박꼬박 자동화된 월세수익을 가져다주기 때문이다. 그런데 전세 형태로 임대했다면 투자자산이다. 전세계약에서는 자동으로 들어오는 소득이 없다. 그 대신 전세보증금을 무이자 레버리지로 활용하여 아파트를 싸게 구입한 다음 가격이 상승했을 때 팔아 투자차익을 거둘 수 있다. 만약 아파트 가격이 하락하면 손실을 입게 된다. 이처럼 똑같은 아파트를 구입했더라도 임대 방식에 따라 자산분류가 달라진다. 사람들은 보통 부동산에 투자하느냐 주식에 투자하느냐를 고민하지만, 나는 시스템자산을 구입하느냐 투자자산을 구입하느냐를 두고 고민한다.

주식은 어떨까? 주식은 대다수가 투자자산의 형태로 취득한다. 주가가 상승하면 이익을 얻고 하락하면 손실을 보게 된다. 하지만 주식을 시스템자산처럼 취득할 수도 있다. 대표적인 것이 배당주 투자다. 배당률이 은행 이자율보다 높은 경우, 주기적으로 배당금을 받을 목적으로 취득한다면 시스템자산으로 볼 수 있다.

물론 자산을 이렇게 시스템자산과 투자자산으로 구분하고 나면 두 가지에 속하지 않는 자산들도 많이 생겨난다. 예를 들어, 세입자 입장에서 전세보증금은 어떨까? 전세보증금은 나중에 돌려받을 수 있는 내 자산이지만 여기서 꼬박꼬박 수익이 들어오는 건 아니다. 꼬박꼬박 나가야 하는 월세지출을 줄여주기는 하지만 그렇다고 시스템자산이라고 하기에는 뭔가 부족하다. 돌려받을 보증금이 증가할 가능성도 없으니 투자자산이 될 수도 없다. 그러면 그에 맞는 분류를 생각해내면 된다. 나는 이런 자산을 '예치자산'으로 구분한다. 남한테 잠시 맡겨둔 자산이라는 의미다.

자산의 분류는 상황에 따라 달라지지만 시대에 따라 달라지기도 한다. 은행 예금을 생각해보자. 은행 예금은 자산 분류 중 어디에 속할까? 예금에서는 꼬박꼬박 이자가 나오고 이자수익이 시스템수익이기 때문에 시스템자산으로 볼 수 있다. 하지만 이는 이자율이 10%를 넘던 시절의 얘기다. 그때는 은행에 목돈을 맡기고 거기

진짜 부자 가짜 부자

서 나오는 이자만으로도 살 수 있었다. 그런데 지금은 어떤가. 적금 금리가 2%도 되지 않는다. 어지간히 큰돈을 맡기지 않고서는 시스템수익이라고 할 정도의 이자를 받기가 힘들다. 특히 수시입출금이 가능한 보통예금에는 이자가 거의 붙지 않는다. 이 경우에도 시스템자산이라고 할 수 있을까? 그래서 나는 은행 예금은 모두 예치자산으로 분류한다. 물론 자신이 느끼기에 은행이자가 시스템수익이라고 할 정도가 된다면 시스템자산으로 분류해도 된다. 자신의 상황에 맞춰 합리적인 기준으로 분류하면 된다.

자동차나 가전제품, 가구 등은 어떨까? 골동품을 투자 목적으로 구입하지 않는 이상 앞에서 언급한 어떤 자산에도 속하지 않을 것이다. 본인의 판단하에 적당한 분류를 만들거나 기타자산으로 분류해도 된다. 나는 이런 항목들은 아예 자산 항목에 집어넣지 않는다. 앞에서 얘기했듯이, 나중에 돈이 되지 않는다면 진짜 자산이라고 볼 수 없기 때문이다. 자산의 구입이 아니라 비용의 지출로 본다.

수익을 종류별로 구분하고,
자산도 구분하자

당신의 지난달 수입을 앞에서 정한 종류별로 구분해서 적어보자. 여기에 제시하는 〈Work book 12〉의 분류 기준을 따라도 좋고, 자신만의 분류 기준을 세웠다면 별도의 용지나 엑셀 시트에 작성해도 좋다.

~~~~~~~~~~~~~~~~~~~~~~~~~~~~~~~ **Work book 12** ~~~~~~~~~~~~~~~~~~~~~~~~~~~~~~~

분류	항목	금액
시스템수익		
	소계	
반자동수익		
	소계	

진짜 부자 가짜 부자

노동수익		
	소계	
투자수익		
	소계	
기타수익		
	소계	
총계		

그리고 앞서 〈Work book 11〉에 기재했던 진짜 자산들을 시스템자산, 투자자산, 예
치자산, 기타자산 등으로 구분해서 옆에 적어보자.

수익과 이익의 차이가
비용이다

앞에서 살펴봤던 다음 그림과 같이, 현시점의 자산과 부채를 통해 순자산을 구한 다음 지난달과 비교했을 때 증가한 금액이 '이익'이다. 그리고 수익에서 이익을 뺀 금액이 '비용'이다.

상당수의 재테크 서적에서 비용, 즉 지출을 통제하기 위해 가계부 작성을 강조한다. 하지만 앞서도 언급했듯이 모든 지출을 기록하려면 상당한 노력과 시간이 필요하며, 그 자체가 보이지 않는 비용이다. 나는 그 노력과 시간을 다른 데 쏟는 게 좋다고 생각한다.

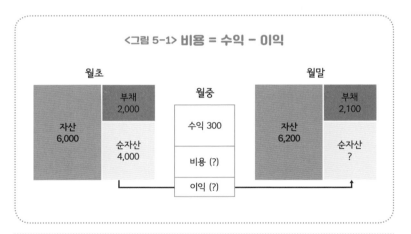

〈그림 5-1〉 비용 = 수익 − 이익

월말 순자산 = 자산 6,200 - 부채 2,100 = 4,100
이익 = 월말 순자산 4,100 - 월초 순자산 4,000 = 100
비용 = 수익 300 - 이익 100 = 200

진짜 부자 가짜 부자

다행히 최근에는 다양한 앱이 개발되어 지출 내역을 매번 기록하지 않아도 자동으로 정리하고 분류해주는 기능을 활용할 수 있다. 카드사가 제공하는 금융 앱이나 앞에서 언급한 뱅크샐러드 같은 앱을 이용하면, 굳이 매번 기록하지 않아도 자동으로 기록이 남는다. 특히 뱅크샐러드는 거래하는 은행과 카드사를 모두 연동해놓으면 계좌 입출금 내역과 카드 사용액을 모두 기록하고 분류할 수 있으니 활용해보기 바란다.

사실 부자가 되는 방법으로 가장 쉽게 제시할 수 있는 것이 지출을 통제하고 비용을 줄이라는 것이다. 젊은 시절에 절약해서 복리효과를 노린다면 푼돈으로 목돈을 만들 수 있을 것이다. 특히 월급 외에 추가적인 소득을 얻기 힘든 보통의 직장인 입장에서는 지출을 줄이는 것이 부자가 되는 유일한 수단일지도 모른다. 하지만 그걸 몰라서 실천하지 못하겠는가?

> 아껴야 잘산다는 건 알지만,
> 아끼기가 쉽지 않다.

하루 커피 한 잔 가격 4,000원을 아끼면 한 달에 120,000원, 1년이면 1,440,000원, 20년이면 28,800,000원이다. 매달 120,000원을 투자해서 연 5% 수익을 올리면, 이자에도 이자가 붙는 복리효과로 20년 뒤에는 5,000만 원에 가까운 돈이 된다. 하루에 커피 두 잔을 마시던 사람이라면 20년 뒤에는 1억 원을 가질 수 있다.

충분히 알아들었다. 그런데 막상 실천하자니 쉽지 않다. 20년 뒤에 5,000만 원이라는 돈의 가치가 얼마나 될지 모르겠고, 심지어 그때까지 내가 살아 있을지 어떨지도 모르겠다. 4,000원과 5,000만 원을 비교하면 당연히 5,000만 원이 매력적이고 욕심이 난다. 하지만 20년 뒤, 그러니까 7,300일 뒤의 어느 날과 오늘은 비교하기가 만만치 않다. 20년 뒤 5,000만 원을 얻기 위해 당장 오늘부터 앞으로 20년간 아낀다고? '20년 뒤'는 너무나 막연한 희망에 불과하고, '오늘부터 시작해서 앞으로 20년간'은 너무나 가혹하다.

지출은 줄이는 방법을 아는 것보다 더 중요한 것은 실천하겠다는 의지다. 왜 지출을 줄여야 하는지가 절실하지 않으면 오랫동안 실천하기가 어렵다. 이 부분에 대해서는 뒤에서 자세히 다루겠다. 부자가 되려면 수익을 늘리는 방법과 비용을 줄이는 방법 중 하나를 선택해야 한다. 누군가는 수익을 늘리는 방법을 택할 것이고, 또 누군가는 비용을 줄이는 방법을 택할 것이다. 수익을 늘릴 수 없어서 비용을 줄여야만 하는 경우도 뒤에서 구체적으로 다루겠다. 대신 여기서는 소비에 대한 다른 관점을 살펴보고자 한다.

소득을 내가 관여하는 정도에 따라 자동소득과 수동소득으로 구분했다면, 지출(비용)은 어떤 기준으로 구분해볼 수 있을까?

정말 꼭 필요한 지출인가?

내가 비용을 구분하는 기준은 '반드시 필요한 지출인가?'이다. 살아가기 위해 꼭 필요한 지출은 '생계비용'으로 구분하고, 나머지는 모두 '사치비용'으로 분류한다. 앞에서 봤듯이 순자산 증감액을 이익으로 두고, 수익에서 이를 차감하면 비용이 된다. 그리고 이 비용은 일단 모두 생계비용으로 구분한다. 그런 다음 꼭 필요한 지출이 아니었다고 생각되는 항목만 꺼내 사치비용으로 옮긴다.

당신의 전체 지출액 중 사치라고 여겨지는 비용은 얼마나 될까? '내가 지금 사치를 부린다고? 꼭 필요해서 쓰는 거지, 사치가 아냐'라고 생각된다면 생계비용으로 분류하면 된다. 전체 지출액 중 사치비용을 제외한 것이 생계비용인데, 이 이상을 벌어들이지 못하면 생활이 곤란해질 것이다. 개인에 따라 추가적인 비용 분류도 가능하겠지만, 일단 여기서는 생계비용과 사치비용 두 가지로만 구분해서 기록해보자.

월 지출액을 구하고, 생계비용과 사치비용으로 구분하자

〈Work book 5~8〉에서 당신은 순자산 증감액을 확인하고 지출액을 파악했다. 그 지출액 중에서 사치비용이라고 생각되는 항목이 있는지 찾아보자. 그런 다음 전체 지출액 중에서 사치비용을 빼면 생계비용이 계산된다.

Work book 13

손익 추정	
A. 당월 말 순자산	
B. 전월 말 순자산	
C. 순자산 증가액(A - B)	
D. 당월 소득	
E. 당월 지출액(D - C)	
F. 사치비용	
G. 생계비용(E - F)	

6장

부자 방정식 셋,
부자의 기준을
바꿔라

비법 레시피를 팔 것인가?

한번 상상해보자. 아무리 열심히 해도 오르지 않는 월급과 언제 잘
릴지 모르는 직장생활에 염증을 느낀 당신은 회사를 그만두고 장사
를 해볼까 고민한다. 외할머니께서 요리 솜씨가 좋으셨는데, 돌아
가시기 전 마법의 레시피를 몇 가지 전수해주셨다. 그 레시피로 만
든 음식을 맛본 주변 사람들은 하나같이 감탄하면서 이걸로 식당
차리면 대박 날 거라고 했다.

마침내 당신은 용기를 내서 김치찌개 전문점을 차렸고, 결과는
대성공이었다. TV 프로그램에 맛집으로 소개된 다음에는 온종일
손님이 끊이질 않았고, 직원들 인건비와 가게 임대료를 내고도 매
달 2,000만 원(연 2억 4,000만 원)이라는 순수익이 생겼다. 직장에서
받던 연봉이 4,000만 원이었으니 그때와 비교해보면 수입이 6배나

늘어난 것이다.

그런데 어느 날 대기업의 임원이 찾아와서 이런 제안을 했다.

> "김치찌개 레시피를 넘겨주시면,
> 매달 500만 원을 드리겠습니다."

요리 비법을 넘겨주면 그에 대한 대가로 매달 500만 원을 지급하 겠다는 것이다. 단, 레시피를 넘겨주고 나면 당신은 그 레시피를 더 는 사용할 수 없고, 제3자에게 전수해서도 안 된다는 조건이다. 만 약 당신이 식당을 그만둔다면 인테리어 비용과 권리금 등 투자비용 은 모두 보전해주겠다고 한다.

당신은 어떻게 하겠는가?

> 월 2,000만 원씩 벌어주던 레시피를
> 월 500만 원에 넘기겠는가?

정답이 있는 문제는 아니다. 어떤 사람은 팔지 않겠다고 할 것이 고, 또 어떤 사람은 팔겠다고 결정할 수도 있다. 중요한 건 판단의 근거다. 어떤 근거로 그런 결론에 도달했는가?

지금부터 다룰 세 번째 부자 방정식을 알게 된 후 나는 답을 바꿨 다. 10년 전의 나는 레시피를 팔지 않겠다고 했겠지만, 지금의 나 는 레시피를 팔 것이다.

얼마 정도 있어야 부자일까?

당신이 생각하는 부자의 기준은 무엇인가? 대부분 사람이 생각하는 부자의 기준은 '재산의 크기'다. 경제미디어 〈머니투데이〉가 2004년부터 매년 '당당한 부자'라는 주제로 실시해온 설문조사 결과를 보면, 부자의 기준을 '총자산 10억 원 이상'으로 꼽는 응답자가 가장 많았다(그림 6-1).

앞에서도 지적했지만, 응답자들이 '총자산'이라는 의미를 어떻게 해석했는지 궁금하다. 부채를 차감한 '순자산'이 아니라 차감하기 전의 '총자산'으로 해석했는지, 아니면 부채를 제외하고 부동산·현금·금융자산을 모두 더한 '총자산'으로 해석했는지가 불분명하다.

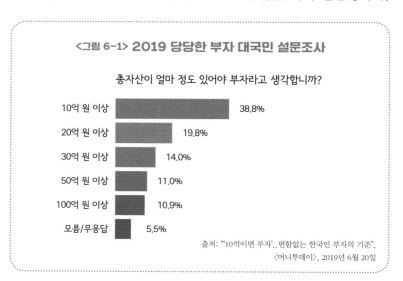

〈그림 6-1〉 2019 당당한 부자 대국민 설문조사

총자산이 얼마 정도 있어야 부자라고 생각합니까?

10억 원 이상	38.8%
20억 원 이상	19.8%
30억 원 이상	14.0%
50억 원 이상	11.0%
100억 원 이상	10.9%
모름/무응답	5.5%

출처: "'10억이면 부자'.. 변함없는 한국인 부자의 기준",
〈머니투데이〉, 2019년 6월 20일

진짜 부자 가짜 부자

아마도 후자로 해석했을 것 같지만, 어쨌든 부자의 기준은 항상 재산이다. 당신의 재테크 목표도 재산의 크기 아닌가? 〈Work book 9~10〉에도 재테크의 목표로 순자산을 기재했고, 여기에 별다른 의문을 품지 않았을 것이다. 그런데 재산액(순자산)을 부자의 기준으로 삼는 게 맞을까?

어떤 일이든 올바른 목표를 설정하는 것이 가장 중요하다. 예를 들어 다이어트를 한다고 할 때, 목표를 '체중감량'에 두는 것과 '건강한 신체'에 두는 것은 다른 결과를 가져오게 된다. 물론 비만 상태에 있는 사람이 체중을 감량하면 자연스레 건강도 증진될 수 있다. 하지만 체중을 줄이는 것을 목표로 정하고 이를 달성하는 데 집착하다 보면 안전성이 입증되지 않은 체중감량제를 복용하게 될 수도 있다. 무조건 식사량을 줄이며 무리하게 다이어트를 하다가 거식증에 걸리는 경우도 생긴다. 다이어트의 목표는 '비쩍 마른 신체'가 아니라 '건강하고 행복한 삶'이어야 하지 않을까?

부자의 목표도 마찬가지다. 부자의 목표를 재산액으로 정한다면, 어느 정도가 되어야 만족할 수 있을까? 하루에 15시간씩 주말도 없이 일해서 10억 원을 모으면 만족할까? 남들에게 구두쇠 소리 들어가며 인간관계 단절하고 10억 원을 모으면, 그때는 행복한 삶을 누릴 수 있을까?

재산을 모으는 것을 목표로 하면 자칫 영원히 끝나지 않는 경주를 하게 될 수도 있다. 10억 원을 모아 자신이 살고 싶었던 강남의 아파트를 사서 이사했다고 하자. 그러면 주변에 10억 원을 넘게 가진 사람들이 가득해진다. 시세 10억 원짜리 아파트에 사는 사람들은 최소 재산이 10억 원일 뿐 금융자산을 더하면 더 큰 부자들이다. 20억 원을 가진 사람들 사이에서 10억 원으로 만족할 수 있을까? 아이들이 학교에 갔다 오더니 "반에서 우리 집이 제일 가난해"라고 불평할지 모른다. 그럼 이제 다시 20억 원을 목표로 돈을 모으기 시작할 것이다. 20억을 모으면 50억을 가진 사람들이 보이고, 50억을 모으면 100억을 가진 사람들이 보인다.

어느 정도를 모아야 더는 재산에 집착하지 않고 만족할 수 있을까? 계속해서 '좀더 날씬한 몸'을 찾다가 뼈만 앙상해지듯, '좀더 큰 부자'가 되기를 원하다가 결국엔 그 돈을 써보지도 못하고 자식들 좋은 일만 시키는 경우를 무척 많이 접한다. 그렇다고 '거 봐, 돈이 많다고 꼭 행복한 건 아니야. 그냥 속 편히 살면 되지'라고 생각하는 건 '거 봐, 살을 빼면 뭐 해. 그냥 먹고 싶은 거 먹고 사는 게 행복이지'라며 고도비만으로 내달리는 것과 같다.

부자 방정식 3: 시스템수익 〉 생계비용

그렇다면 어떻게 해야 할까? 재산을 모을 필요가 없다는 소리인가? 아니면, 측정하기도 어려운 '행복'이나 '만족도'를 부자의 기준으로

진짜 부자 가짜 부자

삼으란 말인가? 내가 생각하는 부자의 기준은 재산이 아니다. 그렇다고 측정하기 힘든 행복이나 만족감도 아니다. 내가 생각하는 부자의 조건은 다음과 같다.

부자의 조건: 시스템수익 〉생계비용

이것이 내가 제시하는 세 번째 방정식이다(수학적으로는 부등식이라고 해야 하지만, 편의상 방정식으로 부르겠다).

앞에서 우리는 수익을 자동수익(시스템수익)과 비자동수익으로 구분했다. 비용은 생계비용과 사치비용으로 구분했다. 내가 생각하는 부자의 기준은 '시스템수익이 생계비용보다 커지는 것'이다. 이것이 무엇을 의미하는지 알겠는가? 일을 하지 않아도 꼬박꼬박 들어오는 자동수익이 생계를 유지하는 데 들어가는 비용보다 커진다는 건 다음과 같은 의미다.

일을 하지 않아도
먹고사는 데 지장이 없다!

부자의 기준을 재산액으로 정하고 이를 달성하기 위해 노력하는 것은 다람쥐가 쳇바퀴를 돌리는 것과 같다. 목표를 점점 높여가는 것은 좀더 큰 쳇바퀴로 옮겨 타는 것일 뿐이기에 거기서 영원히 빠져나오지 못할 수 있다. 금액이 목표가 되면 계속해서 목표가 높아지고, 달아나는 목표를 끝없이 뒤쫓게 된다. 반에서 1등만 하면 원하는 거 다 사준다고 해서 이 악물고 공부했더니, 이제는 전교 1등을 하라고 재촉하는 부모를 둔 것과 같다. 금액을 목표로 하면 계속 달아나는 목표를 쫓아가야 하지만, 내가 제시한 부등식 목표는 달아나지 않는다. 우리가 부자가 되려고 하는 건 돈에서 자유롭기 위함이지 돈을 쫓아가기 위함이 아니다. 일을 하지 않아도 먹고살 수 있다면, 이게 바로 '경제적 자유' 아닐까?

재산을 모으는 것보다 경제적 자유가 더 중요하다

부자 소리 들을 만큼 재산은 충분히 모았지만, 결코 부럽지 않은 생활을 하는 사람들을 간혹 보게 된다. 학창 시절에 자주 가던 빈대떡 집이 있었다. 재래시장 골목에 있던 가게인데, 음식 솜씨 좋은 주인 할머니 덕에 손님이 끊이지 않았다. 나중에는 새 건물 1층으로 자리를 옮겼는데, 소문에 따르면 할머니가 그 건물 주인이라고 했다. 이른바 '빈대떡 팔아 건물 올린' 사례다.

건물주가 됐으니 재산만으로 따지면 분명히 부자다. 하지만 그 할머니가 부자라는 생각은 들지 않는다. 연세가 여든 가까이 되실 텐데, 할머니는 여전히 그 건물 1층에서 온종일 빈대떡을 부치고 계신다. 그 할머니의 삶을 단편만 보고 단정 지을 수는 없지만, 최소한 '내가 되고 싶어 하는 부자'의 모습은 아니다. 할머니는 계속해서 빈대떡을 부쳐 노동수익을 얻고 있지만, 나의 세 번째 부자 방정식에는 노동수익이 없다.

물론 할머니께서 그 연세에도 일을 할 수 있다는 것에 만족하고, 손님들이 잊지 않고 찾아주고 맛있게 먹는 것을 보며 보람과 행복을 느끼실 수도 있다. 하지만 할머니가 손님을 대하는 태도에서는 그런 만족감이 느껴지지 않았다. 여러 종류의 빈대떡을 시키면 바쁘니까 한 가지로 통일하라고 화를 내셨으며, 단골손님들이 어쩌다 인사를 건네도 별다른 대꾸 없이 불판 앞에서 연신 땀만 닦으셨다. 오히려 손님을 원망하고 있지는 않을까? 찾는 이가 없어 돈벌이가 되지 않는다면 그만두고 편히 쉴 텐데, 줄 서서 기다리는 손님 탓(?)에 계속 돈이 벌리니까 그만두지 못하는 느낌이다.

> "놀면 뭐 해?
> 가게 열면 매일매일 이만큼 벌 수 있는데!"

얼마 전 우연히 핸드폰에 게임을 설치했다. 게임을 더 잘하기 위해 필요한 보석을 유료로 구매할 수도 있지만, 하루 세 번 정해진 시간에 접속하고 간단한 임무를 달성하면 보석을 공짜로 받을 수 있었다. 유료로 구매하면 1,000원을 내야 하는 보석을 하루에 세 번씩 주니 임무를 달성할 때마다 돈을 버는 기분이었다. 재미있는 게임도 즐기고, 돈도 버는 기분이 들어 하루 세 번 꼬박꼬박 접속해서 보석을 받았다.

그런데 막상 그렇게 받은 보석은 쌓여만 갈 뿐 딱히 쓸 데가 없었다. 게임 자체도 갈수록 흥미가 떨어지고 재미가 없어져 삭제할까 싶었지만, 나는 여전히 매일 세 번 임무를 수행했다. 짬이 날 때면 꼬박꼬박 접속해서 임무를 수행하고 보석을 받았다.

> "놀면 뭐 해?
> 잠깐 접속하면 보석을 벌 수 있는데!"

도대체 나는 무엇을 하고 있는 걸까? 왜 재미도 없어진 게임을 틈이 날 때마다 하고 있을까? 보석을 벌려고? 쓸 데도 없는데? 한심해 보이지 않는가?

할머니는 왜 매일 빈대떡을 부치고 있는 걸까?

우리는 언제까지 빈대떡을 부쳐야 할까?

돈과 시간을 바꾸는 건 결코 공짜가 아니다. 공짜로 받는다고 생각했던 1,000원짜리 보석을 받기 위해서는 10분 정도 시간을 들여 임무를 수행해야 한다. 내 10분의 가치가 1,000원밖에 안 될까? 내 소중한 시간을 시간당 6,000원에 바꿨다는 생각이 드는 순간, 게임을 바로 삭제했다.

할머니는 언제쯤 일을 그만두고 원하는 시간을 보낼 수 있을까? 일만 하다가 '놀며 즐기는 방법'을 잊어버렸기에 '놀면 뭐 해? 놀 줄도 모르는걸'이라는 생각을 하게 되신 건 아닐까? 우리가 부자가 되고 싶어 하고 또 부자를 부러워하는 건, 그들이 자유롭다고 느끼기 때문이다. 돈을 벌기 위해 하기 싫은 일을 하지 않아도 되고, 내게 주어진 시간을 돈과 맞바꾸기 위해 일터로 나가지 않아도 되기 때문이다.

> 나의 인생을 돈과 맞바꾸지 않고,
> 나를 위해 살아갈 수 있기 때문이다.

'조물주 위에 건물주'라는 말이 있다. 사람들이 그토록 건물주가 되고 싶어 하고, 청소년들이 장래희망 1위로 건물주를 꼽는 것도 알고 보면 건물이라는 재산을 얻고 싶어서가 아니다. 건물을 갖고 있으면 일을 하지 않아도 꼬박꼬박 월세가 나오기 때문이다. 월세라는 시스템수익이 생계비용을 넘어 그것만으로도 살아갈 수 있는 인생을 꿈꾸는 것이다.

> 당신이 원하는 건 무엇인가.
> 부자의 재산인가, 부자의 자유인가?

자, 이제 앞에서 했던 질문에 답을 해보자. 월 2,000만 원씩 벌고 있는 레시피를 월 500만 원에 넘길 것이냐하는 질문이다. 단순하게 생각하면 레시피를 넘기는 게 미친 짓으로 보인다.

'월 2,000만 원씩 벌고 있는 걸 왜 500만 원에 넘긴단 말인가. 1,500만 원씩 손해 아닌가?'

그런데 이건 시간을 공짜라고 생각하기 때문이다. 내가 계속해서 월 2,000만 원을 벌기 위해서는 매일 아침부터 저녁까지 주방에서 김치찌개를 끓여내야 한다. 누구한테도 알려줄 수 없는 비밀 레시피이기에 내가 직접 음식을 만들어야 한다. 빈대떡 할머니처럼 내 시간을 계속 돈으로 바꿔야만 하고, 결국에는 내 인생 전체를 돈으로 바꾸게 될 것이다.

나한테 선택하라고 하면 레시피를 넘길 것이다. 레시피를 넘겨주고 나면 내가 해야 할 일은 없다. 아무것도 하지 않는데 매달 통장에 500만 원이 들어온다면 살아가는 데 큰 지장은 없다. 그렇다면 이제부터는 정말 내가 하고 싶은 일, 보람되고 재미있는 일을 찾아서 살면 된다.

> 하고 싶은 일을 하면서 살아갈 수 있는
> 꿈같은 기회가 생겼는데, 왜 그걸 거부하고
> 온종일 김치찌개만 끓이며 살겠다는 건가?

나의 부자 방정식에는 노동수익이 없다. 오로지 시스템수익만 있

진짜 부자 가짜 부자

다. 따라서 나는 월 2,000만 원의 노동소득을 월 500만 원의 시스템수익으로 기꺼이 바꿀 것이다. 부자가 되는 데에는 시스템수익이 중요하다. 당신의 재무제표에 기재된 시스템수익은 얼마인가? 〈Work book 12〉에서 당신은 시스템수익으로 얼마를 적었는가? 〈Work book 13〉에 적은 생계비용과 비교하면 시스템수익으로 생계비용을 얼마큼 충당할 수 있는가?

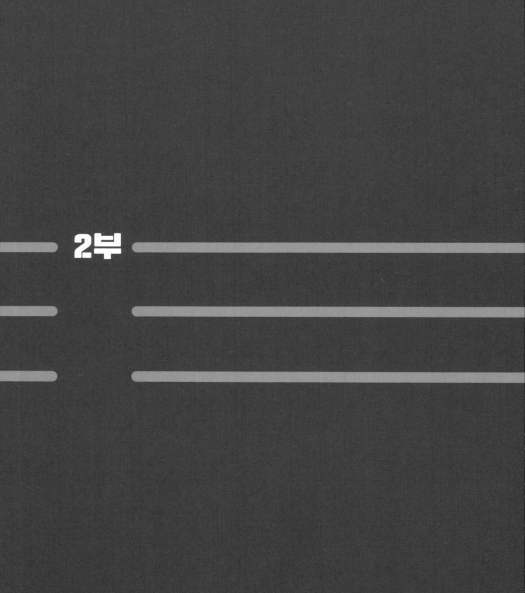

2부

돈 공부,
지금도 늦지
않았다

7장

자유를 향한 나의 여정

갑자기 가장이 되고 빚에 걸리다

여기서 잠깐 내 얘기를 해보겠다. 프롤로그에서 밝힌 대로 나는 집
도 없고 고급 차도 없지만 스스로 부자라고 생각한다. 그 이유는 내
시스템수익이 생계비용을 넘어서기 때문이다. 그것을 가능하게 했
던 가장 큰 요소는 내가 그걸 목표로 했기 때문이다. 무엇 때문에
그런 목표를 갖게 됐고, 어떻게 그걸 실현했는지 지금부터 이야기
해보려 한다. 물론 책을 읽고 있는 당신은 나와 전혀 다른 삶을 살
아왔고, 전혀 다른 환경에 처해 있을 것이다. 하지만 나와 같은 목
표를 설정했다면 그것을 달성하는 데 나의 경험이 조금이나마 도움
이 되리라고 생각한다.

시골에서 나고 자라 서울의 중상위권 대학에 입학한 나는 원래

대기업에 입사하는 걸 목표로 했다. 부모님께는 회계사 시험을 열심히 준비한다고 말씀드렸지만, 그건 말뿐이었고 그저 사람들과 어울려 노는 게 좋았다. 내가 입학한 1994년만 하더라도 서울의 중상위권 대학이면 취업 걱정을 크게 하지 않았다. 원하는 기업에 들어가 좋은 직책을 얻으려면 좋은 성적이 필요했지만, 취업 자체를 걱정해야 하는 분위기는 아니었다.

그런데 졸업이 가까워진 1997년에 IMF 외환 위기가 발생했다. 경제 상황이 심각해졌고, 집안의 기둥과 같은 역할을 하셨던 친척 할아버지의 사업이 어려워졌다. 결국에는 보증을 섰던 아버지 월급에 차압까지 들어왔다. 그리고 얼마 지나지 않아 아버지께선 뺑소니 교통사고로 돌아가셨다.

나는 하루아침에 가장이 되어 편찮으신 어머니와 두 여동생을 돌봐야 하는 처지가 됐다. 아버지 월급이 차압된 상황에서 가해자가 누구인지도 모르는 뺑소니 사고를 당했기에 경제적으로 힘들 수밖에 없었다. 건강이 좋지 않은 어머니와 학생 신분의 삼 남매 모두 소득이 없었다. 네 식구 소득이 0원이었다. 가장인 나라도 벌어야 하는데, 배워둔 기술도 없고 장사할 밑천도 없으니 답답했다. 차라리 공부를 해서 자격증을 얻는 게 빠르겠다고 판단하고 본격적으로 회계사 시험을 준비했다.

다행히 합격을 했고 회계법인에 입사도 했지만, 경제적 여유를 찾기보다는 오랜 수험 기간을 보내느라 생긴 빚부터 갚아야 했다. 그래도 연봉이 높은 전문직이기 때문에 열심히 일해서 부지런히 모으면 언젠가는 부자가 될 거라는 희망은 있었다.

직장생활을 잠깐 하다가 군대에 다녀왔고, 복직한 다음에는 정말 열심히 일했다. 나에게 재입사를 허락해준 것이 너무 고마웠고, 다시 돈을 벌 수 있다는 사실에 감사했다. 하지만 경제적인 사정은 크게 나아지지 않았다. 사실 회계법인에서 받는 연봉이 고액은 아니었다. 일반 직장인에 비해서는 많이 받는 편이지만 은행이나 증권사 등 금융권에 입사한 동기들보다는 연봉이 낮았다. 물론 금융권에 비해 승진이 빠르기 때문에 시간이 지나면 더 많은 소득을 얻게 되지만, '수습' 회계사 연봉으로는 내가 기대했던 고소득 전문직의 삶을 살 수 없었다.

이대로는 안 되겠다 싶던 차에 주식으로 돈을 벌었다는 사람들 소식이 들려왔다. 2007년 1400포인트에서 시작한 종합주가지수가 2000포인트까지 오르니 모두들 주식 얘기를 했고 '믿을 만한 고급 정보'라는 것들이 돌아다녔다. 이거다 싶어서 은행 한도를 꽉 채워 대출을 받아 투자했다. 그러나 다음 해인 2008년 금융위기가 오면서 처참한 결과를 얻었다. 매일 야근하며 죽으라 일했지만 빚만 늘어났다.

4시간만 일하면서 살자

2008년 지금의 아내를 만났다. 회사와 결혼한 것처럼 일만 하던 내게 진짜 결혼하고 싶은 사람이 생겼다. 당시 회계법인 생활은 야근의 연속이었고, 제대로 쉴 수 있는 휴일도 거의 없었다. 하루는 아내가 우리 회사 앞으로 찾아왔다. 퇴근하는 나를 깜짝 놀라게 해준다고 연락 없이 온 것이다. 전화를 받았지만, 다들 야근 중인데 혼자서 퇴근할 수는 없었다. 아내는 말도 없이 찾아온 자기 잘못이라며 회사 앞 커피숍에서 책 읽으며 기다릴 테니 일 끝나면 보자고 했다. 7시부터 기다리기 시작한 아내는 커피숍이 문을 닫자 다른 장소로 옮겨서 계속 기다려야 했다.

새벽 1시가 됐는데도 누구도 퇴근할 기미가 보이지 않았다. 결국엔 팀장님께 어머니가 욕실에서 미끄러져 응급실에 실려 갔다는 거짓말을 하고서야 아내에게 갈 수 있었다. 새벽 1시에 어머니가 입원하신 병원에 가본다는 내게 팀장은 이렇게 얘기했다.

> "어머님이 다치셨으면 어쩔 수 없지 뭐….
> 대신 오늘 일찍 가니까
> 내일은 아침 6시까지는 나오세요."

일에 회의가 들었다. 무엇을 위해 이렇게 열심히 일만 하며 사는

진짜 부자 가짜 부자

걸까? 나는 언제까지 이렇게 일하는 기계가 되어야 할까?

그때 짬을 내어 읽은 책이 팀 페리스의 《4시간》이었다. 제목의 의미는 4시간만 일하고 살자는 것이었다. 하루에 14시간씩 일하던 내게는 꿈만 같은 얘기였다. 더 충격적인 건 페리스가 주장하는 4시간이 하루 4시간이 아니라, 일주일에 4시간이라는 점이다.

"일주일에 4시간만 일하며 산다고?"

일주일에 4시간은 도저히 가능할 것 같지 않았지만, 어쩌면 하루 8시간만 일하고 사는 방법이라도 배울지 모른다는 기대로 책을 읽었다. 내용이 무척 흥미로웠다.

페리스는 만약 업무 시간을 절반으로 줄인다면 성과가 얼마나 줄어들지 생각해보라고 했다. 하루 8시간 하던 일을 4시간만 하면 성과가 50% 줄어들까? 사실 8시간 중 상당한 시간이 비효율적으로 사용된다. 그저 윗사람의 지시를 기다리거나 동료와 수다를 떨거나, 웹 서핑을 하는 시간도 많다. 빨리 끝내면 잘한다고 칭찬하며 일을 더 줄 것이기에 굳이 서둘러 할 필요가 없다. 8시간 걸리던 일을 4시간에 끝내라고 하면 못 할 것도 없다. 성과는 좀 떨어지겠지만 그래 봐야 20% 정도?

업무 시간을 50% 줄였는데 성과가 20%만 줄어든다면 회사와 협상이 가능하다는 것이 페리스의 주장이다. 근무 시간을 절반으로 줄여도 80%의 성과를 낼 테니 급여를 70%만 달라고 하는 것이다.

내 입장에서는 시간의 50%만 투입하고 70%의 대가를 얻을 수 있으니 손해가 없다. 만약 4시간씩 두 직장에 다닌다면 140%의 급여를 받을 수 있다. 회사 입장에서도 80%의 성과를 70%의 가격으로 살 수 있으니 손해가 아니다. 회사 역시 4시간씩 일하는 직원 2명을 채용하면 더 효율적이다. 이런 식으로 비효율을 제거하고, 업무를 자동화하고, 몸값을 높여가다 보니 일주일에 4시간만 일하고도 오히려 돈을 더 벌고 있더라는 게 저자의 경험담이다.

책을 읽고 나니 실제 내 생활에 적용해보고 싶었다. 좋은 책을 읽었다면 실제 내 삶이 조금이라도 바뀌어야 하지 않겠는가. 그런데 도저히 내 업무에는 적용하기가 어려워 보였다. 기업에 나가서 감사를 하는데 "전 오전에만 감사하고 점심때 퇴근하겠습니다"라고 할 수 있을까? 회계법인에서 하는 업무는 감사든 컨설팅이든 팀 단위로 이루어진다. 팀원들 모두 고생하는데 자기 혼자 4시간만 일하겠다고 하는 건 스스로도 용납이 안 된다. 프로젝트가 끝날 때까지는 팀원 모두 함께 고생할 수밖에 없는 게 내가 하는 업무이고 내가 속한 직장이었다.

그런데 곰곰이 생각해보니 내가 하는 일 중에 혼자서 할 수 있고 일을 한 만큼 대가를 청구할 수 있는 업무가 있었다.

바로 강의였다!

내가 회계법인에서 맡았던 업무는 크게 감사, 컨설팅, 강의 세 가지었는데 그중 강의는 팀을 꾸리지 않고 혼자서도 할 수 있는 일이었다. 게다가 강의료가 시간당 산정되기 때문에 일을 한 만큼 대가를 받을 수 있었다. 회계법인에 속한 상태로는 4시간만 일하겠다는 꿈을 달성할 수 없는데, 그렇다고 회계법인을 그만두면 감사나 컨설팅 업무를 혼자 수행할 수 없다. 하지만 강의는 나중에 혼자 독립해서도 할 수 있다. 마침 회사 내에서 강의 업무의 비중이 커지자 강의만 전담하는 부서를 만들기로 했고, 컨설팅과 강의 업무 중 하나를 선택하라는 제안을 받았다. 나는 주저 없이 강의를 선택했다.

일 중독이었던 나는 강의와 교육이라는 업무에 집중해서 성과를 내고, 강사로서 어느 정도 명성도 쌓아갔다. 3~4년 정도 더 근무한 다음 독립했는데, 고맙게도 많은 분이 계속해서 강사로 불러주고 주변에 추천도 해주셨다. 회계법인에 강의를 요청할 때는 강의료가 비싸지만, 개인 강사에게는 그보다 낮은 강의료를 지급하는 게 일반적이다. 하지만 나는 부단한 노력으로 오히려 회계법인보다 더 비싼 강의료를 받는 개인 강사가 됐다. 그러자 상상만 해봤던 일이 정말로 이뤄졌다.

> 일주일에 4시간만 강의하면서
> 회계법인에서 받던 연봉보다
> 더 많은 돈을 벌게 됐다!

처음 《4시간》의 서문을 읽을 때는 비현실적인 얘기라고 생각했는데, 어떻게든 방법을 찾아 실천해보자고 결심한 지 5년 만에 실제 내 얘기가 됐다. 일주일에 단 4시간 강의하는 것만으로도 예전보다 더 많은 돈을 벌 수 있었다. 꿈이 이뤄진 것이다!

고소득의 정점에 서다

일주일에 4시간만 일해도 되는 상황이 됐지만, 4시간만 일할 수는 없었다. 고객들이 언제까지고 나를 찾을 거라는 보장이 없으니 말이다. 나를 찾는 곳은 금융권, 특히 증권사가 많았는데 증권 업계에서 재무제표를 교육하는 게 한때의 유행으로 그칠 수도 있었다. 증권사에서 한동안은 차트 교육에 열을 올렸으나, 기술적 분석이 잘 통하지 않자 재무제표 분석을 중시하게 됐다. 그러니 이 또한 유행처럼 지나갈지도 모를 일이었다. 게다가 언제든 경쟁자가 등장할 수 있다. 업체와 장기 계약을 체결한 것도 아니고, 필요할 때마다 일회성으로 진행되는 기업 특강이기에 더 훌륭한 강사가 등장하면 언제든지 밀려날 수 있었다.

'물 들어올 때 노 저어야지!'

10년만 고생하자고 생각했다. 10년 뒤 작은 빌딩을 하나 사서 임

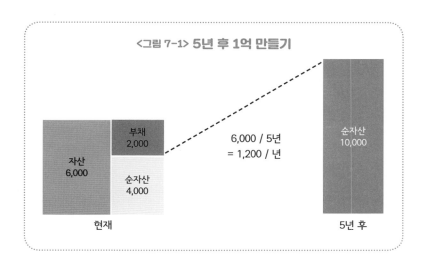

<그림 7-1> 5년 후 1억 만들기

자산
6,000

부채
2,000

순자산
4,000

현재

6,000 / 5년
= 1,200 / 년

순자산
10,000

5년 후

대료 받고 살자는 목표를 세우고, 앞서 본 〈그림 7-1〉과 같은 방법대로 계획을 세웠다.

대출이자를 내고도 내가 원하는 수준의 임대료가 나오는 부동산을 네이버 부동산에서 찾아봤다. 대출금을 제외한 순투자액이 얼마나 필요한지도 계산해봤다. 현재 내 순자산 규모와 비교해서 매년 증가해야 하는 순자산 목표를 산출하고, 생활비 지출을 고려해서 벌어야 할 소득이 얼마인지 구했다. 계산을 해보니 한 달에 100시간씩 강의를 해야만 달성할 수 있는 목표였다.

그래서 한 달에 100시간씩 강의를 했다!

고객이 원하는 주제나 대상에 맞춰서 무슨 강의든 다 맡았다. 하루에 12시간을 쉬지 않고 강의한 날도 있고, 한 달에 26일을 강의한 적도 있다. 신문에 기고를 하고, TV 방송에 출연해 강의하기도 했다. 통장에 돈이 조금씩 쌓이기 시작했다. 그리고 그보다 더 많은 스트레스가 쌓여갔다. 너무나 피곤했다. 집에 돌아오면 그대로 거실에 드러눕는 날이 많아졌다.

그러다 어느 날 갑자기 목소리가 나오지 않았다!

강의는 시간당 단가가 높지만, 그만큼 체력 소모와 스트레스가 많은 일이다. 강의 내용을 구성해서 교안을 만들고 기획하는 것도 힘들지만, 강단에 서서 수많은 사람의 시선에 장시간 노출되는 것도 만만한 일이 아니다. 누군가가 당신을 계속 쳐다보고 있다면 어떤 생각이 들겠는가? 수십 명이 8시간 동안 당신의 이야기에 집중하고 있다. 재채기 한 번 하는 것도 조심스럽다. 트림 한 번 제대로 할 수 있겠는가? 배앓이라도 하면? 여러모로 조심스러워서 강의 전날에는 매운 음식조차 피하게 되는데, 매일 강의가 있다 보니 어느 순간부터는 아예 매운 음식을 못 먹는 지경이 됐다.

배우 한 명이 연기하는 1인 연극을 본 적이 있는가? 실로 엄청난 에너지를 쏟아붓는다. 물론 강의에 소모되는 에너지를 연극배우의 열정과 비교할 수는 없다. 대신에 연극은 2시간을 넘기지 않지만, 내 강의는 8시간씩 진행됐다. 어쩌다 회사 측 사정으로 강의가 연기되거나 취소되는 경우가 있는데, 담당자는 죄송하다며 어쩔 줄 몰라 한다. 하지만 나는 그런 연락을 받으면 날아갈 듯이 기뻤다.

남자들은 종종 군대에 다시 가는 악몽을 꾼다. 깨고 나면 기분이 나쁘면서도 안도감을 느낀다. 그런데 나는 강의하는 꿈을 꿨다. 강의를 망치거나 강의장에 지각하는 꿈을 꾸다가 깨어나서는 안도의 한숨을 내쉬곤 했다.

그러다 결국 탈이 났다. 강의를 하는 도중에 갑자기 목이 잠겼다. 10분 전까지만 해도 멀쩡하게 떠들었는데 갑자기 성대에 비닐을 덧댄 것처럼 답답한 소리가 나더니 이내 쉿소리만 나왔다. 강의를 듣던 분들도 깜짝 놀랐다.

성대결절이 왔다!

의사는 2주 이상 목을 사용해서는 안 된다고 했다. 목소리가 나오더라도 최소 한 달은 무리를 해서는 안 된다는 것이다. 한 달간 모든 강의 일정을 취소할 수밖에 없었다.

그리고 한 달 뒤, 다시 100시간이 넘는 강의를 했다.

6개월이 지나지 않아 다시 성대결절이 왔다!

상담을 받고
깨달은 것들

그 뒤로도 주기적으로 목소리가 나오질 않았다. 1년에 최소 한 번 이상은 강의를 쉬어야 했다. 조금만 무리를 하거나 2~3일 연속 강의를 하면 어김없이 목에 이상이 오는 지경이 됐다. 뭔가 대책이 필요했다.

그러던 중 우연한 기회에 상담을 받게 됐는데 상담의가 이런 얘기를 했다.

"경인 씨, 아버님이 일찍 돌아가셨어요? 어떻게 돌아가셨는지, 자세히 얘기 좀 해주실래요?"

내 얘기를 듣고 그분은 고개를 끄덕이며 말했다.

"이제 좀 이해가 가네요. 경인 씨는 전반적으로 책임감이 무척 강해요. 삶 전체를 관통하는 단어가 '책임감'이라는 생각이 들 정도예요. 왜 그렇게까지 혼자서 모든 책임을 지겠다고 생각하는 건지 궁금했는데 이제 이해가 되는군요. (…) 무척 특별하고 충격적인 경험을 한 거예요. 부모님이 일찍 돌아가시는 경험을 하는 사람은 적지 않아요. 그런데 대부분의 이별에는 이별의 과정이 있습니다. 암에 걸렸더라도, 수술을 받고 병간호를 하면서 마음의 준비를 해요. 하지만 아버님과는 그런 과정이 없었어요. 그야말로 하루아침에 '사망 통지'를 받은 거예요. 동시에 갑자기 가장이 돼서 경제적으로도 아무런 대책이 없는 상황에 놓였고요. 그 경험 때문에 나는 그러지 말아야겠다는 생각이 강해졌을 거예요. '사람이란 언제든 갑자기 사고를 당하거나 이별할 수 있는 거구나. 그런 일이 생기더라도 무책임하게 떠나고 싶지 않다' 하는 생각이 잠재의식에 깊이 자리 잡은 겁니다. 아버님처럼 무책임하게 떠나지 않겠다는 생각이 강해요. 그게 나쁜 건 아니지만, 그러면 자신을 너무 가혹하게 대할 수 있어요."

그제야 나도 이해가 됐다. 성대결절이 오면 '이제는 무리하지 말아야겠다. 앞으로는 강의를 좀 줄여야지'라고 생각하다가도, 막상 복귀하고 나면 이전보다 더 많은 강의를 받아들였다. 무의식중에 '언젠가는 목소리가 나오지 않아 강의를 그만둬야 하는 순간이 오겠구나. 그러니 할 수 있을 때 최대한 벌어둬야겠다'라는 생각을 한 것이다.

사실 처음 성대결절이 왔을 때는 몸과 마음이 편했다. 일정을 급히 취소하거나 미루고 대체 강사를 섭외하느라 정신없었지만, 당분간 강의가 없다는 사실이 그렇게 기쁠 수가 없었다. 한두 달 강의를 쉬더라도 경제적으로 크게 문제가 되지도 않았다. 1년에 석 달만 일해도 웬만한 직장인 연봉 이상은 벌 수 있었다. 넘어진 김에 쉬어 간다고, 한 달 쉬면서 여행이나 다녀오면 될 일이었다.

그런데 불안감이 몰려왔다. 스타 강사가 되고 이대로 쭉 가서 빌딩 올리고 부자가 될 거라고 생각했는데….

강의를 하지 않았더니
다음 달 통장에 찍히는 돈이 0원이었다!

현재 재산이 얼마나 되는지와 관계없이, 수입이 0원이라는 사실은 나를 움츠러들게 했다. 머릿속이 복잡해지고 마음이 편하지 않았다.

'내가 강의를 하지 않으면 우리 식구 소득이 0원이구나.'

'근데 언제까지 할 수 있지? 언젠가는 그만둬야 할 텐데?'

'스스로 그만두면 좋지만, 내가 하고 싶어도 불러주지 않으면 못하겠지.'

'갈수록 체력은 떨어질 거고, 새로운 경쟁자들이 나타날 거고.'

'할 수 있을 때 잔뜩 해둬야겠다.
물 들어올 때 노 저어야 한다고!'

그런 불안감 때문에 목소리가 회복되고 복귀하면 그 전보다 더 많은 강의를 하게 됐다. 그리고 다시 성대결절이 재발하는 악순환의 고리가 만들어졌다. 긁으면 덧난다는 걸 알면서도 계속 긁게 되는 상처 같았다. 이대로는 안 된다는 생각이 들었다.

어떻게 해야 이 덫에서 벗어날 수 있을까?

진짜 부자 가짜 부자

몸값이 오르면서 생긴
부작용

힘들더라도 꾹 참고, 원래의 계획대로 10년만 고생한 다음 일찍 은퇴하는 것도 나쁘지 않은 계획일지 모른다. 하지만 되돌아보면 몸값이 오르면서 생겨난 부작용이 많았다. 그 부작용이 10년 동안 커지면 되돌리지 못할 거라는 생각도 들었다.

애초에 내가 4시간을 목표로 했던 건, 나머지 시간 동안 여유를 누리고 싶어서였다. 일주일에 4시간까지는 아니더라도, 하루에 4시간만 일해도 된다면 훨씬 여유롭고 풍부한 삶을 살 수 있을 것 같았다. 오전에 4시간만 일하고, 오후에는 내 개인 시간을 즐기거나 여가 활동을 하고, 저녁에는 사랑하는 사람들과 함께 보낸다면 그보다 좋은 삶이 있겠는가? 하지만 막상 내가 일주일에 4시간만 일해도 되는 여건이 되자 전혀 예상치 못한 상황을 맞이하게 됐다.

더 적은 시간만 일하고 더 많은 돈을 벌기 위해서는 시간당 단가를 높일 수밖에 없었다. 시간당 1만 원을 주는 일은 버리고, 시간당 2만 원을 주는 일에 집중해야 했다. 강의를 택한 건 회계법인에서 내가 맡은 업무 중 시간당 단가가 가장 높았기 때문이다. 일반 회사보다 금융권 강의를 선택한 것도 돈을 다루는 금융권에서 내 강의의 가치를 더 알아봐 주고 더 높은 단가를 지불했기 때문이다. 그렇게 시간당 단가를 따져가며 돈 되는 일에 집중하다 보니 모든 의사결정을 시간당 단가를 기준으로 하게 됐다. 그러다 보니 생각지 못한 부작용이 생겼다.

'빌 게이츠는 길에 떨어진 100달러 지폐를 보더라도 줍지 않는 게 이득'이라는 유명한 우스갯소리가 있다. 빌 게이츠가 벌어들이는 소득이 초당 100달러를 넘기 때문에 그 1초를 100달러를 줍는 데 써버리면 오히려 손해라는 얘기다. 우스갯소리이긴 하지만 논리적으로 타당한 얘기이기도 하다.

처음 살던 13평 신혼집에서 이사하던 때의 일이다. 이사하는 곳이 원래 집과 5분 거리밖에 되지 않고 큰 살림도 없었기에, 포장이사보다 싼 용달이사를 택했다. 대신 이사하는 날 내가 하루 시간을 빼서 도와줘야 했다. 살림이 적긴 해도 이사는 쉽지 않은 일이었다. 온종일 고생한 나는 다음 날 드러눕고 말았다.

가만 생각해보니, 포장이사 대신 용달이사를 선택해서 아낀 비용은 내가 1시간 강의하고 받는 강의료보다 적었다. 하루 고생하고 하루 몸져누워 이틀을 투자하는 대신, 1시간 강의하고 그 강의료를 드리면 되는 일이었다.

> 1시간만 투자하면 될 것을
> 이틀을 버렸으니 얼마나 바보 같은 짓인가?

그때부터 내 몸값을 기준으로 생각하는 습관이 생겼다. 내 강의료가 시간당 OO만 원이니 이걸 기준으로 의사결정을 했다.

진짜 부자 가짜 부자

장모님 댁 베란다에 있는 수도가 고장 났다고 시간 날 때 한번 와서 봐달라는 연락이 왔다. 내가 시간 내서 다녀오는 것보다 기술자를 불러 고치게 하는 게 이익이다. 내 몸값이 훨씬 비싸기 때문이다. 장모님께서는 "재료 사다가 직접 하면 싼데, 뭐하러 비싼 삯을 들여가며 사람을 써"라고 말씀하셨지만 내 입장에서는 그거 할 시간에 강의하는 게 훨씬 합리적인 선택이고 남는 장사다(심지어 경제학에서는 이걸 '상대적 우위'라고 하여 선진국과 후진국 사이에 국제무역이 발생하는 근거로 삼는다).

명절을 앞두고 하루 시간 내서 벌초를 하러 가자고 하는데, 이것도 내 입장에서는 그냥 돈을 주고 맡기는 게 합리적이었다. 왕복 8시간이 넘게 운전을 해야 하고, 벌초하느라 이틀을 소비하느니 돈주고 맡기는 게 훨씬 쌌다. 게다가 주말에 잠깐이라도 쉬지 않으면 주중에 이어지는 강의를 견뎌낼 체력이 없다.

이렇듯 내가 받는 시간당 강의료가 모든 의사결정의 기준이 됐다. 1시간에 20~30만 원을 지불하더라도 내 강의료가 더 비싸니 어지간한 일은 죄다 돈을 주고 맡기는 게 이익이다.

'내 시간당 강의료가 얼마인데,
고작 그런 일에 내 아까운 시간을 쓴단 말인가?'

이런 의사결정이 합리적이고 경제적이라는 점에는 여전히 동의한다. 하지만 심각한 부작용이 생겼다. 늦은 나이에 첫아이를 낳아 기르고 있는데, 어느 날 아내가 부탁을 했다. 아이가 아빠랑 놀고 싶어 하니 주말에 1시간만 짬을 내서 놀아달라는 것이다.

'내 시간당 강의료가 얼마인데, 나더러 아이랑 놀아달라는 거지?'

그랬다. 하루 시간을 내서 아이랑 놀아주는 대신 하루 강의를 하면 그 돈으로 아이한테 훨씬 많은 경험을 하게 해줄 수 있다. 아빠보다 훨씬 잘 놀아주는 전문가한테 아이를 맡길 수도 있잖은가.

그렇게 나는 효율 좋은, 돈 버는 기계가 되어 있었다.

아이와 지내는 시간을 확보하기 위해, 일하는 시간을 줄이기 위해 시간당 몸값을 높인 건데 이제는 높아진 몸값 때문에 아이와 놀 수 없는 상황이 된 것이다. 나는 이상한 덫에 갇혔다. 시간의 소중함을 알고 이를 돈으로 환산하다 보니, 결국엔 돈이 되지 않는 일에는 흥미를 느끼지 못하는 상황이 됐다. 여가도 가족과의 여행도 제대로 즐기지 못하게 된 것이다. 이 덫에서 어떻게 빠져나갈 수 있을까? 덫에서 빠져나올 때도 나는 책의 도움을 받았다.

덫에서 빠져나와 진정한 자유를 찾다

어느 날 엠제이 드마코가 쓴 《부의 추월차선》이라는 책을 읽었다. 이 책에서 드마코는 우리에게 주어진 시간의 중요성을 강조하면서, 내 시간을 투입해서 일하지 않아도 벌어들일 수 있는 '소극적 소득'을 강조한다. 나는 일주일에 4시간만 일하기 위해 내 몸값, 즉 시간당 단가를 높이는 데 집중했다. 1시간에 벌어들이는 소득을 어떻게 높일지 고민하고 실행했다. 그런데 시간당 단가를 가장 크게 높이는 방법은 바로 투입시간을 '0'으로 만드는 것이다.

[표 7-1]에서 볼 수 있듯이 A보다 B가, B보다 C나 D가 대가는 적을지라도 시간당 단가는 더 높다. 시간투입이 필요 없다면 단돈 5,000원을 받는 D가 500,000원을 받는 B보다 더 효율적이다.

투입시간을 아예 0으로 만들 수 있는 일은 사실상 없다. 부동산 임대소득이 불로소득 같아 보이지만, 그래도 세입자를 구하고 부동

[표 7-1] 투입시간이 0일 때 가장 효율적이다

구분	A	B	C	D
대가(원)	1,000,000	500,000	100,000	5,000
투입시간(시간)	10	2	0	0
시간당 단가(원)	100,000	250,000	∞	∞

산을 관리하는 데 최소한의 시간은 투입해야 한다. 어쨌든 투입시간을 0에 가깝게 만들 수 있다면, 내 노동의 가치가 무한대에 가까워진다. 이때부터 나는 내가 노동을 투입하지 않아도 되는 시스템수익을 구축하기로 마음먹었다.

내 몸값이 올라 아무리 비싼 강의료를 받아도 결국 강의를 하지 않으면 내 수입은 0원이 된다. 이 때문에 '혹여 사고가 나서 강의를 못 하게 되지 않을까? 목에 또 이상이 생기면 어쩌지?' 하는 걱정이 끊이지 않고 미래에 대해 안심할 수가 없었다. 하지만 시스템수익이 생긴다면 이런 걱정을 할 필요가 없다. 내 건강에 이상이 생기더라도 수익은 들어오며, 내가 굳이 한국에 있지 않더라도 돈을 벌 수 있다. 심지어 나한테 무슨 일이 생기더라도 내가 사랑하는 가족들은 최소한 경제적 빈곤에 빠지지 않을 수 있다. 워런 버핏도 이렇게 말하지 않았는가.

"잠자는 동안에도 돈이 들어오는 방법을 찾아내지 못한다면 당신은 죽을 때까지 일을 해야만 할 것이다."

하마터면 죽을 때까지 강의만 할 뻔했다!

내가 시스템수익을 만들어야겠다고 처음 다짐했을 때, 내 손익계산서에 시스템수익은 0원이었다. 어떻게 시스템수익을 만들 수 있을까? 일을 하지 않는데도 돈이 들어온다고? 그것이 가능하기는 할

진짜 부자 가짜 부자

까? 어떤 방법이 있지? 빌딩을 사서 꼬박꼬박 임대소득을 받으면 좋겠지만 그럴 돈이 없다(이때만 해도 나 역시 대부분 사람처럼 부동산에 투자하려면 목돈이 필요하다고 생각했다). 현재 내 상황에서 만들 수 있는 시스템수익이 무엇일까? 고민하고 또 고민하자 어느 순간, 방법이 보였다.

내가 강의 중 자주 인용하는 사례가 있다. 로빈 윌리엄스가 쓴 《디자이너가 아닌 사람들을 위한 디자인북》에 나오는 에피소드인데, 그가 어릴 적에 선물 받은 식물도감에 이상한 모양을 한 나무가 있더란다. '조슈아 나무'라고 하는데 무척 특이하고 눈에 띄는 모양을 하고 있었다. 맹세코 단 한 번도 본 적이 없는 나무였다. 모양이 워낙 특이해서 만약에 봤다면 기억을 못 할 리가 없기 때문이다. 그는 언젠가는 실물을 꼭 한 번 보고 싶다고 생각했다. 다음 날 학교에 가기 위해 집을 나섰는데….

동네의 거의 모든 집에 조슈아 나무가 있었다!

그 나무의 이름이 조슈아 나무라는 걸 몰랐을 때는 매일 보면서도 알아채지 못했는데, 그 뒤로는 어딜 가나 그 나무를 볼 수 있었다. 나 역시 그랬다. '시스템수익'이라는 개념을 갖고 있지 않을 때는 그런 게 있을 리 없다고 생각했는데, 이제는 곳곳에서 시스템수익을 발견한다.

내가 가장 먼저 한 일은 레시피를 파는 것이었다. 수년 전부터 책을 쓰지 않겠냐는 제안과 요청을 받았지만 실행에 옮기지 못했다. 강의 때문에 바쁘다는 이유도 있었지만, 일단 수지타산이 맞지 않았다. 책 한 권을 쓰려면 적어도 두 달은 투자해야 하는데, 두 달 강의해서 벌어들일 소득과 비교하면 책은 돈이 되질 않는다. 투자나 회계 쪽 책은 10,000부만 팔려도 베스트셀러다. 그런데 10,000부가 팔렸을 때 받게 될 인세가 한 달 강의료보다 적으니 책을 쓸 이유가 있겠는가.

더 큰 문제는 카니발라이제이션cannibalization(자기잠식 효과, 즉 회사가 내놓은 신제품이 자사 기존 제품의 점유율을 잠식하는 현상)의 가능성이다. 내가 책을 쓰기로 했을 때 아내는 이렇게 말했다.

> "강의하는 내용을 책으로 써버리면 어떡해?
> 그럼, 이제 강의 못 하게 되잖아."

예전 같으면 책 쓰기를 주저했을 것이다. 강의 내용을 책으로 썼다고 해서 강의를 못 하게 되는 건 아니지만, 강의로 충분히 잘 벌고 있으니 굳이 책을 써낼 이유가 없어서다. 하지만 나는 책을 쓰기로 했다.

레시피를 팔기로 한 것이다!

강의를 계속하면 더 많은 돈을 벌 수 있겠지만, 그건 시스템수익이 아니다. 어쨌든 돈을 벌려면, 성대결절을 치료해가며 계속해서 하루에 8시간씩 강의를 해야 한다. 비밀 레시피를 지키기 위해 온종일 주방에서 김치찌개를 끓여내야 하는 것이다. 그에 비해 책을 써내고 받는 인세는 시스템수익이다. 최초에 책을 쓰는 동안 내 노동이 투입되지만, 한번 쓰고 나면 그 이후에는 내가 무엇을 하고 있든지 상관없이 소득이 들어온다. 남태평양 바닷가에 누워 있어도 인세는 들어온다.

이런 식으로 계속해서 시스템수익을 만들기 시작했다. 나에게는 이제 시스템수익이 많다. 다달이 100만 원이 넘게 들어오는 시스템수익도 있고, 한 달에 20,000원씩 들어오는 시스템수익도 있다. '한 달에 20,000원? 그걸로 뭘 해?'라고 생각할지 모르지만, 한번 만들어놓으면 계속해서 돈이 들어온다. 시간당 20,000원씩 임금을 받는다고 해서 하루 30시간씩 일을 할 수는 없다. 하지만 20,000원씩 가져다주는 시스템자산은 30개가 아니라 300개도 가질 수 있다. 20,000원씩 들어오는 시스템수익을 한 달에 하나씩 만든다고 하자. 1년이면 12개, 10년이면 120개다. 120개면 한 달에 240만 원씩이 들어오는 거다! 그렇게 꾸준히 늘려온 결과, 이제는 내 시스템수익이 생계비용을 넘어섰다.

이제 나는 부자다!

진짜 부자가 되고
달라진 것들

겉으로 보기에는 부자가 되고 바뀐 것이 별로 없다. 프롤로그에서 밝힌 대로 여전히 집도 없고, 고급 차도 없다. 몸에 명품을 두른다거나 호텔 레스토랑에서 매끼를 해결하지도 않는다. 오히려 남들 눈에는 '동네 백수 아빠'로 비치는 것 같다. 아이의 유치원 등·하원을 함께하고, 평일 낮에 커피숍에 앉아 책을 읽고, 놀이터에서 아이와 노는 모습을 보고 주변 사람들이 아내에게 조심스럽게 물어본다고 한다.

"남편, 뭐 하시는 분이에요?"

아내는 그냥 나를 회계사라고 소개하지만, 사실 현재 내가 하고 있는 일 중에 회계사 업무는 없다. 회계감사나 기장, 세무조정 등에서 손을 뗀 지 오래다. 회계사라기보다는 프리랜서에 가깝다. 아내는 동네 돌아다닐 때 좀 갖춰 입고 다니라고 하지만, 그게 뭐 중요한가 싶다. 사실, 동네 백수 아빠가 맞는 것도 같다. 오히려 부자가 되기 전에는 여기저기 바쁘게 돈 벌러 다니느라 정장을 빼입었기에 부자처럼 보였지만, 지금은 오히려 '안 부자'처럼 보인다.

부자가 되고 정말로 바뀐 건 겉모습이 아니라 다른 데 있다. 4년 전과 비교해보면 내 노동소득은 60% 넘게 줄어들었다. 시스템수익을 더한 총소득을 비교하더라도 30% 가까이 줄어든 수준이다. 하지만 4년 전에 나는 부자가 아니었고, 지금은 부자다. 4년 전에는 내 시스템수익이 0원이었지만 지금은 생계비용을 넘어섰기 때문이다. 집도 고급 차도 없지만 내가 부자라고 말할 수 있는 이유다.

일해서 버는 돈이 절반 넘게 줄었는데 오히려 부자가 됐고, 실제 생활에서도 한결 여유가 생겼다. 노동을 통해 돈을 버는 시간이 4년 전과 비교해서 70% 넘게 줄었다. 언제든지 내키면 서울을 떠나 외국에서 한두 달 또는 1년을 지내다 와도 생계에 큰 지장이 없다. 꼭 돈을 벌기 위해 무언가를 하지 않아도 된다. 40대 중반에 노인정에 가서 어르신들과 온종일 내기 장기나 둘 수는 없기에 뭔가 재미난 걸 해보려고 궁리 중이다.

이 책이 출간될 즈음엔 아마도 제주도에서 살고 있을 것이다. 제주에 땅을 사서 내려가 살아보겠다고 했을 때 주변에선 다들 이렇게 물었다.

"제주 가서 뭘로 먹고살려고?"

이 책을 여기까지 읽은 당신은 내게 같은 질문을 하지는 않을 것이다. 답을 알 수 있지 않은가.

"시스템수익이요!"

시스템수익이 생계비용을 뛰어넘어 부자 방정식이 완성되면, 사는 장소에 구애받을 이유가 없다. 제주 가서 정착하지 못하고 돌아오는 사람들도 많다고 걱정하는데, 몇 년 살아보고 마음이 바뀌면 다른 곳으로 옮겨가면 된다. 서울로 돌아올 수도 있고, 따뜻한 곳을 찾아 해외로 이민을 갈 수도 있다. 시스템수익이 들어오는 통장계좌만 기억하고 있으면 된다.

부자가 되고 정말 좋은 건, 내가 진심으로 하고 싶은 일에 대해 고민하게 됐다는 점이다. 무언가 가슴 뛰는 일이 생겨도, 정말 해보고 싶은 일이 생겨도 항상 걱정이 되는 건 한 가지였다.

'그걸로 먹고살 수 있을까?'

먹고살 걱정은 시스템수익으로 해결했으니, 이제는 정말 하고 싶은 걸 해보면 된다. 그 일로 한 달에 100만 원만, 아니 10만 원만 벌어도 된다. 어차피 그 일로 돈을 벌지 못해도 먹고살 시스템수익이 있으니, 돈이 문제가 되지 않는다. 얼마나 즐겁고 보람되느냐가 유일한 관심거리다.

요새 아이와 같이 보드게임을 하고 놀다 보니, 아이에게 부자 방정식을 가르쳐줄 수 있는 보드게임을 만들어보고 싶어졌다. 재미있을 것 같다. 이 얘길 들으면 누군가는 "보드게임 만들어서 얼마나 벌겠어? 그걸로 먹고살 수 있겠어?"라고 물을 것이다.

나한테 그런 질문은 이제 의미가 없다.
나는 내 삶의 온전한 주인이 됐다!

8장

부자 되는 방법은 분명히 있다

월급만으로는
절대 부자가 될 수 없다

앞에서 〈Work book 12〉와 〈Work book 13〉을 통해 시스템수익과 생계비용을 기재했다. 당신의 시스템수익은 생계비용을 충당할 수 있는 수준인가? 이 글을 읽는 대다수의 독자가 아마도 몇 년 전의 나와 같은 상황일 거라 예상한다.

시스템수익 0원!

난 월급쟁이는 부자가 될 수 없다고 생각하지 않는다. 월급쟁이도 얼마든지 부자가 될 수 있다. 다만, 부자 방정식을 통해 전달하고 싶은 메시지는 이거다.

월급'만'으로는 부자가 될 수 없다!

월급을 모아 시스템자산을 만들고, 거기서 시스템수익이 나와야 부자가 될 수 있다. 계속해서 월급에만 의존해야 한다면, 죽는 순간까지 일만 하게 될 것이다. 사실 월급만으로도 부자가 되는 방법이 없는 건 아니다. 연봉이 무척 높으면 된다. 은퇴할 때까지 계속 쌓아둔 연봉이 죽을 때까지 써도 모자라지 않을 정도라면 부자라고 할 수 있지 않을까?

예를 들어 스포츠 선수가 20년의 선수 생활을 하는 동안 연봉을 5억씩 받아 그중 2억씩을 모았다고 하자. 물론 20년간 선수 생활을 할 수 있는 종목도 드물고, 그 기간에 평균 5억의 연봉을 받는 선수도 거의 없다. 게다가 연봉 5억이면 세금이나 4대 보험을 제외한 실수령액이 3억 정도이니 2억씩 모으기란 결코 쉽지 않다. 어쨌든 20살에 선수 생활을 시작해서 40살까지 40억을 모았다면, 그때부터 1년에 1억씩 써도 40년은 쓸 수 있다. 즉, 80세까지는 근로소득만 가지고도 살 수 있다. 이런 일은 근로소득으로 20년 동안 5억씩, 총 100억 원을 받았을 때 가능하다.

당신에게는 해당하지 않는 얘기다!

대다수의 사람은 은퇴 후에 여유로운 삶을 즐기기를 원한다. 그리고 재테크의 목표도 대부분 은퇴 후에 맞춰져 있다. 금융기관이

진짜 부자 가짜 부자

나 재무설계사가 세워주는 재테크 계획도 대부분 은퇴 후의 노후자금이 얼마나 필요한가부터 시작한다. 100세 시대를 맞이하여 은퇴자금이 얼마나 필요한지 산정한 다음, 그 자금을 만들려면 지금부터 얼마씩을 모아야 하는지 계산해 적합한 상품을 추천한다. 고액 연봉을 받는 프로야구 선수가 아니라는 전제하에 어느 정도의 노후자금이 필요한지, 근로소득만으로 가능할지 대략 한번 계산해보자.

보건복지부가 분석한 〈OECD 보건통계 2019〉 자료에 따르면 한국인의 기대수명은 82.7세다. 그런데 이 기대수명은 당신의 예상수명이 아니라 새로 태어날 아이의 기대수명이고 당신의 예상수명은 이보다 짧을 것이다. 여기서는 80세로 추정하겠다.

그러면 예상 은퇴 시점은 언제일까? 삼성생명 은퇴연구소는 2년마다 한 번씩 〈한국인의 은퇴 준비 2018〉과 같은 형태로 은퇴백서를 발간한다. 여러 언론에서 이 자료를 인용한 내용에 따르면, 사람들이 예상한 은퇴 나이는 65세인 데 반해 실제 은퇴 나이는 57세였다. 건강 문제(33%)와 권고사직(24%) 등 절반 이상이 비자발적인 조기은퇴였다. 은퇴 후 필요한 최소 생활비는 월 198만 원, 여유로운 생활을 위해서는 290만 원이 필요하다고 조사됐다.

두 자료를 취합하여, 80세까지 살고 57세에 은퇴한다면 23년의 은퇴 후 삶이 남아 있다. 그 23년간 필요한 최소 생활비는 '198만 원 × 12개월 × 23년 = 5억 4,648만 원'이다. 당신의 나이가 현재 30세라면 은퇴 예상 연령인 57세까지 28년 동안 매년 1,952만 원을 모아야 한다. 그러면 노동소득만으로 생활이 가능하다. 물론 최

[표 8-1] 노후 대비를 위해 연간 모아야 하는 금액

	최소 생활비 수준	여유로운 생활 수준
필요 금액	5억 4,648만 원	8억 40만 원
근무 기간	28년	28년
연간 필요적립액	1,952만 원	2,859만 원

소 생활비 수준으로 생활해야만 한다. 만약 은퇴 후 여유로운 생활을 원한다면 8억 40만 원이 필요하고 28년간 2,859만 원씩을 모아야 한다(표 8-1).

매달 238만 원이다!

통계청의 가계금융복지 조사에 따르면 우리나라 가구를 소득순으로 세워놓고 5등분 했을 때, 가운데에 해당하는 3분위의 평균소득이 2018년 기준 4,464만 원이었다. 최저 수준의 노후 생활을 위해서 1,952만 원을 모으려면 2,512만 원(월 209만 원)으로 생활해야 한다. 실제로 소득 3분위의 연간 소비지출이 2,459만 원이니 가능할 것도 같다. 그런데 가계의 지출은 그것만이 아니다. 비소비지출이 따로 있다. 세금이나 공적연금, 사회보험료, 부모님 용돈이나 경조사비 등의 이전지출, 이자비용 등으로 지출되는 금액이 712만 원이다. 결국 모으거나 투자할 수 있는 여력은 1,293만 원(4,464만 원 – 2,459만 원 – 712만 원)이다.

[표 8-2] 5분위별 가구의 소득과 지출

(단위: 만 원)

소득분위	1분위	2분위	3분위	4분위	5분위
가구주 연령	65.7세	55.1세	51.4세	50.0세	50.7세
경상소득	1,057	2,655	4,464	6,825	13,521
소비지출	1,006	1,787	2,459	3,165	4,580
비소비지출	141	388	712	1,126	2,817
차액	(-)90	480	1,293	2,534	6,124
최소 생활비 (1,952만 원) 적립	X	X	X	O	O
여유 생활비 (2,859만 원) 적립	X	X	X	X	O

한편, 여유로운 노후를 위해 매년 2,859만 원을 모으려면 1,605만 원(4,464만 원 - 2,859만 원)으로 1년을 살아야 한다. 월 134만 원만 쓰고 노후를 위해 모아야 한다는 건데, 결코 쉽지 않은 일이다.

[표 8-2]를 보자. 당신의 소득이 3분위인 4,464만 원이라면 여윳돈을 모아서 은퇴하기는 어렵다. 적어도 4분위인 6,825만 원은 되어야 최소 생활비 수준을 모을 수 있으며 5분위인 1억 3,521만 원이 되면 여유로운 은퇴 생활이 가능하다. 하지만 5분위라도 안심하기엔 이르다. 지금 우리가 하고 있는 얘기는 당신이 57세까지 열심히 일하고 은퇴할 수 있다는 걸 가정했다. 게다가 우리가 계산한 건 2,859만 원을 28년 동안 계속 모으는 것이었다. 즉, 30세부터 57세까지의 평균 소득이 1억 원을 넘겨야 한다.

희소식이 하나 있긴 하다. 앞에서 계산한 비소비지출에 공적연금인 국민연금이 포함되어 있다는 것이다. 국민연금 수령액만큼은 노후 생활비에서 차감할 수 있다. 〈연합뉴스〉의 2019년 10월 22일자 보도에 따르면, 국민연금(노령연금) 수급자의 평균 연금액은 월 52만 3,000원이었다. 이는 연간 적립액을 500만 원 정도 감소시키는 효과가 있지만 국민 모두를 부자로 만들 수준은 아니다.

각종 통계치가 등장하고 계산도 복잡해졌지만, 한마디로 정리하면 이런 얘기다.

월급 열심히 모아서
부자가 되겠다는 생각은 버려라!

예금으로
부자 되기도 힘들다

매달 쓰고 남은 돈을 노후까지 장판 밑에 모아두는 사람은 없을 테니, 은행에 맡겨 복리효과를 누린다면 훨씬 더 많은 돈이 모일 것이다. 그런데 필요한 노후자금 역시 상승한다. 인플레이션만큼 노후자금도 복리로 증가하게 되어 있다. 2018년 기준 통계청 자료에 따른 소비자물가 상승률은 1.5%였고, 한국은행 기준금리는

1.5~1.75%였다. 이 점을 생각하면 은행에 맡기더라도 상황이 크게 달라지진 않을 것이다.

은행에 예금했을 때 나오는 이자도 시스템수익이다. 당신이 아무 일도 하지 않아도 정기적으로 꼬박꼬박 지급되는 시스템수익이 맞다. 다만, 앞에서도 지적했듯이 치명적인 문제점이 있다.

이자율이 너무 낮다는 것이다!

내가 글을 쓰고 있는 2019년 10월 현재 한국은행이 기준금리를 1.25%로 내렸다. 금리를 비교해주는 사이트인 모네타(moneta.co.kr)에 들어가 은행 예금 이자율을 확인하니 가장 높은 곳이 1.80%였다. 저축은행을 찾아가야 2.70%를 받을 수 있다. 이자 지급 방식이나 세금을 고려하지 않고 그냥 단순하게 따져도 월 100만 원의 시스템수익을 얻기 위해 필요한 예금은 은행이라면 6억 6,666만 원, 저축은행이라면 4억 4,444만 원이다. 월 300만 원의 시스템수익을 얻으려면 은행에 20억 원을 맡겨야 한다(이자소득에 대한 세금을 고려하면 더 많은 돈이 필요하다). 자신의 생계비용이 월 300만 원 수준이고, 20억 원을 모을 수 있다면 그냥 속 편히 은행에 맡기는 것도 방법이다.

[표 8-3] 금리와 목표 시스템수익에 따른 필요 금액

(단위: 원, %)

시스템수익 \ 금리	1.80	2.70
1,000,000	666,666,667	444,444,444
2,000,000	1,333,333,333	888,888,889
3,000,000	2,000,000,000	1,333,333,333

당신에게 충분한 자산이 있다면 은행이자도 좋은 선택이 될 수 있다. 위험을 극도로 싫어하는 사람에게 은행이자만큼 좋은 시스템 수익이 어디 있겠는가. 2019년 10월에 진행된 국정감사에서의 자료에 따르면 우리나라에 100억 원 이상의 예금계좌는 779개가 있다고 한다 (〈이투데이〉, 2019년 10월 13일 자 보도). 물론 저 779명 중에 이 책을 읽을 사람이 있을까 싶지만….

만약 당신이 지금부터 20억 원을 모아 부자가 되겠다고 계획한다면, 시간이 얼마나 걸릴까? 1년에 1억씩 모은다면 20년이 걸린다. 한 달로 치면 8,333,333원이다. 만약 한 달에 300만 원씩 모은다면 55년이 걸리고, 한 달에 100만 원밖에 모으지 못한다면 166년이 걸린다.

살아생전에는 불가능하다는 얘기다. 한 달에 100만 원 저축하는 게 얼마나 힘든 일인지 해본 사람들은 알 것이다. 예금이자에만 의존해야 한다면, 이 책을 읽고 있는 대다수에겐 부자 되길 포기하고 차라리 욜로족YOLO族(한 번뿐인 인생이니 현재의 행복이 가장 소중하다고 생각하는 사람들)이 되어 삶을 즐기는 게 현명한 선택일 것이다.

저축으로 부자가 되는 건, 은행 금리가 10%대이던 시절에나 가능했던 일이다. 1980년대에는 물가 상승률에 비해 금리가 2배 가까이 높았다. 그 정도의 차이면 복리효과로 부자가 될 수 있었다. 하지만 금리가 1%대로 떨어진 지금은 생각을 바꿔야 한다. 당신이 이미 상당한 자산을 모아놓은 상태가 아니라면 은행이자는 결코 추천할 만한 시스템수익이 아니다.

앞서 말했듯이, 이 때문에 나는 예금을 시스템자산이 아닌 예치자산으로 분류하고 있다. 인플레이션에 의한 물가 상승률을 고려하면 예금이자는 결코 좋은 자산이 아니다.

그럼에도 상당히 많은 사람이 자산의 우선순위를 예금에 두고 있다. 앞에서 언급한 〈이투데이〉 기사에 따르면, 18개 시중은행이 보유하고 있는 개인 고객 예금액이 총 623조 원에 달한다. 단지 안전하다는 이유만으로 부자가 되는 길을 포기한 것은 아닐까? 1년에 1억씩 예금할 수 없다면 어느 정도의 위험을 감수하더라도 부자가 되기 위한 다른 방법을 찾아 나서야 한다.

수익률 6퍼센트의 마법

평균수명과 은퇴 시점을 계산한 다음, 필요한 생활비로 은퇴자금을 추산하고, 이를 마련하려면 얼마씩 모아야 하는지 계산하는 방법은 상당히 복잡하다. 게다가 인생이 계산대로 흘러갈 리도 없다. 57세까지 직장생활을 할 것이란 보장도 없고, 80세까지만 산다는 것도 불확실하다. 운이 나쁘게(?) 100세까지 살게 된다면 남은 20년은 무슨 돈으로 살아갈 것인가?

가장 좋은 방법은 시스템수익을 만드는 것이다. 삼성생명 은퇴연구소의 조사 결과(198만 원, 290만 원)와 비슷하게 노후의 최소 생활비를 200만 원, 여유 있는 생활을 위해서는 300만 원이 필요하다고 가정하겠다. 그러면 그 금액만큼 시스템수익을 만들어내면 된다. 시스템수익이 갖춰지고 나면 언제 은퇴를 해도 상관이 없으므로 정년을 걱정하지 않아도 된다. 예상보다 오래 살더라도 생을 충분히 즐길 수 있다. 만약 당신이 6%의 수익률을 거둘 수 있는 시스템자산을 만든다면, 4억 원만으로도 노후 걱정에서 벗어날 수 있다(표 8-4). 8%의 수익률이라면 3억 원이면 된다. 여유 있는 노후를 즐길 수 있는 부자가 되려면 각각 6억 원과 4.5억 원으로 가능하다.

6%의 수익을 주는 자산이 어디 있느냐고? 있다. 당신이 조금의 위험을 각오할 용기만 있다면 6% 정도의 기대수익은 충분히 얻을 수 있다. 당신이 만약 6%나 8%의 수익을 얻는 시스템자산을 찾는

[표 8-4] 수익률과 목표 시스템수익에 따른 시스템자산 필요액 (단위: 원, %)

수익률 시스템수익	1.80	2.70	6.0	8.0
2,000,000	1,333,333,333	888,888,889	400,000,000	300,000,000
3,000,000	2,000,000,000	1,333,333,333	600,000,000	450,000,000

데 성공한다면 어떤 결과를 얻게 될지 알아보자. 다른 건 그대로 두고 자산의 수익률만 은행 금리 수준이 아닌 6%와 8%로 변경하는 것이다. 앞에서 소득 3분위에 해당하는 월 소득 4,464만 원의 가구는 소비지출 2,459만 원과 비소비지출 712만 원을 빼면 연간 1,293만 원을 모을 수 있었다. 한 달에 100만 원씩 저축한다면 93만 원이 남는 금액이다. 그럼 월 100만 원씩을 시스템자산에 투자했을 때, 수익률과 기간에 따라 얼마의 시스템자산이 생겨날까?

[표 8-5]가 바로 그 결과다. 수익률이 은행 금리인 1.80%일 때, 시스템수익 2,000,000원을 만들려면 시스템자산 1,333,333,333원이 필요했다. 월 1,000,000원씩 시스템자산에 투자해서 1.80%씩 수익을 내면 약 62년이 지나야 원하는 결과를 얻게 된다. 직장생활을 62년이나 해야 은퇴가 가능하다는 얘기다. 저축은행 금리인 2.70%를 적용하면 41년이 걸린다.

그런데 6% 수익을 낸다면 이 기간이 단숨에 19년으로 줄어든다. 30살에 직장생활을 시작하더라도 48살에 은퇴가 가능하다는 얘기다. 8% 수익이라면 43살에 은퇴할 수 있다. 월 3,000,000원의 시스템수익을 만들어 여유를 즐기려면 각각 5년, 4년씩만 더 다니면 된다. 월 3,000,000원의 시스템수익을 만들기 위해 은행이자로는 78년 걸릴 일이 6% 수익을 내면 24년으로 50년 넘게 단축된다. 일하는 데 바쳤어야 할 50년을 벌게 되는 것이다.

[표 8-5] 기간과 수익률에 따른 월 100만 원의 연금미래가치

(단위: 원, %)

년(개월) \ 수익률	1.80	2.70	6.0	8.0
1(12)	12,099,497	12,149,619	12,335,562	12,449,926
2(24)	24,418,590	24,631,369	25,431,955	25,933,190
3(36)	36,961,266	37,454,327	39,336,105	40,535,558
4(48)	49,731,581	50,627,822	54,097,832	56,349,915
5(60)	62,733,669	64,161,436	69,770,031	73,476,856
6(72)	75,971,734	78,065,014	86,408,856	92,025,325
7(84)	89,450,060	92,348,669	104,073,927	112,113,308
8(96)	103,173,008	107,022,791	122,828,542	133,868,583
9(108)	117,145,017	122,098,054	142,739,900	157,429,535
10(120)	131,370,607	137,585,424	163,879,347	182,946,035
11(132)	145,854,381	153,496,168	186,322,629	210,580,392
12(144)	160,601,025	169,841,857	210,150,163	240,508,387
13(156)	175,615,309	186,634,383	235,447,328	272,920,390
14(168)	190,902,091	203,885,960	262,304,766	308,022,574
15(180)	206,466,316	221,609,137	290,818,712	346,038,222
16(192)	222,313,021	239,816,807	321,091,337	387,209,149
17(204)	238,447,331	258,522,213	353,231,110	431,797,244
18(216)	254,874,467	277,738,962	387,353,194	480,086,128
19(228)	271,599,743	297,481,032	423,579,854	532,382,966
20(240)	288,628,570	317,762,784	462,040,895	462,040,895
21(252)	305,966,457	338,598,972	502,874,129	502,874,129
22(264)	323,619,014	360,004,751	546,225,867	546,225,867
23(276)	341,591,951	381,995,692	592,251,446	592,251,446
24(288)	359,891,084	404,587,791	641,115,782	641,115,782
25(300)	378,522,332	427,797,483	692,993,962	692,993,962
41(492)	727,061,018	898,448,598	2,126,657,088	2,126,657,088
62(744)	1,366,711,900	1,921,528,556	7,976,735,369	7,976,735,369

[표 8-6] 수익률별 목표 시스템수익 달성 시점

(단위: 원, %)

수익률 시스템수익	1.80	2.70	6.0	8.0
2,000,000 (달성 시점)	1,333,333,333 (62년)	888,888,889 (41년)	400,000,000 (19년)	300,000,000 (14년)
3,000,000 (달성 시점)	2,000,000,000 (78년)	1,333,333,333 (52년)	600,000,000 (24년)	450,000,000 (18년)

마치 생명을 하나 더 부여받아,
인생을 두 번 사는 것과 같다!

1.80% 수익으로 19년 만에 목표 금액인 1,333,333,333원을 모으려면 매달 5,000,000원씩을 저축해야 한다. 물론 6% 수익률을 달성하는 것이 쉬운 일은 아니다. 하지만 매달 저축하는 금액을 5배나 늘려 5,000,000원씩 저축하는 것보다는 쉽다. 경상소득이 1억 3,521만 원인 소득 5분위가 모을 수 있는 돈이 연간 6,124만 원이었는데 이를 월로 계산할 때 약 5,000,000원이 나온다. 달리 말하면, 연봉 1억 3,521만 원을 받아 은행에 예금하는 사람과 연봉 4,464만 원을 받아 6% 수익을 내는 사람이 동일한 수준의 부자라는 얘기다.

부자가 되는 데 연봉의 차이는
크게 중요하지 않다.

중요한 건 6% 또는 8%의 수익을 낼 수 있는 시스템자산을 만들어내는 것이다. 만약 당신이 매달 500,000원을 더 아껴서 한 달에 1,500,000원씩 투자할 수 있다면, 은퇴 시점은 각각 15년과 11년으로 단축된다. 직장생활을 15년 또는 11년으로 단축할 수 있다면 한 달에 500,000원 정도 더 아끼는 건 해볼 만하지 않은가? 이것이 바로 20대 때부터 극단적으로 절약해서 마흔 전후에 은퇴하기를 꿈꾸는 FIRE Financial Independence, Retire Early(재정적 독립과 조기 은퇴)족이 등장하게 된 이유다.

60살에 은퇴하지 않고 40살에 은퇴하면 노후자금이 더 필요하다고 생각될 것이다. 자산의 관점에서 보면 그럴 수 있다. 60살부터 80살까지 20년간 필요한 돈에 비해, 40살에 은퇴해서 40년간 살아간다면 필요한 돈은 2배나 많을 것이다. 하지만 잘 생각해보라. 우리가 만들어낸 건 나를 위해 돈을 벌어다 주는 시스템자산이다. 40살에 구축한 시스템자산은 60살에 구축한 시스템자산보다 더 오랜 기간 훨씬 많은 시스템수익을 가져다준다. 한번 구축해둔 시스템자산에서는 계속해서 시스템수익이 만들어지기 때문에 은퇴 후의 기간이 길어도 상관없다.

한 가지, 추가로 고려해야 하는 부분이 있다. 젊은 시절에 은퇴하면 생계비용이 증가할 수 있다는 점이다. 특히 가정이 있고 자녀를 키운다면 아이들이 성장함에 따라 더 많은 돈이 필요해진다. 60살에 은퇴하면 자녀가 다 성장하고 독립한 뒤라 양육비용이 증가할 일이 없지만, 40살에 은퇴하면 증가하는 양육비용만큼 생계비용이 더 필요해진다. 하지만 걱정할 필요는 없다. 40살에 은퇴하면 정말 아무것도 하지 않고 놀기만 하겠는가?

40대에 경제적 자유를 확립한 대부분 사람은 경제활동을 멈추지 않는다. 공원에서 장기나 두며 40년을 지내기에는 인생이 너무 무료하니 말이다. 굳이 돈을 벌 필요가 없더라도 사람은 뭔가 재미있고 보람된 일을 찾아 나서게 돼 있다. 돈에 상관하지 않고 즐거운 일을 하는 것이다. 이미 시스템수익을 갖췄기에 최저임금만 받아도 얼마든지 즐기며 일할 수 있다. 정말 자기가 하고 싶었던 신성한 노동을 할 수 있게 된다는 얘기다. 그리고 그렇게 즐겁게 일하면 그 분야에서 성공해 오히려 더 많은 돈을 벌 확률이 높다. 왜 이런 말도 있지 않은가.

> "노력하는 자는
> 즐기는 자를 이길 수 없다."

과거에는 저 말이 쉽게 수긍이 되지 않았다. 즐기기만 해서 노력하는 사람을 이길 수 있다고? 어느 정도 경지에 다다르면 고통스러운 노력이 필요한 구간이 올 텐데, 과연 끝까지 즐길 수 있을까? 하지만 시스템수익이라는 개념을 세우고 경제적 자유와 가까워지면서 저절로 이해하게 됐다. (본래 이런 의미로 쓰인 말은 아니겠지만) 한 달에 최소 300만 원은 집에 가져다줘야 해서 이 악물고 노력하는 사람과 그냥 100만 원만 가져다줘도 되니 즐기는 사람이 경쟁한다

면 누가 이기겠는가? 전자가 이기면 좋겠지만 대부분 후자가 이긴다. 안타깝지만 사실이다. 동네에 카페가 우후죽순 생겨나서 경쟁이 심해지면 결국 누가 살아남겠는가?

건물주가 차린 카페만 살아남는다!

건물주가 차린 카페는 임대료 부담이 없기 때문에 얼마든지 가격 경쟁을 할 수 있다. 원두를 사 올 돈이나 인건비만 뽑아내도 당장 손해가 없는 건물주와 임대료까지 벌어야 하는 카페 주인이 경쟁이 되겠는가?

마찬가지로, 시스템수익이 있으니 한 달에 100만 원만 보태도 되는 사람과 생계를 위해 최소 300만 원은 벌어야 하는 사람이 경쟁하면 전자가 이긴다. 심지어 저렇게 보태진 100만 원이 다시 시스템자산이 되어 더 빠른 속도로 부자를 만들어준다. 이렇게 되면 부자가 되는 속도에 복리라는 가속도가 붙게 된다. 걷잡을 수 없는 속도로 부자가 되어가는 것이다.

결국 당신은 부자가 될 수밖에 없는
덫에 갇히게 된다.

원하는 금액을 모으는 데
얼마나 걸릴까?

내가 목표로 하는 금액을 모으기까지 수익률에 따라 어느 정도의 시간이 걸릴까? 마이크로소프트가 내놓은 오피스 프로그램인 엑셀을 이용하면 이를 쉽게 구해볼 수 있다(엑셀에 대한 기본적인 이해가 필요한 부분이다. 엑셀을 전혀 모른다면 이번 기회에 주변 사람들에게 물어서 배워보는 것도 좋겠다). 엑셀에는 재무적 계산을 쉽게 할 수 있도록 해주는 재무함수가 있는데 이 중 일정 금액을 납입하는 연금과 관련한 함수를 활용하면 된다.

연금함수와 관련한 용어(약어)들을 정리하면 다음과 같다.

약어	의미	
rate	이자율 혹은 수익률	
pmt	Payment, 납입액	
nper	Number of PERiods, 납입 횟수 혹은 기간	
pv	Present Value, 현재가치(현재잔액)	
fv	Future Value, 미래가치(미래금액)	
type	납입 시점을 선택하는 것으로, 생략하거나 0이면 기간 말(월말) 납입, 1이면 기간 초(월초) 납입을 의미한다.	

우리가 궁금한 것은 원하는 금액을 모으는 데 걸리는 납입 기간이다. 이는 nper라는 함수를 써서 구할 수 있다. nper 함수의 구문은 다음과 같이 사용한다.

NPER(rate,pmt,pv,[fv],[type])

예를 들어 이자율 10%로 매년 100,000원씩 납입했을 때 언제 1,000,000원이 되는지 구하려면, 인수를 다음과 같이 입력한다.

rate(이자율) = 10%
pmt(납입액) = (-)100,000
pv(현재 보유액) = 0
fv(미래목표금액) = 1,000,000

엑셀에는 다음과 같이 입력한다.

=NPER(10%,-100000,0,1000000)

그러면 다음과 같이 7.272541년이라는 결과를 내놓는다. 100,000원씩 7번을 납입하고 나면, 7년 하고 100일째 되는 날 1,000,000원에 도달한다는 뜻이다.

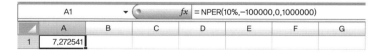

그러면 본문에 나온 대로 매달 1,000,000원씩 시스템자산에 투자하여 6% 수익률로 시스템수익 2,000,000원을 만들기 위해서는 얼마 정도의 시간이 걸릴까? 일단 매달 납입하기 때문에 수익률은 연 6%가 아닌 월 0.5%가 된다. 6% 수익률로 매월 2,000,000원, 연간 24,000,000원의 시스템수익을 얻는 것이 목표이므로

'24,000,000원 ÷ 6% = 400,000,000원'이 된다. 결국 입력해야 할 인수는 다음과 같다.

rate(수익률) = 6%/12 = 0.5%
pmt(납입액) = (-)1,000,000
pv(현재 보유액) = 0
fv(미래목표금액) = 400,000,000

이를 nper 함수에 대입하면 다음과 같은 결과를 얻을 수 있다.

	A	B	C	D	E	F	G
	A1		fx	= NPER(6%/12,−1000000,0,400000000)			
1	220.2713						

약 220개월, 즉 18년 4개월 정도가 소요된다.

9장

시스템
수익을
늘려라

시스템수익,
누구나 만들 수 있다

세 번째 부자 방정식을 다시 한번 살펴보자.

부자의 조건: 시스템수익 > 생계비용

부자 방정식에서 부자가 되는 방법은 딱 두 가지다. 첫 번째는 시스템수익을 늘리는 것이고, 두 번째는 생계비용을 줄이는 것이다. 두 방법 중에 내가 더 선호하는 것은 시스템수익을 늘리는 것이다. 지출을 줄여 생계비용을 낮추는 데는 고통이 따른다. 아껴야 하고, 참아야 한다. 하지만 시스템수익을 늘려가는 일은 재미가 있다. 점

점 커지는 시스템수익을 보면, 마치 게임에서 캐릭터를 키우고 레벨업하는 것과 같은 쾌감이 느껴진다.

내가 시스템수익을 만들어내기 위해 사용한 방법을 누구나 따라 할 수 있다고 생각하지는 않는다. 앞에서 얘기한 대로, 나에게는 여러 형태의 시스템수익이 있다. 그중 일부는 대부분의 사람이 따라 할 수 있는 방법이지만, 내 시스템수익에서 비중이 가장 큰 부분은 무형자산에서 나오는 시스템수익이다. 10년 넘게 강의해온 지식을 책으로 옮겨 인세라는 시스템수익을 얻고, 오프라인에서 하던 강의를 온라인으로 옮겨 강의료라는 시스템수익을 얻고 있다. 누구나 책을 쓰고 강의를 할 수 있다고 얘기할 수는 없지 않은가. 그런 측면에서 누군가는 내게 이렇게 따져 물을 수 있다.

> "당신에겐 전문지식이 있으니
> 그것으로 시스템수익을 만들었겠지만,
> 우리에게는 방법이 없지 않은가!"

누구나 손쉽게 부자가 될 수 있다고 거짓말을 하지는 않겠다. 시스템수익을 만드는 건 쉽지 않은 일이다. 하지만 불가능한 일은 아니다. 그리고 전문지식을 가진 사람만 할 수 있는 방법도 아니다. 오히려 전문직은 시스템수익을 만드는 데 불리하다. 스스로 깨닫지 않는다면, 오히려 고소득 전문직이 고소득 노예로 살아가는 경우가 훨씬 많다. 한번 생각해보라. 당신이 하는 일이 1시간에 50만 원을 버는 일이라면, 굳이 시스템수익을 만들겠다고 나서겠는가? 언제든 마음먹고 하루 8시간을 일하면 400만 원이 생기는데 피곤하게 다른 돈벌이 수단을 찾으러 다니겠는가?

〈로스트 룸〉이라는 미국 드라마를 본 적이 있다. 미스터리에 싸인 모텔 방이 하나 있는데, 이 방에 있는 물건을 밖으로 가지고 나가면 각 물건에 부여된 초자연적인 힘이 발휘된다. 예를 들어 빗에는 시간을 잠시 멈추는 능력이 부여되어 있다. 이 빗으로 머리를 빗으면 시간이 10초 동안 멈추고, 머리를 빗은 사람은 그 시간 동안 움직일 수 있다. 이런 식으로 여러 가지 물건이 저마다 특이한 능력을 가지고 있는데, 그중 연필과 관련된 에피소드가 흥미로웠다.

이 연필은 테이블에 두드리면 돈이 나온다. 두드릴 때마다 1센트가 나오니 말 그대로 도깨비방망이 같은 존재다. 이 연필을 갖게 된 사람은 어떻게 됐을까? 돈이 필요하면 언제든 연필만 두드리면 되니 세상 살기가 얼마나 편해졌을까. 한번 상상해보라. 정말로 그런 연필이 당신에게 있다면 얼마나 좋겠는가. 정말 환상적이지 않나? 세상을 다 가진 기분일 것이다.

그런데 그 연필을 갖게 된 사람은 6개월 뒤 미쳐버렸다고 한다. 두드리기만 하면 돈이 나오니 밤낮없이 연필만 두드리다 결국엔 미치고 말았다는 것이다. 연필을 두드려서 얻을 수 있는 돈은 1센트 동전이다. 우리 돈으로 10원 정도 된다. 1초에 한 번씩 열심히 두드리면 1분에 600원이 나오고, 10분이면 6,000원이 나온다. 1시간에 10분은 쉬어야 할 테니 50분에 3만 원이 나온다. 가만 생각해보면 이 사람은 그저 시간당 3만 원을 주는 일자리를 얻은 것에 불과하다. 물론 적은 돈은 아니지만, 하루 8시간을 일했을 때 24만 원을 받고, 20일을 일하면 480만 원의 월급을 받는 일자리가 생긴 것이다.

나쁜 일자리는 아니지만, 정말 세상을 다 가졌다고 할 수 있을까? 연필의 주인이 결국 자기가 얻은 게 연필을 두드리는 시간당 3만 원짜리 일자리라는 걸 깨달았다면, 정말 온종일 그 일만 하다가 6개월 뒤 미치는 지경에 빠졌을까? 그는 자기도 모르게 연필의 노예가 된 것이다. 이렇게 연필을 두드리기만 하면 소득이 나오는 전문직 종사자들은 고소득의 노예가 될 확률이 높다. 차이가 있다면 1센트가 아니라 그보다 좀더 큰 동전이 나온다는 것뿐이다. 실제로 내 주변에서 경제적 자유를 얻은 대다수는 평범한 직장인이다. 이대로는 안 된다는 것을 일찍 깨달은 사람이 노동소득의 덫에서 일찍 빠져나온다.

덫 안에 먹을 것이 풍부하다면, 굳이 벗어나려 하겠는가?

이제부터 우리가 만들 수 있는 시스템수익을 하나씩 살펴보겠다. 이 중에는 내가 직접 겪어보고 실천한 것도 있지만, 아직 공부와 계획만 있고 실행해보지 않은 것들도 있다. '자기가 해보지도 않고 말로만 떠드는 것'을 가장 싫어하기에 무척이나 조심스럽다. 다만, 이제야 갓 시스템수익에 눈을 뜨게 된 사람들을 위해 어떤 방법들이 가능한지 소개하고 그중에서 자신의 현실과 성향에 맞는 방법을 택해 더 공부해나가기를 바라는 마음에 소개한다. 당신이 구축한 시스템수익에 대해서 내가 배우게 될 날이 빨리 오기를 기대한다.

부동산 임대수익, 시야를 넓혀라

세상에 가장 많이 알려져 있고, 실제 우리 주변의 부자들이 가장 많이 이용하고 성공한 방법이 바로 부동산투자다. 말 그대로 매달 꼬박꼬박 나오는 임대소득이 바로 시스템수익이 된다. 이 때문에 '건물주 = 부자'라는 등식이 생겨난 것이다. 시스템수익을 만들 수 있는 시스템자산으로 부동산을 소개하면 대다수의 반응은 한 가지다.

> "그걸 누가 모르나?
> 돈이 없어 못 하는 거지."

나 역시 그렇게 생각했었다. 그랬기 때문에 제대로 알아보려 하지도 않았고, 공부를 할 생각도 못 했다. 종잣돈이 1~2억쯤 모인 다음에, 그때부터 알아보자고 생각했다.

하지만 지금은 왜 진작에
공부를 시작하지 않았나 후회가 된다.

실제 부동산에 투자한 사례들을 보면, 목돈 없이 투자한 이들도 많다. 심지어는 '무피투자'라고 하여 자기 자금을 하나도 들이지 않고 부동산을 취득하는 사례도 있고, 심지어 돈을 받고 부동산을 사는 '플피투자'의 경우도 있다. 물론 흔하게 볼 수 있는 사례는 아니며 최근 정부의 부동산 규제로 더는 어려워졌다. 게다가 우리가 목표로 하는 시스템자산과는 거리가 멀다. 하지만 부동산투자는 목돈이 있어야만 가능하다는 편견을 깨기에는 좋은 사례다. 막연히 '에이, 공짜로 얻을 수 있는 게 어디 있겠어?'라고 마음에 벽부터 세우지 말자. 우리가 추구하는 시스템수익이 결국 불로소득 아닌가.

적은 돈으로 부동산투자가 가능한 원리는 앞에서 얘기했던 무이자부부채를 이용한다는 것이다. 우리나라에만 있는 전세제도를 잘 이용하면 적은 돈으로도 얼마든지 부동산에 투자할 수 있다.

간단히 예를 들어, 3억 원짜리 아파트가 있다고 하자. 이 아파트의 전셋값이 2억 4,000만 원이라면 필요한 투자 금액(순자산)은 6,000만 원이다. 만약 은행에서 6,000만 원을 대출받는다면 결국 내 돈 한 푼 없이 3억짜리 아파트를 구매할 수 있다. 선순위 전세금이 매매 가격의 80%나 차지하는 상태에서 후순위 은행 대출을 받기는 쉽지 않지만, 전혀 불가능한 것도 아니다.

신문에 이런 기사가 난 적이 있다.

진짜 부자 가짜 부자

> "재개발·재건축 새 아파트,
> 전세 놓고 대출받는 꼼수 못 쓴다."

〈조선비즈〉 2019년 9월 28일 자 기사 제목이다. 재개발·재건축된 신축 아파트에 전세 세입자도 들이고 주택담보대출도 동시에 받았던 것에 대해 은행이 대출금을 회수하기로 했다는 기사다. 등기가 나오기 전까지 세입자 현황을 알 수 없다는 점을 악용하는 사람들에 대한 조치다. 뒤집어 말하면, 지금까지 저런 꼼수가 가능했다는 얘기다. 예금이자에 의존하며 착하게 사는 사람들은 편법을 쓰다가 걸렸다며 고소해하겠지만, 그걸 이용했던 사람들은 '이걸 막았어? 그럼 다른 방법을 찾으면 되지!'라며 돈 버는 방법을 찾아낸다. 부자가 되기 위해서는 돈에 대해 편견을 갖지 말고 시야를 넓힐 필요가 있다.

'깡통전세'라는 말이 왜 나오겠는가? 주택담보대출과 전세보증금의 합이 집값을 넘어서는 경우를 깡통전세라고 하는데, 역으로 생각하면 큰돈을 들이지 않고 집을 매입할 수 있다는 얘기다. 보통 사람들은 부동산투자라고 할 때, 자기가 거주할 집을 마련하는 것만 생각한다. 집을 사서 자신이 살다가 값이 오르길 바란다.

> "자기가 사는 집도 없으면서
> 남한테 세를 준다고?"

이 생각에서 벗어나야 한다. 자기가 살 집을 구하려면 자신의 자본이 많이 필요하다. 하지만 자기가 살 집이 아니라면 전세보증금이라는 무이자부부채를 이용해서 훨씬 적은 돈으로 부동산에 투자할 수 있다. 내 지인(편의상 A라고 하겠다)의 사례를 소개해보겠다.

어느 날 A가 공공기관에 근무하는 친구를 만났는데, 근황을 물으니 기관이 지방으로 이전하게 돼 전셋집을 구하는 중이라고 하더란다. 그런데 매매가가 1억 원인 아파트의 전세가가 9,000만 원까지 올랐다며 불안하다는 것이다. 매매가가 1,000만 원만 떨어져도 보증금을 돌려받지 못하는 깡통전세가 될 수 있으니 말이다. 함께 걱정해주고 돌아오는 길에 A는 문득 이런 생각이 들었다.

"그렇다면, 아파트를
1,000만 원에 살 수 있다는 거네?"

그때부터 A는 관심을 가지고 주말마다 임장(부동산 현장을 답사하는 활동)을 다니며 알아보았다. 공공기관이 이전하기로 예정된 그 지역은 실제로 전세수요가 급증했는데 매매가는 그대로여서, 적은 금액으로 갭투자가 가능한 상황이었다. 그래서 가지고 있던 자금 1,000만 원으로 아파트를 1채 산 다음, 추가로 3,000만 원의 신용대출을 받아 몇 개월 사이에 총 4채를 구매했다. 그 뒤로도 직장에서 보너스를 받거나 여윳돈이 생기면 추가로 구매했고, 전세 만기가 되면 보증금을 올려받아 다른 집을 또 샀다. 전세보증금을 1,000만 원만 올려도 아파트 1채가 추가로 생겼다.

그렇게 자기 자금 1,000만 원으로 시작한 A의 부동산투자는 몇 년 뒤 10여 채의 아파트를 소유하는 결과로 이어졌다. 어떤가. 이래도 부동산은 목돈이 있어야만 투자할 수 있다고 생각하는가?

그런데 이런 방식의 갭투자는 우리가 목표로 하는 시스템자산이 아닌 투자자산이다. 부동산 가격이 오르면 적은 투자금 대비 높은 수익을 얻을 수 있지만, 반대로 가격이 하락하면 큰 손실을 볼 수도 있다. 부동산 시세 상승에 대한 확신, 그리고 부동산을 볼 줄 아는 눈과 경험이 있어야만 할 수 있는 투자 방식이다. 그렇다고 하더라도 자신의 궁극적인 목표 지점이 '월세만 받고 사는 건물주'라면 이런 적은 돈을 이용한 투자부터 시작해보기를 권한다. 부동산투자에 대한 경험이 단 한 번도 없다가, 처음 매수하는 물건이 수십억 원짜리 빌딩이라면 성공적인 투자가 될 확률은 그만큼 낮지 않겠는가.

전세보증금을 이용한 갭투자 말고, 월세를 받을 수 있는 부동산을 적은 금액으로 매입하는 방법은 없을까? 전세보증금을 받으면 적은 돈으로 투자할 수 있는 대신 시스템수익이 되는 월세는 못 받게 된다. 반면, 월세를 받으려면 보증금을 낮춰야 하니 내 자금이 투자되어야 한다. 그런데 찾아보면 방법은 있다. 큰 투자금을 들이지 않고 월세를 받는 방법 말이다. 대신 어느 정도의 위험과 수고스러움은 감수해야 한다. 바로 부동산 경매를 이용하는 방법이다. 경매로 나온 부동산은 잘만 고르면 시세보다 훨씬 싼 가격에 낙찰받을 수 있다. 그리고 때로는 내 돈을 거의 들이지 않고 월세수익을 거둘 수 있다.

부동산 경매로 부를 일군 B의 사례를 살펴보자. 지방에 있는 빌라가 경매로 나왔는데, 감정가가 4,000만 원인 물건이 여러 번 유찰되면서 최저 입찰가가 1,638만 원까지 떨어졌다. 인근 시세를 확인해본 결과 보증금 200만 원에 월세 20만 원 정도는 받을 수 있을 것으로 판단됐다. 이 물건을 1,800만 원에 낙찰받았는데, 경락잔금대출이라고 해서 낙찰대금의 80%인 1,440만 원을 5% 이자율로 대출받을 수 있었다.

낙찰가 1,800만 원에서 대출금 1,440만 원을 빼면 360만 원이다. 그런데 월세보증금 200만 원이 있으므로 B의 투자 금액은 160만 원이다. 여기에 취득세와 법무비용 등으로 180만 원 정도가 들었으니 최종적인 순투자 금액은 340만 원 정도였다. 월세 20만 원을 받는데, 대출금에 대한 이자가 6만 원이므로 이자를 제한 시스템수익은 14만 원이다. 연 단위로 환산하면 168만 원인데, 340만 원을 투자했으니 수익률이 49%나 된다.

물론 낙찰받은 금액에 따라 수익률이 달라지고, 이런 매물을 자주 접할 수 없는 데다, 법률적인 리스크도 있다. 제대로 공부하고 경험을 많이 쌓지 않으면 오히려 큰 손해를 보거나 마음고생을 할 수 있는 것이 부동산 경매다. 그렇게 고생하고 얻는 수익이 월 14만 원이라면 허탈하기도 하다. 하지만 49%라는 건 어마어마한 수익률이다. 나라면 340만 원을 수업료로 버린다고 하더라도 한번 공부해보고 싶은 것이 부동산 경매다. 월 14만 원이 작아 보이지만, 1년에 하나씩만 늘려가면 10년 뒤 140만 원의 시스템수익을 갖추게 된다.

경매를 통해 저렇게 큰 수익을 노리지는 않더라도, 좀더 안전하게 시스템수익을 만드는 방법도 있다. 물론 더 큰 투자금이 필요하고, 수익률은 낮다. 하지만 은행 금리가 1.80%인 상황에서 우리가 찾는 건 6% 이상의 수익률이라는 걸 생각해보면 나쁘지 않은 투자처다. 바로 오피스텔에 대한 투자다.

부동산 정보 사이트인 '부동산114'의 자료에 따르면 2018년 오피스텔 임대수익률이 4.98%로 나타났다(〈부동산 114 리포트&뉴스〉, 2019년 3월 12일). 과거보다는 못하지만 여전히 5% 내외의 수익률을 가져다주는 시스템자산이다. 여기에 낮은 이자율의 레버리지를 활용하면 임대수익률은 더 상승한다. 기사를 보면 지역별로 편차가 있는데, 대전 지역의 임대수익률은 7.26%였다. 우리가 찾는 6% 이상의 수익률을 가져다주는 시스템자산에 속한다.

물론 기사대로 오피스텔 임대수익률이 갈수록 낮아지고 있으니 오피스텔의 가치도 떨어질 것이고, 5%의 임대수익을 얻으려다 시세 하락으로 훨씬 큰 손해를 볼 수도 있다. 하지만 어떤 투자든 위험이 따른다. 공부하고 대비하며 위험을 줄여나가는 것이 최선이다. 그런 위험이 무섭다면 1.80%짜리 예금에 가입해 62년 동안 모으는 방법밖에 없다. 게다가 한 가지 잊고 있는 사실도 있다.

예금도, 은행이 망하면
못 돌려받는다!

5,000만 원까지는 보호받지만, 우리가 62년간 목표로 하는 13억 원의 예금은 보호받지 못한다. 위험이 관리하고 줄여나가야 할 대상인 건 맞지만, 그렇다고 없애야 할 대상인 건 아니다. 살아 있는 한 위험은 결코 없어지지 않는다.

아이가 어렸을 때 전문가에게 육아 멘토링을 받은 적이 있다. 아이가 막 뒤집고 기어 다닐 무렵이었는데, 전문가는 집에 있는 안전 매트를 모두 치우길 권했다. 자꾸 넘어지고 부딪히는 아이가 걱정돼서 푹신한 매트를 깔아놨는데, 모두 치우라는 것이었다. 바닥이 푹신하면 아이가 제대로 균형을 잡고 서는 방법을 배우지 못하고, 부딪혔을 때 아프지 않으니 위험에 대한 경각심도 생기지 않는다는 얘기였다. 아이가 돌이 지나도록 혼자 제대로 서지도 못해서 걱정이라는 집에 가보면 대부분 푹신한 매트가 깔려 있더라고 했다.

매트를 치웠더니 아이는 여기저기 쿵쿵 부딪히기 시작했다. 앉아 있다가 뒤로 넘어가는 바람에 뒤통수를 바닥에 쿵 부딪히고는 목청이 터지도록 울기도 했다. 우는 아이를 안아 달래며 괜히 치웠나 하는 후회도 됐다. 걱정이 돼서 며칠 계속 지켜봤는데 아이에게서 금방 변화가 느껴졌다. 앉아 있다가 뒤로 넘어갈 것 같으면 배에 힘을 주고 몸을 앞으로 기울였다. 넘어가더라도 그대로 부딪히지 않고, 목을 당겨 머리를 스스로 보호했다. 얼마 안 가서는 단단한 바닥을 딛고 일어나 몸의 균형을 잡기 시작했다.

투자도 마찬가지다. 정말 어이없는 사기와 사탕발림에 속아 소중한 재산을 잃는 사람들을 종종 본다. 그런데 그들 대다수는 지금까지 위험을 겪어보지 않은 사람들이다. 항상 바닥이 푹신했기에 넘어지면서도 고개를 당기고 손을 짚어 자신을 보호할 생각을 하지 못한다. 작게 작게 부딪혀보기를 바란다. 그러면서 배운다. 나 역시 젊은 시절 은행 대출까지 받아서 한 투자가 반 토막이 났던 경험이 있다. 당시에는 정말 자신이 바보같고 한심하게 느껴졌고 매일매일 후회했지만, 지금 돌이켜 보면 내가 부자가 되는 데 정말 소중한 경험이었다. 젊을 때는 손해를 보고, 실패를 해도 된다. 다시 벌면 된다. 어차피 한두 번은 경험 삼아 실패해야 한다면, 아직 기회가 많은 젊은 시절에 겪어보는 것이 좋다

부동산투자와 관련한 좋은 책이나 강의가 많다. 나는 아직 종잣돈이 없으니 부동산은 관심 가질 필요가 없다고 생각하지 말고 공부 삼아, 연습 삼아서라도 접해보기를 바란다.

소액으로 쉽게 시작하는 배당주 투자

부동산보다 훨씬 소액으로 누구나 쉽게 만들 수 있는 시스템수익이 바로 배당수익이다. 배당주에 대한 투자는 단돈 1만 원만 있어도 할 수 있고, 잘만 고르면 우리가 원하는 수익률도 기대할 수 있다.

한 가지 생각해보자. 은행에 예금을 했을 때 받게 될 이자와 주식에 투자했을 때 받을 수 있는 배당 중 어느 것이 더 높을까?

앞에서 살핀 대로 현재 가장 높은 예금금리가 1.80%다. 그렇다면 배당수익률은 어떨까? 한국거래소(krx.co.kr)의 자료에 따르면 2018년 코스피의 배당수익률은 1.93%였다. 2019년 9월 기준으로는 2.16%다. 현재 은행 예금금리보다 주식의 배당수익률이 더 높다. 물론 안정적인 은행에 돈을 맡기는 것과 사업위험이 내포된 상장기업에 투자하는 것은 부담해야 하는 위험의 크기가 다르다. 그럼 투자 대상을 은행 주식으로 한정하면 어떨까?

은행에 예금했을 경우 받는 이자와
은행 주식에 투자했을 때 받는
배당금 중 어느 것이 더 클까?

은행연합회가 제공하는 주요 은행별 예금상품의 12개월 금리와 에프앤가이드FnGuide가 제공하는 2018년도 기준 배당수익률(보통주 현금배당금/시가총액)을 비교해보면 [표 9-1]과 같다.

모든 은행이 예금금리보다 높은 배당수익률을 기록하고 있다. 예금금리가 평균 1.44%인 반면에 배당수익률은 평균 4.01%로 나타난다. 은행에 예금으로 맡겼을 때 받는 이자에 비해 은행 주식에 투자했을 때 받는 배당이 3배 가까이 된다. 물론 은행 예금은 5,000만 원까지 원금이 보장되고 손실을 볼 확률이 낮지만, 주식은 주가

[표 9-1] 은행 금리와 배당수익률

(단위: %)

해당 은행	상품명	금리	종목(종목코드)	배당수익률
KEB하나은행	N플러스 정기예금	1.50	하나금융지주(086790)	5.24
IBK기업은행	IBK평생한가족통장	1.40	기업은행(024110)	4.91
DGB대구은행	내손안에예금	1.71	DGB금융지주(139130)	4.33
KB국민은행	KB골든라이프연금우대예금	1.50	KB금융(105560)	4.13
BNK부산은행	MySUM정기예금S	1.60	BNK금융지주(138930)	4.09
신한은행	신한S드림 정기예금	1.35	신한지주(055550)	4.04
광주은행	쏠쏠한마이쿨예금	1.90	JB금융지주(175330)	3.16
제주은행	제주Dream정기예금	1.45	제주은행(006220)	2.15

※ 예금금리의 경우 모네타와 은행연합회의 자료 업데이트 일자가 달라 앞에서 다룬 내용과 차이가 발생한다.
※ 우리은행의 경우, 2019년 1월 우리금융지주로 설립되어 전년도 말 배당수익률 자료가 없기에 제외했다.

출처: 은행연합회, FnGuide

가 하락할 위험이 있다. 그렇지만 푹신한 매트를 치워야 제대로 성장할 수 있다.

지금 우리가 찾고 있는 건 시스템수익이다. 가격이 올라 시세차익을 노리는 투자자산이 아니다. 주식은 주가가 떨어질 위험도 있지만, 동시에 주가가 상승할 수도 있다. 이렇게 생각하면 어떨까?

은행 주식을 사서 주가가 떨어지면
원금은 잊어버리자.

어차피 우리의 목표는 시스템수익이 생계비용을 넘어서는 부자가 되는 것이다. 시스템수익인 배당금이 계속 나온다면 원금 따위는 그냥 잊어버려도 된다. 여기에 주가까지 상승한다면 금상첨화다. 처분해서 다른 시스템자산에 투자하면 된다.

다만, 최악의 경우가 발생할 수도 있다는 사실은 각오해야 한다. 바로 배당이 줄어드는 것이다. [표 9-1]의 배당수익률은 2018년도 배당금에 대한 자료일 뿐 앞으로도 계속해서 저 수준의 배당을 한다는 보장은 없다. 참고로, 그 은행주들의 최근 4년 배당금 내용을 확인해보면 [표 9-2]와 같다.

모든 종목이 최근 4년간 배당을 멈추거나 배당금을 줄인 적은 없다. 오히려 제주은행을 빼고는 모두 배당금을 증가시켰으며, 하나금융지주, 기업은행, DGB금융지주는 해마다 배당금을 높여왔다.

[표 9-2] 은행주의 연도별 배당금

(단위: 원)

종목(종목코드)	2015	2016	2017	2018
하나금융지주(086790)	650	1,050	1,550	1,900
기업은행(024110)	450	480	617	690
DGB금융지주(139130)	280	300	340	360
KB금융(105560)	980	1,250	1,920	1,920
BNK금융지주(138930)	144	230	230	300
신한지주(055550)	1,200	1,450	1,450	1,600
JB금융지주(175330)	50	50	100	180
제주은행(006220)	100	100	100	100

출처: FnGuide

진짜 부자 가짜 부자

물론 지금까지 이렇게 해왔다고 해서 앞으로도 배당금을 계속 지급하거나 늘린다는 보장은 없다. 은행들이 이익이 작은데도 배당금을 늘려가거나 이익 대부분을 배당금으로 지급해버린다면 추후에 손실이 발생했을 때는 배당금 지급을 멈출 수도 있다.

그럼 각 은행이 해마다 벌어들인 이익이 얼마이고, 그중 몇 퍼센트를 주주에게 배당했는지 살펴보자. [표 9-3]은 은행주들의 주당순이익EPS과 배당성향(당기순이익 중 주주에게 지급한 배당금의 비율)을 나타내는 지표다.

배당성향이 30%를 넘어가는 종목이 없다. 벌어들인 이익의 70% 이상을 내부에 유보하고 있으므로 앞으로도 배당을 계속할 여력이 크다. 배당수익률 4%는 우리가 원하는 6%의 시스템수익률보다는

[표 9-3] 은행주의 연도별 주당순이익과 배당성향(괄호 안) (단위: 원, %)

종목(종목코드)	2015	2016	2017	2018
하나금융지주(086790)	3,093(21)	4,495(23)	6,881(23)	7,458(26)
기업은행(024110)	1,747(26)	1,762(27)	2,282(27)	2,666(23)
DGB금융지주(139130)	1,757(16)	1,702(18)	1,787(19)	2,267(16)
KB금융(105560)	4,396(22)	5,458(23)	7,920(23)	7,321(25)
BNK금융지주(138930)	1,898(8)	1,556(15)	1,237(19)	1,540(19)
신한지주(055550)	4,878(27)	5,810(25)	6,155(24)	6,657(24)
JB금융지주(175330)	882(7)	918(5)	1,191(8)	1,464(14)
제주은행(006220)	877(11)	1,137(9)	1,136(9)	1,171(12)

출처: FnGuide

낮지만, 은행 금리보다는 확실히 높다.

은행주 외에도 꾸준히 높은 배당금을 주는 주식들이 있다. [표 9-4]는 상장 주식 중 배당수익률이 5년 연속 3% 이상인 종목들을 평균배당수익률 순서대로 나열한 것이다. 간혹 회사가 벌어들인 이익보다 더 많은 배당을 하는 경우(배당성향이 100을 넘는 경우)도 있다. 일시적으로는 이익을 초과하는 배당이 가능하지만 이를 장기적으로 유지하기는 힘들며, 결국엔 기업가치의 감소를 초래하므로 배당성향도 같이 표시했다.

[표 9-4] 배당수익률이 5년 연속 3% 이상인 종목들   (단위: %)

종목(종목코드)	연도별 배당수익률						배당성향 (5년 평균)
	2018	2017	2016	2015	2014	5년 평균	
유아이엘(049520)	8.97	9.98	6.73	5.04	4.58	7.06	55.06
네오티스(085910)	5.88	7.07	6.8	6.78	7.28	6.76	89.33
정상제이엘에스(040420)	6.16	5.72	5.59	6.48	6.91	6.17	103.02
성보화학(003080)	3.67	9.44	7.77	3.73	4.6	5.84	84.92
고려신용정보(049720)	5.8	6.59	6.46	4.52	5.47	5.77	69.26
청담러닝(096240)	4.34	4.97	4.42	6.64	7.14	5.50	99.76
서원인텍(093920)	6.37	3.65	6.14	5.17	4.52	5.17	87.54
서호전기(065710)	4.26	6.32	6.06	4.88	3.76	5.06	61.11
화성산업(002460)	6.41	5.87	5.04	4.3	3.32	4.99	23.58
텔코웨어(078000)	5.1	4.81	4.35	4.7	4.88	4.77	54.75
피제이메탈(128660)	4.65	4.73	4.65	4.85	4.7	4.72	60.20
한국쉘석유(002960)	5.65	4.43	4.29	4.24	4.67	4.66	91.17

진짜 부자 가짜 부자

두산(000150)	4.66	4.51	4.86	5.14	3.86	4.61	141.75
진양홀딩스(100250)	5.57	4.67	4.18	3.78	4.01	4.44	206.22
디지털대성(068930)	4.48	5.08	4	4.86	3.78	4.44	56.05
인터엠(017250)	4.12	3.97	4.77	4.45	4.88	4.44	257.37
일진파워(094820)	5.73	4.24	4.03	3.66	3.43	4.22	44.28
대성에너지(117580)	4.63	4.15	3.91	4.18	4.17	4.21	50.62
조선내화(000480)	4.79	4.02	4.08	4.63	3.48	4.20	61.14
하이트진로(000080)	4.82	3.32	4.27	4.27	4.3	4.20	263.40
한국기업평가(034950)	4.56	4.16	4.69	3.05	4.43	4.18	64.99
KB오토시스(024120)	5.18	3.56	3.94	3.35	4.64	4.13	34.65
이크레더블(092130)	4.27	3.64	4.02	4.33	4.12	4.08	63.57
SJM홀딩스(025530)	4.38	4.17	3.83	3.44	4.29	4.02	38.13
세아특수강(019440)	6.04	3.73	3.33	3.7	3.29	4.02	34.67
인천도시가스(034590)	4.24	4.2	4.04	3.81	3.79	4.02	44.69
SK텔레콤(017670)	3.71	3.75	4.46	4.64	3.51	4.01	35.18
원풍(008370)	4.42	4.28	3.28	3.3	3.99	3.85	54.82
백광소재(014580)	3.85	3.61	3.46	4.07	4.05	3.81	69.27
무림P&P(009580)	4.13	3.31	3.09	4.01	4.29	3.77	51.79
KT&G(033780)	3.94	3.46	3.56	3.25	4.47	3.74	45.91
예스코홀딩스(015360)	3.75	3.96	4.04	3.4	3.46	3.72	49.30
세아베스틸(001430)	4.8	3.1	3.13	3.62	3.58	3.65	50.78
삼현철강(017480)	3.25	3.55	3.43	3.82	3.92	3.59	27.77
KTcs(058850)	3.62	3.52	3.23	3.16	4.07	3.52	39.44
진로발효(018120)	3.99	3.12	3.85	3.22	3.39	3.51	52.08
대덕전자(008060)	3.3	3.04	3.68	3.94	3.34	3.46	35.73
동방아그로(007590)	3.79	3.57	3.42	3.37	3.1	3.45	44.22

출처: FnGuide

SK텔레콤이나 KT&G는 안정적인 사업을 영위하고 있으며, 도시가스 사업을 영위하는 대성에너지나 인천도시가스 역시 꾸준한 배당을 기대할 수 있는 종목이다. 배당 주식에 대해 더 공부해보고 싶다면 피트 황의 《똑똑한 배당주 투자》를 읽어보기 바란다. 그의 실제 배당주 투자 사례와 더불어 여러 가지를 배울 수 있다.

시스템수익을 얻을 수 있는 시스템자산 차원에서 임대부동산과 배당주의 장단점을 [표 9-5]에 정리했다.

배당주가 가진 가장 큰 장점은 소액으로도 투자할 수 있다는 점이다. 물론 부동산도 레버리지를 활용하면 생각보다 적은 금액으로 투자할 수 있지만, 그렇다고 해서 매달 10,000원씩 부동산에 투자한다는 것은 생각하기가 힘들다. 하지만 배당주는 10,000원씩도 투자할 수 있다. 앞에 나열한 5년 연속 3% 이상 배당수익률을 기록한 종목 중 절반 이상이 주가 10,000원 이하의 종목이다. 또 하나의 장점은 특별한 관리가 필요 없다는 점이다. 부동산은 임차인이 이사를 하면 새 임차인을 구해야 하고, 부동산중개소에 수수료도

[표 9-5] 임대부동산과 배당주의 장단점

구분	임대부동산	배당주
장점	• 레버리지를 이용할 경우 기대수익률을 높일 수 있음 • 수익 모델에 대한 관여가 가능	• 10,000원 이하 소액투자도 가능 • 수선유지 등 관리가 필요 없음
단점	• 일정 규모 이상의 투자금이 필요 • 임차인과 부동산에 대한 주기적인 관리 필요	• 레버리지를 활용하기 어려움 • 수익 모델(비즈니스)에 관여할 수 없음

진짜 부자 가짜 부자

내야 한다. 수도나 보일러가 고장 나면 고쳐줘야 하고, 도배를 새로 하거나 장판을 교체하는 등 주기적인 유지관리가 필요하다. 반면 주식은 이런 부분에서 신경 쓸 일이 없다.

반면에 부동산은 대출금을 이용한 레버리지 투자가 가능하다. 물론 주식도 주식담보대출이 가능하나 부동산담보대출에 비해 이자율이 훨씬 높아 배당수익률을 넘는 경우가 대부분이다. 대출 기간도 단기인 경우가 많아 레버리지 활용이 어렵다. 또한 수익률을 적극적으로 관리하기도 어렵다. 부동산은 임대 조건을 내가 정할 수 있고, 리모델링을 통해 수익률을 높이는 등 적극적인 개입이 가능하다. 반면 주식은 회사 경영에 내가 관여할 수 없고(주주총회에 참가해 의결권을 행사할 수는 있지만, 소액주주의 의사대로 회사가 운영되는 일은 거의 없다) 배당 여부도 회사의 결정에 따라야 한다.

그리고 주식은 시스템수익 차원에서 결정적인 단점이 하나 더 있다.

배당을 1년에 한 번만 받는다는 점이다!

부동산 월세는 매달 받을 수 있는 반면 주식배당은 대부분 1년에 한 번 지급된다(뒤에서 언급하는 대로, 중간배당도 가능하고 분기배당을 하는 주식도 있지만 현재 국내 주식 대다수는 1년에 한 번만 배당금을 지급한다). 시스템수익으로 생계비용을 충당하기 위해서는 매달 꼬박꼬박 수익이 생겨나는 게 바람직하다. 1년에 한 번 입금되는 배당금을 따로 모아두었다가 다달이 지출되는 생계비용으로 쓸 수도 있긴 하지만, 지출을 통제하기가 힘들어 가을쯤 되면 모두 떨어지고 때아닌 보릿고개를 맞게 될 확률이 높다.

> '배당도 월세처럼
> 매달 들어오면 좋을 텐데….'

주식에 투자해서 오피스텔 임대수익보다 많은 액수의 배당을, 그것도 매달 받을 수 있다면 얼마나 좋을까? 소액으로도 투자할 수 있고, 별다른 관리도 필요 없는 데다, 안정적인 배당금을 매달 받을 수 있다면 아주 이상적인 시스템자산이 될 수 있을 것이다.

> 그런데, 그런 자산이 있다.

월세 받듯 받는
미국 배당주 투자

앞에서 지적한 대로 시스템자산으로서 배당주가 가지는 가장 큰 단점은 배당이 1년에 한 번만 지급된다는 점이다. 매달은 아니더라도 분기에 한 번씩이라도 들어온다면 그나마 버텨야 하는 보릿고개가

짧아질 것이다. 그런데 분기에 한 번씩 배당을 하는 회사가 있다. 배당수익률도 낮은 편이 아니고, 꽤 안정적이고 돈도 잘 버는 회사다. 2018년 영업이익이 58조 원이나 된다.

바로 삼성전자다!

삼성전자는 2017년부터 주주환원 정책의 하나로 분기배당을 실시하고 있는데, 이를 잘 모르는 사람들이 많다. 2018년에는 3, 6, 9, 12월을 기준으로 매 분기 주당 354원씩 1년간 1,146원의 배당금을 지급했다. 삼성전자 외에도 2018년 기준으로 6개의 종목이 분기배당을 실시했다(2019년에 추가로 현대모비스와 진양홀딩스가 분기배당을 하기로 결의했다). 총 7개 종목의 2018년 기준 배당금, 배당수익률 그리고 배당성향(배당금/지배주주순이익)을 [표 9-6]에 정리했다.

이렇게 분기배당을 꾸준히 하는 회사들이 증가한다면 한국 주식시장이 투기의 대상이 아닌 투자 또는 노후 준비의 대상이 될 수 있다. 주식에서 꼬박꼬박 나오는 배당이 부동산 임대수익에 필적한다면 굳이 관리가 번거로운 부동산에 돈이 몰릴 이유도 없어지지 않겠는가.

이번에는 고개를 들어 국내 주식시장이 아닌 미국 주식시장을 바라보자. 요즘에는 미국을 비롯한 일본이나 중국 등 해외 주식에 투자하는 것도 어렵지 않다. 증권사에 가서 해외 주식용 계좌만 개설하면 된다. 아니, 굳이 증권사에 갈 필요도 없이 집에 앉아 비대면

[표 9-6] 분기배당 실시 기업의 배당 현황

(단위: 원, %)

종목명(종목코드)	배당금					배당수익률	배당성향
	1분기	2분기	3분기	4분기	합계		
두산 (000150)	1,300	1,300	1,300	1,300	5,200	5.92	N/A*
쌍용양회 (003410)	90	90	90	100	370	5.88	127.81
코웨이 (021240)	800	800	800	1,200	3,600	4.86	74.18
POSCO (005490)	1,500	1,500	2,000	5,000	10,000	4.12	47.32
씨엠에스에듀 (225330)	50	50	60	100	260	3.87	92.00
삼성전자 (005930)	354	354	354	354	1,416	3.66	21.92
한온시스 (018880)	80	80	80	80	320	2.96	61.52

* 두산은 2018년 지배주주순이익이 −1,169억 원으로 배당성향이 의미 없는 음(−)의 값을 나타내 표시를 생략했다.

출처: 사업보고서, FnGuide

계좌를 개설하는 방법도 있다. 증권사에 따라 약정이나 환전이 필요한 경우도 있지만 인터넷 검색이나 증권사 직원의 안내만으로도 충분히 따라 할 수 있다.

　시스템자산으로서 미국 주식이 가지는 장점은 바로 분기배당을 한다는 점이다. 우리나라 주식 대다수가 연 배당을 하는 반면, 미국에는 분기배당을 하는 주식이 훨씬 많다. 대략 80%의 주식이 분기배당을 한다고 생각하면 된다. 배당이 지급되는 달도 다양해서

1·4·7·10월인 종목도 있고 2·5·8·11월인 종목, 3·6·9·12월인
종목도 있다. 따라서 배당 지급월이 다른 세 종목을 사두면 배당이
매달 들어오게 된다. [표 9-7]은 일반인들에게도 널리 알려진 미국
주식 몇 가지를 배당지급월별로 구분한 자료다.

이렇게 배당지급월이 다른 세 가지 종류의 주식을 섞으면 월세
받듯이 매달 꼬박꼬박 배당금을 받을 수 있다(이 아이디어는 소수몽키
(홍승초), 배가풍류객(임성준), 윤재홍 공저의《잠든 사이 월급 버는 미국 배당
주 투자》에 잘 나타나 있다).

아니면, 아예 매달 배당이 지급되는 월 배당 주식을 사는 방법
도 있다. 대표적인 월 배당주로 '리얼티인컴Realty Income'이라는 리츠
REITs 회사가 있다. 리츠는 'Real Estate Investment Trusts'의 약자
로 부동산투자신탁이라는 뜻이다. 투자자들에게 자금을 모아 부동
산에 투자한 다음, 거기서 생겨나는 임대수익이나 처분수익을 투자
자들에게 나누어주는 회사다. 투자자 입장에서는 적은 금액으로 부
동산에 투자하는 효과를 볼 수 있다. 리얼티인컴은 주로 미국의 상업
용 부동산에 투자하며 편의점, 약국, 피트니스센터 등을 장기로 임

[표 9-7] 분기배당을 하는 해외 주식

배당지급월	종목(2019년 11월 1일 현재 시가배당률)
1·4·7·10월	시스코(2.94%), JP모건체이스(2.86%), 머크(2.59%)
2·5·8·11월	P&G(2.41%), 아메리칸익스프레스(1.46%), 애플(1.27%)
3·6·9·12월	엑손모빌(5.08%), IBM(4.79%), 3M(3.41%) 코카콜라(2.97%)

대한다. 6,000개에 가까운 점포를 임대하고 있으며, 2019년 10월 말 시가총액은 260억 달러로 S&P500에 포함된 회사다. 최근 회사의 주가가 30% 가까이 올라 시가배당률이 하락했음에도 3.32%의 배당수익률을 보이고 있다.

이 회사의 배당과 관련한 특이사항 중 하나는 매달 배당금을 지급할 뿐만 아니라, 23년간 계속해서 배당금을 증가시켜왔다는 점이다(Dividend.com). 2008년 금융위기 때도 배당이 끊기지 않고 오히려 증가했다. 그와 함께 주가도 10달러에서 80달러까지 꾸준히 상승했다.

> 매달 이자(배당)를 받으면서도,
> 원금이 8배나 증가한 거다!

이런 기업들에 투자할 수 있다니 '천조국'이라 불리는 미국에 태어나지 못한 게 한스럽게 느껴질 수도 있겠다. 한국에 태어난 게 한스럽게 느껴질 분들을 위해 한 가지 희소식을 전하겠다.

> 미국 주식에 투자한 미국인보다,
> 미국 주식에 투자한 한국인의 수익률이 더 높다!

이게 무슨 얘기일까? 나 역시 강연회에 참석해서 듣고 알게 된 사실이다(이 자리를 빌려 깨달음을 주신 《미국 배당주 투자지도》의 저자 서승용 님께 감사드린다. 세상에는 좋은 책과 좋은 강연이 정말 많다).

　리얼티인컴의 사례를 보자. 이 회사는 앞에서 언급한 대로 지난 23년간 꾸준히 배당금을 늘려왔다. 하지만 그렇다고 해서 주가도 매년 상승한 것은 아니다. 장기적으로는 우상향했지만, 때때로 부침이 있었다. 특히 2008년 금융위기로 미국 주식시장이 폭락했을 때, 이 회사의 주가는 30.45달러에서 15.03달러로 50% 넘게 하락했다. 투자원금이 반 토막 나는 것은 보통 고통스러운 일이 아니다.

　그런데 우리나라에서 이 기업에 투자했다면 어땠을까? 달러는 안전자산이다. 전 세계적으로 불황이 닥치거나 금융위기가 오면 안전자산인 달러의 가치는 상승하고, 상대적으로 원화의 가치는 하락한다. 즉, 환율이 상승하게 된다. 원래는 900원이면 살 수 있었던 1달러가 이제는 1,500원을 줘야만 살 수 있게 됐다. 환율이 상승하면 원화로 평가한 미국 주식의 가치는 증가하게 된다. 달러 기준으로 발생한 주가 하락을 환율이 상쇄하는 것이다.

　금융위기 전후로 리얼티인컴의 주가와 각 일자의 환율을 적용한 원화 평가액은 [표 9-8]과 같다.

[표 9-8] 리얼티인컴의 주가와 원화 평가액 비교

일자	주가(달러)	환율(원/달러)	원화 평가액(원)
2007. 11. 13.	30.45	918.7/1	27,974
2009. 03. 06.	15.03	1,550/1	23,297
증감률(%)	-50.6	+68.7	-16.7

달러화 기준으로는 50% 하락했지만, 원화 기준으로는 17%밖에 하락하지 않았다. 물론 17% 손실도 가슴 아프지만, 50% 손실에 비하면 행복하게 웃어넘길 수 있는 수준이다. 똑같은 주식에 투자한 John의 자산이 반 토막 날 때, 철수의 자산은 17% 하락에 그치다니 놀라운 결과 아닌가?

천조국에 태어나지 않은 걸 오히려 감사해야 할지도 모르겠다!

이렇게 미국 배당주는 분기배당금을 지급한다는 점 외에, 안전자산인 달러화에 투자함으로써 국내의 경제위기뿐만 아니라 세계적인 위기에도 어느 정도 대비할 수 있다는 장점이 있다.

앞에서 우리가 목표로 하는 시스템수익률은 6% 이상이었으므로, 리얼티인컴의 배당수익률 3.32%가 조금은 아쉽게 느껴질 수 있다. 그런데 이 3.32%는 현재 주가 수준에서 계산한 배당수익률이다. 이 회사가 최근에 지급한 월 배당금이 0.23달러이고, 1년간 지급한 배당은 2.72달러다. 현재 주가가 81.79달러이므로 '2.72/81.79 = 3.32%'로 계산된다. 하지만 1년 전 이 회사 주가는 58.0달러였다. 만약 1년 전에 이 회사 주식을 샀다면 1년 동안 얻게 된 배당수익률은 '2.72/58.0 = 4.69%'가 된다. 연도별 주가를 기준으로 현재의 배당수익률을 계산해보면 [표 9-9]와 같다.

배당금을 꾸준히 증가시켜가는 회사이기 때문에 시간이 지날수

[표 9-9] 투자 시점에 따른 배당수익률 (단위: 달러, %)

날짜	주가	현시점 배당수익률
2019-01-01	68.69	3.96
2018-01-01	53.19	5.11
2017-01-01	59.63	4.56
2016-01-01	55.79	4.88
2015-01-01	54.31	5.01
2014-01-01	40.78	6.67
2013-01-01	43.68	6.23
2012-01-01	36.4	7.47
2011-01-01	34.96	7.78
2010-01-01	27.93	9.74
2009-01-01	19.27	14.12

록 배당수익률이 점점 상승한다. 10년 전 19.27달러에 투자한 사람의 현재 배당수익률은 '2.72/19.27 = 14.12%'다. 지난 23년간 그랬던 것처럼, 앞으로도 계속 배당금을 증가시킨다면 현재 3.32%인 배당수익률은 몇 년 뒤 우리가 원하는 목표수익률에 도달하게 될 것이다.

이렇게 매년 배당금을 지급할 뿐만 아니라, 꾸준히 배당금을 증가시켜온 기업들이 또 있을까? 배당주에 대한 정보를 제공하는 Dividend.com이 제공하는 25년 이상 배당금을 증가시킨 기업의 리스트를 [부록 표 1]에 정리했다. 총 90개나 되며, 배당수익률이

5%가 넘는 기업도 7개나 된다.

한 가지 유의할 점은 기업의 실적이 나빠질 것으로 예상되어 주가가 하락하면 배당수익률이 상승한다는 점이다. 일시적인 실적악화라면 주식을 싸게 구입하여 배당수익률을 높일 기회가 되겠지만, 회사가 영위하는 사업에 구조적인 문제가 생긴 것이라면 배당이 감소하고 주가도 하락할 수 있다. 이런 부분에 대해 더 알고 싶다면 앞에서 소개한 《잠든 사이 월급 버는 미국 배당주 투자》를 읽어보기를 권한다.

만약 미국 배당주를 통해 더 안정적인 시스템수익을 원한다면 우선주에 투자하는 방법이 있다. 《미국 배당주 투자지도》라는 책에는 우선주와 함께 리츠처럼 안정적인 배당금을 지급하는 미국 주식에 대한 내용이 아주 잘 정리되어 있으니 꼭 한번 읽어보기를 권한다. 우선주는 보통주에 비해 특정 권리가 우선하는 주식을 말하는데, 대부분 배당에 대한 우선권을 가지고 있다. 우선주에 대해 사전에 정한 배당금을 지급하지 못하면 보통주에 대해서는 배당을 하지 못한다고 보면 된다.

국내 주식에도 우선주가 있긴 하지만 배당지급액이 변동적이다. 삼성전자가 발행한 우선주를 살펴보자. 사업보고서에서 확인할 수 있는 우선주의 배당 조건은 '액면금액 기준 보통 주식보다 1%의 금전배당을 추가로 받음'으로 되어 있다. 현재 삼성전자 주식의 액면금액은 100원(2018년 5월 3일 액면분할을 통해 기존에 1주당 액면가 5,000원이던 주식을 50주로 분할하여 액면가 100원으로 낮추었다)이므로 주당

[표 9-10] 삼성전자 연도별 주당배당금

(단위: 원)

구분	2014	2015	2016	2017	2018
삼성전자(보통주)	400	420	570	850	1,416
삼성전자(우선주)	401	421	571	851	1,417

1원씩의 배당금을 더 지급하게 된다. 그런데 보통주의 배당이 일정하지 않으므로 우선주의 배당도 [표 9-10]과 같이 매년 변동된다.

이렇듯 우리나라의 우선주는 '보통주 배당 + ○○%'의 형태 또는 '최저배당률 ○○%'의 형태로 제시되는데, 두 형태 모두 확정된 배당금을 기대하기는 어렵다. 현대자동차는 세 종류의 우선주를 발행했는데, 각 우선주의 배당 조건과 2018년 실제 배당액은 [표 9-11]과 같다. 최저우선배당률은 각각 1%와 2%로 정해져 있지만, 실제 배당률은 81%와 82%로 사전에 정한 배당 조건이 큰 의미가 없어 보인다. 만약에 앞으로 최저배당률만큼만 배당을 하기로 정한다면 4,100원이던 배당금이 100원으로 급감할 수도 있다.

[표 9-11] 현대자동차의 우선주 배당

(단위: 원, %)

구분	우선주 배당 조건	주당 배당금 (액면가 대비 배당률)
현대차(보통주)	-	4,000(80)
현대차(우선주)	보통주 대비 연 1% 추가 배당(액면가 기준)	4,050(81)
현대차(2우선주)	최저우선배당률: 2%(액면가 기준)	4,100(82)
현대차(3우선주)	최저우선배당률: 1%(액면가 기준)	4,050(81)

국내 우선주는 이처럼 배당금을 예측하기가 어려운 반면, 미국 우선주 중에는 배당금 예측이 쉬운 배당주가 존재한다.

바로 고정배당우선주다.

미국의 고정배당우선주는 '하이브리드hybrid 증권'으로도 불린다. 하이브리드 자동차가 전기차와 연료차의 성격을 동시에 지닌 것처럼, 하이브리드 우선주는 주식과 채권의 성격을 동시에 지녔다. 주식으로 분류되고, 발행회사의 자본을 구성하지만 채권처럼 정해진 이자(배당)를 지급하고 만기에 상환도 가능한 주식이다. 하이브리드 우선주는 다음과 같은 세 가지 특징을 가지고 있다.

> 첫째, 대부분 액면금액 25달러로 발행된다.
> 둘째, 액면가 대비 일정한 비율의 고정배당금을 지급한다.
> 셋째, 특정일(call date) 이후에 상환이 가능한 경우가 많다.

고정배당금을 지급하는 하이브리드 우선주는 'callable' 또는 'redeemable'이라고 하여 발행회사가 주식을 되살 권리가 부여된 경우가 많다. 예를 들어 금리가 높던 시절에 10%의 고정배당금을 지급하는 조건으로 우선주를 발행했는데 시중 금리가 낮아지는 경우, 계속해서 지급해야 하는 고정배당이 부담이 될 수 있다. 이때는 회사가 우선주를 매입하여 소각한 다음 더 낮은 금리 조건으로 재발행하기 위해 재매입권리를 부여하여 발행하는 것이다. 이런 재매입권이 있는 경우 그 권리를 행사할 수 있는 날을 미리 정하는데 그것이 바로 'call date'다. 따라서 call date 이후에는 언제든 우선주를 액면가로 회사에 빼앗길 위험이 있다. 대신 이 때문에 우선주의 거래 가격이 액면가와 큰 차이를 보이지 않는 경우가 많다. 주로 24~26달러 선에서 거래된다.

고정배당우선주를 구체적으로 살펴보자. 미국 주식시장에는 금융회사가 발행한 우선주가 많다. 미국 금융회사들은 외부에서 자금을 조달해 부채가 늘어나면, 그에 비례해서 자기자본도 증가시켜야 한다는 규제를 받는다. 이 비율을 맞추기 위해 우선주를 발행하는데, 대부분 액면가 대비 연 5~6%의 배당금을 지급하는 조건으로 발행한다.

미국 최대 규모의 은행인 JP모건체이스가 발행한 우선주를 살펴보자(표 9-12).

[표 9-12] JP모건체이스의 우선주 현황

(단위: 달러, %)

우선주 종류*	액면가	고정배당률 (액면가 대비)	현재가 (2019.10.31)	시가배당률	Call date (년/월/일)
JPM-PA	25	5.45	25.04	5.44	18/03/01
JPM-PF	25	6.125	25.31	6.05	20/03/01
JPM-PG	25	6.10	25.66	5.94	20/09/01
JPM-PH	25	6.15	25.71	5.98	20/09/01

* 우선주는 종목코드 표기 방식이 사이트마다 다르다. 본서에서는 야후파이낸스의 표기 방식을 따랐다.

출처: 야후파이낸스, 프리퍼드스탁채널, JP모건체이스 홈페이지

우리가 찾고 있던, '누구나 구축할 수 있는 연 6% 수익률의 시스템자산'이다. 25달러, 우리 돈으로 대략 30,000원만 있으면 투자할 수 있고, 증권사에 해외 주식 계좌만 개설하면 된다. 위험도 크지 않다. 미국 최대 은행 JP모건이 우선주에 대한 배당금을 지급하지 못하는 상황이라면, 우리 경제도 이미 풍비박산이 났을 확률이 높다. 다른 데 투자했더라도 재산을 온전히 지키지 못했으리라는 얘기다. 아니, 오히려 한국 경제에 큰 위기가 닥쳐도 JP모건 우선주는 무사할 확률이 높다.

게다가 이런 우선주를 JP모건만 발행하는 것도 아니다. 분산해서 투자할 대상이 많다. [표 9-13]에 JP모건을 제외하고 대표적인 미국 은행들이 발행한 고정배당우선주 중 시가배당률이 높은 것들을 정리했다. 세계적으로 유명한 은행들이 발행한 우선주로 6% 정도의 수익을 기대할 수 있다.

[표 9-13] 배당률 높은 미국 은행 고정배당우선주

발행은행	우선주 종류	액면가	고정배당률 (액면가 대비)	현재가 (2019.10.31)	시가배당률
Bank of America	BAC-PA	25	6.00	26.24	5.72
Wells Fargo	WFC-PT	25	6.00	25.45	5.89
Goldman Sachs	GS-PN	25	6.30	26.33	5.98

출처: 야후파이낸스, 프리퍼드스탁채널

리츠회사들도 고정배당우선주를 발행하는데, 은행에 비해서 높은 배당률을 나타내는 종목들이 많다. 《미국 배당주 투자지도》에 소개된 '페니맥 모기지 인베스트먼트 트러스트'가 발행한 우선주 'PMT-PB'는 고정배당률이 연 8.0%다. 2019년 10월 30일 기준 종가가 26.20달러이므로 배당수익률은 7.63%다.

만약 어떤 우선주에 투자해야 할지 망설여진다면 그 책에서 소개하는 우선주 ETF에 투자하는 것도 방법이다. ETF는 'Exchange Traded Fund'의 약자로 인덱스펀드를 상장하여 주식처럼 거래할 수 있도록 한 상품이다. 펀드가 그렇듯이 ETF를 사는 것만으로도 여러 종목에 분산하여 투자할 수 있다. 여기에 펀드와 달리 시장에서 언제든지 사고팔 수 있다는 장점도 있다. 특히 펀드에 비해 일반적으로 운용보수가 낮기 때문에 장기 수익률 면에서 펀드보다 유리하다.

책에 소개된 우선주 ETF는 고정배당우선주에 주로 투자하는 ETF다. 100% 고정배당우선주에 투자하는 것은 아닌 데다 여러 종목에 분산투자 하다 보니 고정배당금을 지급하지는 않지만, 연 6%

[표 9-14] 주요 우선주 ETF

이름(종목코드)	배당률	배당주기	펀드보수
아이셰어즈 우선주 ETF(PFF)	연 6% 내외	한 달	연 0.47%
인베스코 우선주 ETF(PGX)	연 6% 내외	한 달	연 0.52%
바넥 우선주 ETF(PFXF)	연 6% 초중반	한 달	연 0.41%

내외의 배당금을 안정적으로 지급하고 있다. 특히 배당금을 지급하는 주기가 한 달이어서 매달 배당금을 받을 수 있다는 장점도 있다.

살며 배우는 모든 콘텐츠가 자산이 된다

앞에서 다룬 부동산이나 배당주는 시스템자산을 구입해야만 시스템수익을 얻을 수 있다. 크든 작든 밑천이 되는 금전이 있어야만 한다는 뜻이다. 그런데 금전적인 밑천 없이 얻을 수 있는 시스템수익도 있다. 바로 콘텐츠를 이용해서 무형자산을 구축하는 방법이다. 앞서 말했듯이, 내가 시스템수익을 구축하기 위해 가장 먼저 활용한 것이 바로 콘텐츠다. 레시피를 파는 심정으로 강의 내용을 책으로 옮긴 것 말이다. 그리고 오프라인으로만 진행하던 강의를 온라인으로도 옮겼다. 당장은 수지타산이 맞지 않지만, 장기적으로는 현명한 선택이 되리라 본다.

자신이 가진 콘텐츠를 이용해서 시스템수익을 구축하는 건 쉽지만은 않은 일이다. 책으로 펴낼 전문지식을 갖고 있지 않거나 오랜 기간 쌓아 올린 자신만의 노하우가 없다면 실현하기가 쉽지 않다. 하지만 우리가 과거 어느 때보다 콘텐츠를 자산화하기 쉬운 세상에 살고 있다는 것 또한 사실이다.

과거에는 책값이 어마어마하게 비쌌다. 성서 한 권의 가격이 작은 농장(양과 소가 뛰어놀고 과일이 열리는 그 농장 맞다)과 맞먹었다고 하니(〈이코노믹 리뷰〉, 2013년 5월 20일) 단순히 '비싸다'라는 표현만으로는 한참 부족하다. 그럴 수밖에 없는 것이 인쇄술이 발달하기 전에는 모든 책을 필경사가 한 자씩 일일이 베껴 써야 했기 때문이다. 책 한 권을 만드는 데 몇 달씩 소요됐다. 종이가 대중화되기 전에는 양의 가죽으로 만든 양피지를 사용했는데, 책 한 권을 만들기 위해서는 수십 마리의 양이 필요했다. 이렇게 과거에는 책이 사치품에 가까웠다. 종이 자체가 귀해서 양피지를 쓰던 시절이니 일반인이 책을 쓴다는 걸 상상이나 했겠는가? 아무리 좋은 지식과 아이디어, 콘텐츠가 있어도 그것을 자산화하기 어려웠다. 하지만 지금은 어떤가.

2017년 《회색인간》이라는 책으로 데뷔하여, 2018년 오늘의작가상 최종 후보에까지 오른 김동식 작가의 사례를 보자. 소설가나 시인, 작가가 되기 위해서는 이른바 '문단 시스템'을 거쳐야 한다. 대학의 문예창작학과에 입학해서 글 쓰는 법을 배우고, 신춘문예 등 문학상에 응모하여 입상하면 비로소 작가들의 세계인 문단으로 들어설 수 있다. SNS에 글 좀 적어 올렸다고 해서 개나 소나 작가로 인정하지는 않겠다는 것이다. 작가들 사이에서는 누구 밑에서 글을 배웠는지, 어떤 문학상 출신인지 등을 묻곤 한다.

그런데 김동식 작가는 글 쓰는 법을 제대로 배운 적이 없다. 문예창작학과는 고사하고 중학교를 중퇴한 게 학교생활의 전부다. 나중에 검정고시로 중학교와 고등학교 과정을 마쳤지만 따로 글 쓰는 법을 배우거나 작가 수업을 받은 적이 없다. 성수동 액세서리 공장에 취직해 10년 넘게 주물 작업만 했다. 금속을 녹인 물을 주물 틀에 부어 넣는 일이었는데, 잘못해서 쇳물이 튀면 크게 다칠 수도 있었다. 그래서 작업자들끼리 멀찌감치 떨어져 앉아야 했고, 서로 말을 섞을 일도 없었다고 한다. 온종일 벽을 보고 앉아서 똑같은 일을 10년간 반복하다 보니 혼자서 이런저런 기괴한 상상을 하는 게 습관이 됐다.

이렇게 상상으로 만들어내던 이야기를 인터넷 게시판에 올리기 시작했다. 책 자체를 거의 읽어본 적이 없는 그의 글은 내용과 형식이 전형적인 틀에서 벗어나 있었고, 그런 독특함과 참신함이 사람들의 관심을 끌었다. 사람들은 댓글로 기본적인 맞춤법을 지적하고 가르쳐주면서도 그의 글을 좋아했다. 인터넷 댓글을 글쓰기 스승으로 모신 그는 점점 실력이 늘었고, 결국 다른 작가와 평론가들의 눈에 띄게 됐다. 그가 인터넷 게시판에 써 올렸던 글은 3권의 책으로 엮여 출간이 됐고 2018년 오늘의작가상 최종 후보에까지 오르게 됐다.

이처럼 과거에는 상상하기 힘들었던 일들이 인터넷과 IT 기술의 발달로 쉽게 해낼 수 있게 됐다. 당신에게 아이디어와 소재, 글을 쓰려는 열정만 있다면 책을 출간하는 건 어렵지 않다. 정말 내용에 자신이 있다면 200만 원 내외의 비용으로 자비출판도 가능하다. e-북으로 출간한다면 비용이 훨씬 더 적어진다. 콘텐츠만 있다면,

이를 자산화하는 것이 예전보다 훨씬 쉬워졌다.

꼭 책이 아니라 강의를 해도 된다. 후배 회계사 또는 나에게 강의를 들었던 직장인들이 자신도 강의를 해보고 싶다며 방법을 묻곤 한다. 하지만 기업 강의는 데뷔 자체가 어렵다. 바쁜 업무 시간을 쪼개서 교육을 받으러 왔는데 강의의 완성도가 떨어지면, 인재개발팀은 갖은 항의와 클레임에 시달려야 한다. 그래서 뒷말이 나오지 않도록 검증받은 강사를 요청한다. 강의 경력이 얼마나 되는지, 어디서 어떤 강의를 했는지를 중시하므로 신규 강사는 이 문턱 자체를 넘기가 힘들다. 다들 경력직만 채용한다는데, 도대체 그 경력을 어디 가서 쌓는다는 말인가. 아무튼 이런 이유로 강사가 되고 싶어 해도 데뷔를 시켜주거나 경력을 쌓게 도와줄 수가 없었다.

그런데 불과 몇 년 사이에 상황이 크게 바뀌었다. 이제는 기업 강의가 아니더라도 일반 대중을 대상으로 직접 강의를 개설하고 수강생을 모집할 수 있다. 숨고(soomgo.com)나 크몽(kmong.com), 탈잉(taling.me) 같은 사이트를 이용하면 누구나 개인 레슨이나 원데이 클래스를 개설할 수 있다. 온오프믹스(onoffmix.com)에서는 좀 더 전문적인 모임이나 강좌를 개설할 수도 있다. 그 외 에듀캐스트(educast.com), 에어클래스(www.airklass.com)에서는 누구나 쉽게 온라인 강의를 만들 수 있다. 클래스101(class101.net)에서는 아예 '크리에이터 연금'이라는 개념을 도입하여 한 번의 클래스 개설로 지속적인 연금을 만들어낼 수 있다고 소개하고 있다.

꼭 강의를 하지 않더라도 얼마든지 콘텐츠를 자산화할 수 있다.

요즘 아이들의 장래희망 10위 안에 꼭 들어간다는 '유튜버'를 생각해보라. 유튜버가 직업이 되는 세상이다. 누구라도 유튜브 채널을 개설하고 자신이 만든 콘텐츠를 업로드하고 돈을 벌 수 있다. 나 역시 '사경인TV'와 '모두의 회계학'이라는 채널을 만들어 운영하고 있다. 이 책을 주제로 한 채널도 만들지 모른다. 물론 유튜브가 영원하리라는 보장은 없다. 콘텐츠를 유료화할 수 있는 수많은 플랫폼이 만들어지고, 사라지고 있으니 말이다. 어떤 플랫폼과 사이트가 살아남을지는 누구도 모른다. 한동안 인기를 끌었던 블로그가 쇠퇴하고 지금은 유튜브가 인기를 끌지만, 유튜브 역시 다른 플랫폼에 밀려 사라질 수도 있다. 어떤 플랫폼이나 채널이 승자가 될지는 모르지만, 한 가지는 확실하다.

당신만의 콘텐츠가 있다면, 시스템자산을 만들어낼 수 있다!

팟빵에 있는 유료 팟캐스트 중 '자몽이 들려주는 디지털 세계 임대료'는 이런 관점과 아이디어를 잘 설명해준다. 무료로 들을 수 있는 첫 강의의 주제가 바로 '디지털 세계에선 누구나 건물주가 될 수 있다'이다. 부동산 임대수익처럼, 콘텐츠에서 생겨나는 수익도 시스템수익이 된다는 점을 잘 나타내는 표현이라 반가웠다. 만약 당신에게 당신만의 콘텐츠가 없다면 한번 깊이 생각해볼 필요가 있다. 당신이 하는 일은 무엇인가? 그 일을 10년 넘게 해왔는가? 그런데도 당신만의 콘텐츠가 없는가?

남들에게 가르쳐줄 만한 노하우가
전혀 없다는 말인가?

새로운 콘텐츠를 만들어내기 위해 따로 시간을 투자하거나 비용을 지불할 필요 없이 지금 하고 있는 일을 좀더 제대로 해보면 어떨까? 지금까지 매너리즘에 빠져 그냥 하루하루를 보내왔다면, 이제부터는 달리 접근했으면 좋겠다. 현재 당신이 하고 있는 일과 관련해서 10년 뒤에는 강의를 개설하거나 책을 써내겠다는 목표를 가져보면 어떨까. 아니면 지금 당장 유튜브 채널을 만들어봐도 좋다. 어떤 분야든 그 분야에 대한 책이 있다. 특별한 전문가나 그 분야의 학자, 교수만 책을 쓰고 콘텐츠를 만드는 게 아니다.

궁금하면 유튜브에 '택배기사'를 검색해보라. 현직 택배기사들이 만든 영상이 널려 있다. 사실 나도 검색해보고 깜짝 놀랐다. 예를 들어 '택배 아저씨 Taek-A'라는 현직 택배기사의 채널은 구독자가 3만 명 가까이 되고, 그가 올린 영상 중 '택배기사의 하루'라는 브이로그 영상은 조회 수가 46만 회나 된다.

그런 세상이다!

당신이 매일매일 해온 일이 10년이나 쌓였는데, 거기서 만들어낼 콘텐츠가 없다면 좀 허무하지 않은가? 내가 하는 일, 배운 지식으로 콘텐츠를 만들어낼 계획을 하면 생각지도 않은 장점들이 생겨난다. 일단 업무를 대하는 태도가 달라진다. 그저 고민 없이 매일 반복하던 것들에 대해 이 작업을 왜 해야 하는지, 회사의 전체적인 성과에 어떤 영향을 주는지, 능률을 올리고 성과를 개선할 방법이나 요령은 없는지 등을 생각해보게 된다. 윗사람이 시켜서 마지못해할 때와 나중에 내 자산이 될 콘텐츠를 염두에 두고 경험을 쌓기 위해 할 때는 일에 대한 태도와 성과가 달라진다. 아마 윗사람이나 동료가 당신을 바라보는 시선도 달라질 것이다.

내가 아내에게 자주 듣는 얘기가 하나 있다.

> "당신은 뭘 해도 참 잘해."

맞다. 나는 무언가 필요한 지식이나 기술이 있으면 쉽게 배워 내 것으로 소화해내는 편이다. 그것이 꼭 머리가 좋거나 손재주가 좋다는 의미는 아니다. 나는 마음만 먹으면 요리도 잘할 수 있고, 운동도 잘할 수 있다. 아내가 배우고 있는 요가도 아마 마음만 먹으면 내가 더 잘할 수 있다고 자신한다. 이유는 하나다.

> 무엇을 배우든지
> 그것을 가르치겠다는 생각으로
> 임하기 때문이다.

진짜 부자 가짜 부자

누가 가르쳐주는 것을 단순히 이해하고 받아들이기만 하는 것과 그것을 내 것으로 만들어 남에게 다시 가르치겠다고 하는 것은 정말 천지 차이다. 지금 책을 읽고 있는 사람 중에 젓가락질을 하지 못하는 사람은 없을 것이다. 다들 젓가락질을 배워서 할 줄 안다. 그런데 그 젓가락질을 가르칠 수 있겠는가? 젓가락을 처음 만져보는 외국인에게 젓가락질을 가르친다고 생각해보라. 어떻게 가르치겠는가?

"손가락을 저처럼 이렇게 하세요."
"아니, 그렇게 말고, 이렇게!"
"아니, 이렇게 하라고!"
"하, 답답하네."

배웠다고 해서 다 가르치지는 못한다. 가르칠 각오로 배우면 훨씬 많은 고민을 하게 되고, 심지어 스승이 하지 않았던 생각까지 해보게 된다. 왜 꼭 젓가락질은 그런 모양으로 해야 하는지, 그냥 포크 쥐듯이 쥐고 찍어 먹으면 안 되는 건지 생각해보게 된다. 쇠젓가락과 나무젓가락의 차이와 장단점, 각이 진 젓가락과 둥근 젓가락을 구분하게 된다. 그뿐이랴. 취학 전 아동의 젓가락질 수행 능력과 글씨 쓰기 능력 사이에 상관관계가 있다는 연구 논문이 있다는 것도 알게 된다. 그러다 보면 어린아이에게 젓가락질은 언제 가르쳐야 하는지, 에디슨 젓가락을 사용하도록 하는 게 긍정적인지 부정적인지 설명할 수 있게 된다.

이런 내용만으로도 충분히 유튜브 콘텐츠를 만들 수 있고, 나중에 이걸 모아 책으로도 낼 수 있다. 40년 넘게 젓가락질을 하며 살았지만, 10분 전만 해도 나는 젓가락질에 대해 별다른 고민을 해본적이 없다. 그저 '내가 만약 젓가락질을 주제로 강의한다면?'이라는 질문 하나로 이렇게 콘텐츠를 뽑아내 봤다. 이런 습관 때문에 나는 뭘 배워도 잘할 수 있다는 자신감을 갖게 된 것이다. 가르칠 생각으로 배우면 뭐든 높은 성과를 낼 수 있다.

> 당신이 살아가며 배우는 모든 것이
> 콘텐츠가 되고, 자산이 될 수 있다!

그래서 나는 아내에게 "살아가는 재미라는 게, 뭔가를 배워가는 재미인 것 같아"라고 얘기한다. 무언가를 배우는 게 '공부'라고만 생각하면 학창 시절이 떠올라 거부감이 느껴지지만, 사실 배우는 건 재밌는 일이다. 야구도 골프도 게임도, 모두 배워가고 알아가는 재미에 빠져드는 것 아닌가. TV 드라마 역시 인간관계나 갈등의 해결, 스토리를 알아가는 재미 때문에 본다. 연애라는 것도 결국엔 상대방을 알아가고 이성에 관해 배워가는 과정인지 모른다.

내게는 육아도 배워가는 과정이었다. 처음엔 어떻게 놀아줘야 하는지, 왜 저리도 울어대는지 아이에 대해 전혀 몰라서 답답하고 힘들었다. 하지만 육아 관련 서적을 읽고, 전문가의 코치를 받아가면

진짜 부자 가짜 부자

서 아이의 발달 과정이나 심리 등을 이해하게 되니 육아가 훨씬 재미있어졌다. 왜 울고 투정을 부리는지 이유를 어느 정도 알게 되고, 어떻게 대응해야 하는지 계획이 서고 나니 스트레스를 받는 빈도가 훨씬 줄었다. 아이 역시 잘 자라주고 있는 것 같아 기쁘고 뿌듯하다. 누군가가 육아에 대해서 고민하면, 가르치지는 못하더라도 나는 어떻게 했는지 또는 어떤 공부들이 도움이 됐는지는 충분히 얘기해줄 수 있는 수준이 됐다. 나 혼자서는 아니지만, 육아의 주도권을 가지고 훌륭하게 수행해준 아내와 함께라면 육아와 관련한 콘텐츠도 만들어낼 수 있을 것 같다. 살아가며 배우는 것들이 나중에 자산이 되어 내게 시스템수익을 안겨줄 수도 있다는 기대는, 그 자체만으로도 삶을 풍요롭게 해준다.

그렇다고 해도, 어느 정도 양질의 콘텐츠가 누적되기 전까지는 콘텐츠를 통해 시스템수익을 얻기란 쉽지 않은 일이다. 1년 전 유튜브 채널을 개설할 당시 나는 아내에게 "열심히 해서 1년 안에 치킨 사줄게"라고 말했었다. 광고를 붙여 수익을 창출하기 위해서는 구독자 1,000명과 시청 시간 4,000시간이라는 최소 요건을 달성해야 하는데, 이게 쉬운 일이 아니다. 그래서 1년 안에 수익창출 요건을 달성해 치킨 사 먹는 걸 목표로 했다.

다행히 기대 이상의 반응을 얻어 채널 개설 한 달 정도가 지나 수익창출이 가능해졌지만, 현재 유튜브로 벌어들이는 돈은 하루에 1달러를 조금 넘는 정도다. 한 달로 치면 4만 원 정도니 치킨은 사 먹을 수 있겠지만 큰돈은 아니다. 영상을 찍기 위해 장비나 프로그램에 들인 돈을 생각하면 이제야 손익분기점을 넘어선 수준이다. 하지만 최근 한 달 정도 영상을 찍어 올리지 못했음에도 여전히 수익이 유지되고 있다.

한 달에 4만 원이라면 우습게 보일 수 있지만, 시스템수익 4만 원은 우습지 않다. 만약 예금이자로 매달 4만 원을 받으려면 원금이 얼마나 필요할까? 월 4만 원이면 1년에 48만 원이다. 예금금리 1.8%를 적용하면 '480,000원 ÷ 1.8% = 26,666,667원'이다.

<blockquote>내 유튜브 채널은 은행 예금으로
2,600만 원의 가치를 가졌다!</blockquote>

월 4만 원이라고 생각하면 우스워 보이던 것이 2,600만 원짜리 예금이라 생각하니 다르게 보인다. 시스템수익을 만들어낸다는 것이 이렇듯 높은 가치를 가졌다고 생각하면 지속적으로 콘텐츠를 쌓아갈 수 있다. 한 달에 단돈 1만 원이라도 콘텐츠로 인한 시스템수익을 만드는 데 도전해보길 권한다. 한 달 1만 원이면 예금 666만 원의 가치다.

지적재산에 속하는 콘텐츠로 시스템수익을 만들어내는 방법은 실로 다양하다. 누구나 가능하다고 할 수는 없겠지만, 메신저에 사용하는 이모티콘을 만들어 돈을 버는 방법도 있다. 이모티콘으로 10억 이상의 수입을 올리는 작가들도 여러 명 있다. 그 외에도 앱을 만들어 팔거나 스톡사진을 찍어 올려 판매할 수 있는 사이트 등이

속속 등장하고 있으니 콘텐츠를 이용하여 수익을 내는 방법은 계속해서 늘어날 것이다.

그 밖에
생각해볼 수 있는 것들

부동산, 주식, 콘텐츠 외에도 관심을 가지고 둘러보면 시스템수익을 만들어낼 수 있는 투자처나 방법들이 눈에 보이기 시작할 것이다. 내 눈에 띄었던 두 가지 시스템자산 또는 시스템수익을 소개해본다. 다만, 여기 소개한 것들을 추천하는 것은 아니다. 아직 검증되지 않고 위험한 것들도 있다. 나 역시 여러 가지 이유로 실천에 옮기지 않은 방법이다. 그럼에도 소개하는 이유는 시스템수익에 관심을 갖고 둘러보면 이런 것들이 눈에 띈다는 점을 공유함과 동시에 앞으로 여러 가지 가능성을 가지고 지켜볼 필요는 있다고 판단돼서다.

자기 사업 하기

성공하기만 한다면, 당신을 가장 빨리 부자로 만들어줄 방법이다. 팀 페리스가 일주일에 4시간만 일하고도 부자가 된 건 자신의 사업을 자동화했기 때문이고, 엠제이 드마코가 올라탄 부의 추월차선도 시스템화된 사업이었다. KB경영연구소가 발간한 〈2019 한국 부자 보고서〉가 밝힌 부자들의 자산형성 원천 1순위도 사업소득이 었다(그림 9-1).

다만, 데이터를 볼 때 주의할 점이 있다. 성공한 사례가 많다고 해서 성공한 확률도 높다는 얘기는 아니라는 것이다. 예를 들어, 복권 1등 당첨자를 대상으로 조사한 결과 돼지꿈을 꾼 사람이 안 꾼 사람보다 많았다고 하자. 그러면 자칫 돼지꿈을 꾸었을 때 복권 당첨 확률이 높다고 생각할 수 있다. 하지만 복권을 사는 사람들 대다수가 돼지꿈을 꾼 사람이라면 어떨까? 평소 복권에 관심 없는 사람도 꿈에 돼지가 나타나면 혹시나 하는 마음에 다들 한 장씩 구매하곤 하지 않는가. 예를 들어 실제 당첨자 10명 중 6명(60%)이 돼지꿈

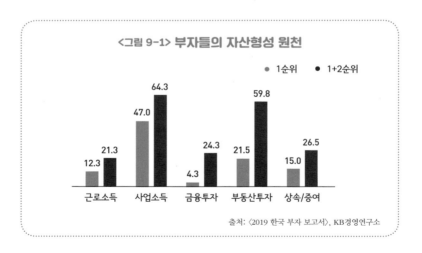

<그림 9-1> 부자들의 자산형성 원천

출처: 〈2019 한국 부자 보고서〉, KB경영연구소

진짜 부자 가짜 부자

[표 9-15] 돼지꿈과 복권 당첨 확률 예

	돼지꿈을 꾼 사람	돼지꿈을 꾸지 않은 사람
복권 당첨자(총 10명)	6명	4명
복권구매자(총 1,000명)	800명	200명
당첨 확률	6/800 = 0.75%	4/200 = 2%

을 꾸었지만, 복권을 산 1,000명 중에는 800명(80%)이 돼지꿈을 꾼 사람이라면 오히려 돼지꿈을 꾸지 않은 사람의 당첨 확률이 더 높다(표 9-15).

마찬가지로 사업소득으로 부자가 된 사람이 가장 많다고 해서, 사업을 했을 때 부자 될 확률이 가장 높다고 단언할 수는 없다. 사업을 해서 망한 사람도 많지 않은가. 따라서 사업을 시도한 사람들의 통계를 구할 수가 없다면 '부자가 되기 위해서는 당장 직장을 때려치우고 사업을 해야 한다'라고 주장하는 건 섣부른 일이다. 월급으로 부자가 될 수는 없으니 당장 직장에 사표를 던지라고 부추기는 건 무책임한 일이다. 그보다는 월급만으로는 부자가 될 수 없으니 별도의 시스템수익을 조금씩이라도 만들어가고, 시스템자산을 모아가야 한다는 것이 내가 찾은 결론이다.

나 역시 한때 동업으로 창업을 했었고, 현재 법인의 대표이사라는 명함을 가지고 있다. 하지만 동업은 실패로 끝났고, 지금 운영 중인 법인도 사업이라고 하기에는 미미한 수준이어서 다른 이에게 사업을 하라고 자신 있게 말할 수 없다. 다만, 한 가지는 얘기하고 싶다. 사업소득이 시스템수익이 되려면 이를 시스템화할 수 있어야 한다는 것이다. 사업 초기에는 시간과 노력이 투입되어야 하겠지만, 일정 궤도에 오른 다음에는 당신이 없어도 돌아갈 수 있도록 시스템화해야 한다는 얘기다.

예를 들어, 음식점을 차린다면 나중에 프랜차이즈화할 수 있는지를 고려해야 한다. 당신이 주방에서 음식을 만들지 않더라도 음식점이 운영될 수 있어야 한다. 사람들은 보통 자신의 음식 솜씨가 좋으면 식당을 차린다. 김치찌개를 잘 끓이면 김치찌개 전문점을 차리고, 칼국수를 잘 만들면 칼국숫집을 차린다. 자신이 잘하는 걸 하려 한다. 하지만 사업가들의 생각은 다르다. 사람들이 김치찌개를 많이 찾으면 김치찌개 전문점을 차리고, 칼국수를 많이 찾으면 칼국숫집을 차린다. 자신이 잘하는 게 아니라 손님이 찾는 걸 생각한다. 어차피 주방에는 내가 들어가지 않고 요리사를 고용해서 시스템화할 생각을 하기 때문이다. 자신이 잘하는 것으로 사업을 시작한다면, 그건 사업가가 되는 게 아니라 요리사라는 전문직이 되는 것이다. 사업가와 요리사 중 어떤 것이 더 좋다고 말할 수는 없지만, 시스템수익이라는 관점에서는 사업가가 훨씬 매력적이다.

시스템화가 가능하냐는 차원에서 보면, 이른바 전문직은 사업에 어울리지 않는다. 예를 들어 월급쟁이 의사가 독립해서 개인 병원을 개원했다고 하자. 병원이 잘돼서 규모가 커지면 시스템화할 수 있을까? 의사가 진료를 하지 않아도 병원이 돌아갈 수 있겠는가? 내가 하는 주식투자 강의에 빠지지 않고 찾아오는 직업군이 바로 의사다. 병원을 열어서 얻는 수익은 시스템수익이 되기 힘드니 투자나 다른 방안을 모색하기 위해서일 것이다.

나 역시 초기에는 시스템수익으로 사업을 고려했지만, 최종적으로 택한 것은 내가 가진 콘텐츠를 사업화하는 것이었다. 대신 사업을 할 때는 직원을 고용하기보다는 외주를 통해 시스템화했다. 당신이 사업 시스템을 구축하여 시스템수익을 얻고 싶다면 앞에서 언급한 《4시간》(현재는 《나는 4시간만 일한다》라는 제목으로 다시 출간됐다)이나 《부의 추월차선》을 꼭 읽어보기 바란다. 그 책들이 나보다 훨씬 좋은 코치가 되어줄 것이다.

P2P금융에 투자하기

P2P는 'Peer to Peer'의 약자로 개인 간 거래를 의미한다. 개인 간의 거래가 이루어지려면 수요자와 공급자를 연결해줘야 하는데, IT 기술의 발달로 이런 매칭이 쉬워졌다. 숙박 서비스를 중개하는 에어비앤비나 차량 이동을 중개하는 우버 등에서 볼 수 있듯이, P2P의 영역은 나날이 확대되고 있다. 그중 자금의 수요와 공급을 연결하는 것이 P2P금융이다.

P2P금융은 P2P대출과 P2P투자로 나누어서 볼 수 있는데, 시스템수익을 기대할 수 있는 것은 P2P대출이다. 전통적인 대출 방식에서는 자금의 공급자와 수요자가 직접 연결되지 않는다. 내가 은행

에 예금한 돈이 다른 사람에게 대출되더라도, 내 돈을 대출해 간 상대가 누구인지 알 수 없다. 설사 대출받은 사람이 원금을 상환하지 못하더라도 나는 은행에서 예금을 찾을 수 있다. 원금을 돌려받지 못할 위험이 적은 대신 대출이자의 상당 부분을 은행이 가져간다.

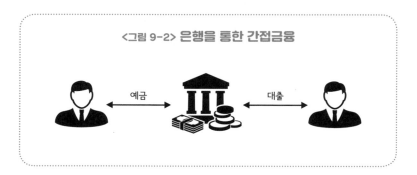

<그림 9-2> 은행을 통한 간접금융

예금　　대출

반면 P2P대출은 내 돈을 빌려 간 상대가 누구인지 알 수 있다. 돈을 빌리겠다는 사람이 먼저 신청하면, 중개업자에 해당하는 플랫폼이 이를 심사하여 승인하고, 투자자(돈을 빌려주는 사람)는 자신이 원하는 상대방을 선택하여 돈을 빌려주는 방식이다. 예컨대 농산물을 유통망을 거치지 않고 직거래하면 소비자는 더 싼 가격에 사고 농부는 더 비싼 가격에 팔 수 있듯이, 은행을 거치지 않고 직접 거래를 하면 대출을 받는 사람은 더 낮은 금리에 돈을 빌리고 대출을 하는 사람은 더 높은 이자를 받을 수 있다는 원리다. 대신, 대출자가 원금을 상환하지 못하면 투자자는 손실을 입는다.

P2P대출 관련 서비스를 하는 곳은 테라펀딩, 어니스트펀드, 피플펀드, 투게더펀딩 등 40~50개 업체가 있다. 대출잔액 규모를 기

진짜 부자 가짜 부자

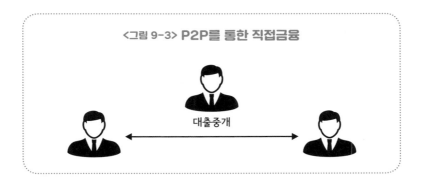

<그림 9-3> P2P를 통한 직접금융

대출중개

준으로 할 때 업계 1위라고 알려진 테라펀딩은 홈페이지 공시 내용에서 알 수 있는 평균수익률이 12.0%다(표9-16). 아주 높은 수익률을 나타내고 있다. 다만, 초기보다 연체율이 증가해 11.71%까지 기록했다.

앞에서 소개했던 뱅크샐러드 앱에도 투자상품으로 P2P대출 업체의 상품을 소개하고 있으며, 카카오페이에서도 P2P대출 업체들의 상품을 소개하고 있다. 추가로 고려해야 할 점은 P2P대출이자의 경우 월 0.1% 내외의 플랫폼 이용료(플랫폼마다 다르다)도 부담해야 하므로, 실제 수익률은 제시한 수익률보다 낮아진다는 것이다.

한국P2P금융협회 회원사 대출 현황을 [부록 표 2]로 정리하였다. 이 자료는 한국P2P금융협회의 홈페이지(p2plending.or.kr)에서 확인할 수 있는 회원사들의 업체별 공시 자료로, 총 연체율은 8.8%다. 연체는 원금 상환일로부터 30일 이상 상환이 지연되는 경우를 말한다. 원금을 못 받게 됐다고 확정할 수는 없지만(그래서 앞서 제시한 테라펀딩의 공시 자료에도 연체율은 11.71%이지만 원금 손실률은 0%로 적혀 있

[표 9-16] 테라펀딩 공시 자료

누적매출액 9,374억 원	누적상환액 6,216억 원	평균수익률 12.05%	원금손실률 0%	연체율 11.71%

※ 2019년 10월 31일 기준

연체율(%)			
	PF	담보	합계
2015.12	0	0	0
2016.12	0	0	0
2017.12	0.37	0	0.34
2018.12	5.37	0	4.7
2019.10	13.3	0.33	11.71

연체 건수(건)			
	PF	담보	합계
2015.12	0	0	0
2016.12	0	0	0
2017.12	1	0	1
2018.12	5	0	5
2019.10	15	1	16

출처: 테라펀딩 홈페이지

다) 돈을 제때 못 받는다는 얘기이므로 원금 손실로 이어질 가능성이 있다. 업체에 따라서는 연체율이 90%를 넘는 곳도 있으니 주의할 필요가 있다.

이런 서비스들은 시행 초기에는 안정성이 높게 나타난다. 예를 들어 만기 3년으로 대출을 한다면, 사업을 시작하고 3년간은 원금에 대한 연체율이나 손실률이 모두 0으로 나타난다. 아직 만기가 된 대출금이 없기 때문이다. 하지만 3년이 지나 만기가 도래하기 시작하면 실제 회수율이나 손실률이 얼마인지가 나타나게 된다. 또한 사업 초기에는 위험 대비 수익률이 높거나 수익률 대비 위험이 낮은 상품을 중개하지만, 투자자들의 자금이 많이 유입될수록 위험이 높은 상품을 중개할 확률이 높다. 이에 서비스가 어느 정도 궤도에 오르기 전까지는 지켜볼 필요가 있다고 판단해서 투자를 보류하고 관망하고 있다.

2019년 10월 31일 국회 본회의에서 이른바 'P2P금융법'이라 불리는 '온라인투자연계금융업 및 이용자 보호에 관한 법률안'이 통과됐다. P2P금융에 관한 법이 제정된 것은 전 세계에서 우리나라가 최초라고 한다. 그만큼 P2P금융이 활성화됐으며 앞으로도 확대될 것으로 보는데, 안정성을 갖추고 부작용 없이 서민들이 활용할 수 있는 시스템자산으로 성장하기를 바란다. 투자자 입장에서 P2P대출이나 투자를 고려 중이라면 항상 위험에 대비하고 분산투자를 통해 상품당 투자 규모를 소액으로 제한하기를 권한다.

10장

생계
비용을
줄여라

늘릴 수 없다면 줄여라

5장에서 비용이나 지출에 대해 깊이 다루지 않았고 많은 분량을 할애하지 않았다. 비용을 생계비용과 사치비용으로 나누되, 자신이 사치를 부리지 않는다고 생각되면 그냥 모든 지출을 생계비용으로 두라고 했다. 대다수의 재테크 서적이 지출을 줄여야 부자가 될 수 있으니 뭐든지 아끼라고 열을 올리지만, 이 책에서는 절약을 별로 강조하지 않았다. 그 이유는 지출을 줄이는 것보다 수입을 늘리는 게 더 재미있기 때문이다.

사람은 돈을 쓸 때 행복감을 느낀다. 그것이 인간이 가진 동물적 본능인지 어떤지는 잘 모르겠다. 한 가지 분명한 사실은 모든 기업과 판매자가 당신이 돈을 쓸 때 행복감을 느끼도록 만든다는 것이다. 그렇게 느껴지도록 온갖 장치와 기법들을 동원한다. 심지어 지금 여기에 돈을 쓰지 않으면 당신은 불행해질 것이고, 사랑하는 가족들에게 이 정도도 쓰지 못하면 실패한 인생이라고 말하기도 한다.

그래야 당신 주머니에 있는 돈을
빼낼 수 있기 때문이다!

우리가 매일 직장에서 하는 일이 뭔가. 어떻게 하든 고객이 지갑을 열고 돈을 꺼내 쓰게 만드는 일 아닌가?

지출을 줄이면 괴롭고 우울하고, 심지어 불안해진다. 매일매일 스트레스 받아가며 열심히 일했는데, 이런 나 자신을 위해 이 정도도 못 쓴단 말이야? 그 고생을 해가며 돈을 버는 건 이럴 때 쓰기 위해서가 아닌가? 그러니 책에서 아무리 '지출을 줄여야 부자가 될 수 있다'고 얘기해도 실천이 될 리 만무하다. 그보다는 그냥 내 돈이 저절로 불어나 부자가 되는 방법을 알려주면 좋겠다.

그래서 지출에 대해서는 길게 얘기하지 않고, 시스템수익부터 자세히 다룬 것이다. 당신의 돈이 저절로 불어나 부자가 되는 방법은 알려줬다. 다만 그걸 실천에 옮기는 게 쉽지는 않을 것이다.

시스템수익을 누구나 쉽게 만들 수 있다면 좋겠지만, 그러지 못하는 게 현실이다! 자기만의 사업을 하거나 무형의 콘텐츠자산을 만드는 게 하루아침에 이루어지는 일은 아니다. 배당주에 투자하는 건 누구나 쉽게 할 수 있지만, 일정 규모의 배당수익을 얻으려면 상당한 자금이 모여야 한다. 수익률이 연 6%라 해도 월 10만 원의 시

진짜 부자 가짜 부자

스템수익을 얻으려면 2,000만 원은 투자해야 한다. 분명히 시스템수익을 늘리는 건 쉽지 않고 지루하다.

그렇다면 부자가 되기 위해 선택할 수 있는 다른 한 가지는 생계비용을 줄이는 것이다.

부자의 조건: 시스템수익 〉 생계비용

부자 방정식에서 10만 원의 시스템수익을 만드는 것과 10만 원의 생계비용을 줄이는 것은 효과가 같다. 그리고 당장은 생계비용을 줄이는 것이 대부분 더 쉽다. 부자는 되고 싶으나 시스템수익을 늘리기 어렵다면 생계비용을 줄이자. 다만, 그거라도 철저하게 해야 한다.

우리 대다수는 수입이 생기면 바로 지출한다. 급여를 받아 바로 생계비용으로 쓰는 것이다. 로버트 기요사키의 주장에 따르면 가난한 이들은 〈그림 10-1〉의 Type 1과 같은 현금흐름을 보인다. 이런 식의 현금흐름이면 아무리 많이 벌어도 부자가 될 수 없다. 얼마를 버느냐와 상관없이 다 써버리는데 어떻게 부자가 될 수 있겠는가. 자산이 쌓이질 않으니 부자가 되지 못한다.

반면 부자들의 현금흐름은 Type 2의 형태를 나타낸다. 수입이 생기면 이를 바로 쓰는 것이 아니라 현금흐름을 만들 수 있는 진짜 자산에 투자하고, 여기서 생겨나는 현금흐름으로 생계비용을 충당

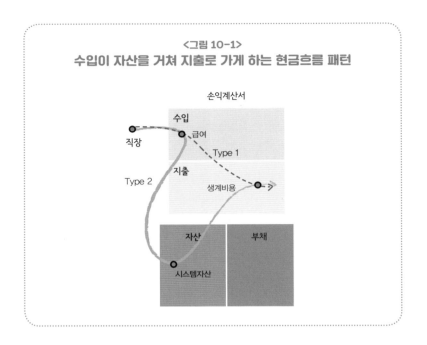

<그림 10-1>
수입이 자산을 거쳐 지출로 가게 하는 현금흐름 패턴

손익계산서

수입

직장　급여

Type 1

지출

Type 2

생계비용

자산　부채

시스템자산

한다.

　우리의 궁극적인 목표가 바로 이 모습이다. 시스템자산에 투자한
다음, 거기서 나오는 시스템수익만으로 생계비용이라는 지출을 감
당하는 것이다. 그러기 위해서는 노동수입이 지출로 이어지는 현금
흐름의 물줄기를 돌려서 시스템자산으로 향하도록 만들어야 한다.
바로 Type 1의 비중을 줄이고 Type 2의 비중을 늘려야 한다. 당신
의 현금흐름에서 Type 1과 2의 비중은 얼마나 되는가?

　부자가 될 가능성을 높여줄 중요한 사고방식이 있다. 대다수의
사람, 특히 가난한 사람들은 Type 1의 지출을 우선 고려한다. 즉
수입을 일단 생활비로 쓰고, 남는 돈을 저축하거나 투자한다. Type

진짜 부자 가짜 부자

2보다 1의 지출을 우선시하는 거다. 이런 상황이면 부자가 될 가능성이 작다. 반면 부자가 될 사람들은 Type 2를 먼저 고려한다. 수입 중 일정 금액을 자산에 투자한 다음, 남는 돈으로 생활한다. 사고방식을 이렇게 바꿔야 한다.

쓰고 남는 돈을 투자하는 게 아니라,
투자하고 남는 돈을 써야 한다!

이제부터는 이해하기 쉽게 Type 1의 현금흐름을 '가난길', Type 2의 현금흐름을 '부잣길'이라고 부르겠다. 가난길로 가는 지출을 줄이고, 부잣길로 가는 투자를 늘려야 부자가 될 수 있다.

최소한 수입의 20퍼센트는 투자해야 부자가 될 수 있다

가난길로 가는 지출을 줄이고 부잣길로 가는 투자를 늘리면 얼마나 빨리 부자가 될 수 있을까?

일단 부자가 되기 전까지는 시스템자산에서 나오는 수익을 재투자한다고 가정하겠다. 어쨌든 시스템수익이 증가해야 부자가 될 수 있으니, 시스템수익을 재투자해서 시스템자산을 최대한 빨리 늘리는 것이다. 그러기 위해서는 결국 생계비용을 낮춰 가난길로 흘러드는 돈을 부잣길로 옮겨야 한다(그림 10-2).

생계비용을 낮추면 부자가 되는 데 얼마나 도움이 될까? 이를 숫자로 확인해보자.

당신의 현재 수익을 100이라 하고, 생계비용을 A라고 하겠다. 생계비용을 제외한 나머지 금액(100 − A)을 모두 시스템자산에 투자한다고 가정한다. 시스템자산은 6%의 시스템수익을 얻을 수 있으며, 재투자를 통해 6% 복리로 증가한다. 이렇게 쌓인 시스템자산에서 나오는 시스템수익이 생계비용을 넘어서기까지, 즉 부자가 되기까

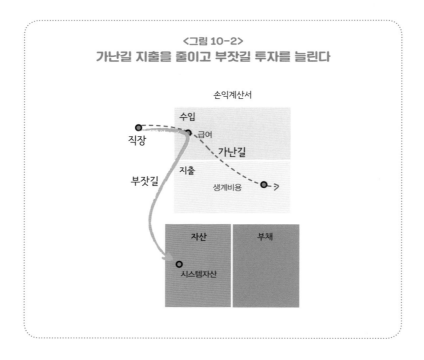

<그림 10-2>
가난길 지출을 줄이고 부잣길 투자를 늘린다

진짜 부자 가짜 부자

지 시간이 어느 정도 걸릴까? [표 10-1]이 이를 계산한 값이다.

　당신의 월수입이 100만 원이며, 생계비용이 수입의 90%에 해당하는 90만 원이라고 하자. 연 6%의 시스템수익으로 생계비용을 충당하려면 1억 8,000만 원의 시스템자산이 있어야 한다. 그래야 연 시스템수익이 '18,000만 원 × 6% = 1,080만 원'이 되고 월 90만 원을 충당할 수 있다. 생계비용에 사용하고 남은 10만 원을 6% 복리로 투자했을 때 1억 8,000만 원에 도달하려면 462개월, 즉 38년 6개월이 걸린다.

　1,000만 원씩 벌어 900만 원씩 쓰고 100만 원씩 투자한다면 18억 원의 시스템자산이 필요하며, 마찬가지로 38년 6개월이 걸린다. 생계비용이 수입에서 차지하는 비중이 같다면, 소득이 많으냐 적으냐와 상관없이 같은 기간이 걸린다.

　결국 수입액의 90%를 생계비용으로 쓴다면(가난길로 보낸다면) 부자가 되기 위해서는 38년 넘게 일을 해야 한다. 28살에 직장생활을

[표 10-1] 생계비용률에 따른 부자 도달 기간　　　(단위: %, 만 원)

생계비용률	월 생계비용	월 투자 금액	목표 시스템자산	투자기간
90	90	10	18,000	462개월(38년 6개월)
80	80	20	16,000	323개월(26년 11개월)
70	70	30	14,000	242개월(20년 2개월)
60	60	40	12,000	184개월(15년 4개월)
50	50	50	10,000	139개월(11년 7개월)

시작했다면 66살이 되어야 부자가 될 수 있다는 얘기다.

그에 비해 80%만 쓰고 20%씩 시스템자산에 투자하면, 27년 정도가 걸린다. 55살이다.

잠깐만!

생각해보자. 이게 무얼 의미하는가? 수입의 20%를 모아 6% 수익률의 시스템자산에 투자한다면, 누구나 55세에 부자로 은퇴할 수 있다는 얘기다. 당신이 돈을 얼만큼 버느냐와는 상관이 없다.

수입의 20%를 투자하면 (부잣길로 보내면),
누구나 부자가 될 수 있다!

부자 되는 데 27년이나 걸린다고 탄식할지 모르겠지만, 55세에 은퇴하면서 노후 걱정을 하지 않는 상황을 생각해보라. 주변에서 이런 사람을 얼마나 볼 수 있는가? 아마 거의 없을 것이다. 우리는 OECD 회원국 중 노인 빈곤율 1위인 나라에 살고 있지 않은가.

물론 여기서 말하는 부자가 세상의 기준, 예를 들어 자산 20억 원 이상인 사람들을 의미하지는 않는다. 바로 이 책을 통해 소개하는 내가 정한 기준, 즉 시스템수익이 생계비용을 넘어 굳이 돈을 벌기 위해서 일을 하지 않아도 되는 부자를 의미한다. 전 국민이 자산 20억 원을 보유한 부자가 될 수는 없겠지만, 부자 방정식에 의한 부자는 될 수 있다고 본다. 그저 수입의 20%를 6% 수익률의 시스템자산에 투자하면 된다. 내가 생각하는 자본주의의 위대함이 바로 이것이다.

베스트셀러 재테크 서적 중 데이비드 바크의 《자동 부자 습관》이 이런 개념을 설명하고 실천하도록 돕는 책이다. 책 내용 중 일부를 소개하자면 이렇다. 재테크 강의를 하던 저자에게 어느 날 한 수강생 부부가 재무상담을 요청했다. 남편이 50대 초반의 직장인이었는데 다음 달에 은퇴를 하겠다는 것이다. 남편은 평범한 회사원이고 아내는 미용사인데, 부부의 소득을 합산해도 많지 않았다. 그래서 무슨 배짱으로 52살에 은퇴할 생각을 하는 건지 의심스러웠다. 상속받은 재산도 없고 주식투자 경험도 없으며 금융에 대한 지식도 높아 보이지 않았다. 하지만 그들 부부의 재정상태를 검토해보니 충분히 은퇴가 가능한 수준의 부자였다. 얼마 되지 않는 수입으로 어떻게 그런 재산을 모았는지 이해할 수 없어서, 재무상담가인 저자가 오히려 그 비결을 물어보는 상황이 됐다. 그들이 얘기해준 부자 되는 비결은 아주 간단했다.

수입의 15%를
무조건 자동이체하는 것이었다!

월급이 들어오자마자 15%는 자동이체로 빠져나갔고, 나머지 85%만 가지고 생활했다. 애초에 자신들의 수입은 85%에 해당하는 금액이라 생각하고, 15%는 없는 셈 치고 살았다. 부잣길로 먼저 15%를 보내고, 나머지 돈을 가지고 생활한 것이다. 자동이체한 그 15%는 퇴직연금, 즉 미국의 401(K)에 차곡차곡 쌓였다.

그들이 부자가 되기 위해 한 일은 단지 그것뿐이었다. 수입의 15%가 자동으로 빠져나가 투자되도록 한 것이다. 투자처를 고민하지도 않았고 경제 뉴스를 보지도 않았다. 그저 수입의 85%만 가지고 생활하는 데 집중했다. 그들이 투자한 기간에 미국의 주가상승률이 10%였다. 퇴직연금도 그 정도 수익률을 기록했다고 가정하면, 10%의 시스템수익률과 85%의 생계비용률을 통해 부자가 되는 데 걸리는 시간은 얼마일까?

계산해보면 19년이 나온다. 10%의 수익률이라면, 이처럼 단지 15%를 투자하는 것만으로도 19년 만에 부자가 될 수 있다. 남편은 20대 초반에 취직해서 52살까지 30년을 근무했으니 이미 부자가 되고도 남은 것이다. 다른 비결이나 공부가 필요하지 않다. 여기에 추가로 그 부부는 대출받아 집을 산 다음 대출금을 자동이체로 갚았다. 그리고 대출금 상환이 끝난 다음에는 한 채 더 사서 월세를 준 다음, 마찬가지로 대출금을 자동이체로 갚았다. 이렇게 자동이체로 퇴직연금에 투자하고, 자동이체로 부동산에 투자해서 부자가 됐기에 책 제목이 '자동 부자 습관'이다.

> 수입의 일정 비율을 부잣길로 먼저 보내
> 자동으로 부자가 된 것이다.

우리도 이런 간단한 방법으로 부자가 되면 좋겠지만, 아쉽게도 지금 우리가 처한 상황은 그렇지 못하다. 우리나라의 최근 5년간 (2014~2018) 퇴직연금 수익률은 1.88%에 그친다(〈연합뉴스〉, 2019년 11월 13일). 2%의 수익률이라면 20%를 자동이체해도 부자 되는 데 80년이 걸린다. 그러니 월급만으로 또는 저축만으로는 부자가 될 수 없다.

이 때문에 수익률이 2%도 안 되는 저축 대신 6% 이상의 수익을 올릴 수 있는 투자처가 있는지부터 검토한 것이다. 연 6%의 수익률 이라면 수입의 20%를 모았을 때 27년 만에 부자가 될 수 있다.

세금과 인플레이션은 무섭다

다만, 앞에서 한 계산에는 사실 두 가지 요소가 누락되어 있다. '세금과 인플레이션'이다. 현실적으로는 이 두 가지를 반드시 고려해야 하는데, 지금까지의 분석이 허무하게 느껴질 만큼 아주 큰 영향을 미친다.

먼저 세금을 고려하면 세후수익률은 더 낮아진다. 일단 금융소득에 대해서는 연간 2,000만 원 이하일 경우 14%의 세율로 분리과세한다. 여기에 지방소득세 1.4%가 더해지므로 실제 적용받는 세율은 15.4%다. 금융소득이 연간 2,000만 원을 넘는 경우 다른 소득과 합산하여 종합과세가 되는데 이 경우 종합소득세율은 과세표준에 따라 6~42%다. 과세표준이 4,600만 원을 넘지 않으면 15%(지방소득세 1.5% 추가) 세율을 적용받고, 과세표준이 4,600만~8,800만 원이면 24%(지방소득세 2.4% 추가)가 적용된다.

각종 세액공제 등으로 더 낮아지기도 하는 등 실제 적용받는 실효세율은 개인에 따라 천차만별이므로, 여기서는 세율을 일단 20%로 가정하겠다. 6%의 수익을 얻더라도 이 중 20%를 세금으로 내면 세후수익률은 '6% × (1 - 20%) = 4.8%'가 된다.

여기에 인플레이션도 고려해야 한다. 2015년부터 2018년까지 연물가상승률이 1.462%이니(2018년 통계청 소비자물가지수가 2015년 기준 104.45다. CAGR로 3년간 1.462% 상승한 것이다. 2019년은 디플레이션 우려가 있을 정도로 물가지수 상승률이 낮다), 앞으로 물가상승률을 대략 1.5%로 예상한다면 세후실질수익률은 '4.8% - 1.5% = 3.3%'가 된다.

※ 참고

CAGR, Compound Annual Growth Rate

단리에 의한 산술평균이 아닌 복리에 의한 기하평균수익률을 나타낸다. 예를 들어 100원에 산 주식이 첫해 말 150원으로 50% 상승했다가 둘째 해에 75원으로 50% 하락하면 산술평균은 '+50%'와 '-50%'의 평균인 0%가 된다. 실제 100원에 산 주식이 75원으로 25% 하락했음에도 평균수익률은 0%가 된다는 문제점이 있다. 이 때문에 연평균수익률은 기하평균으로 구해야 한다.

기하평균수익률은 매년 일정 수익률을 반복했을 때 최종값이 되는 수익률을 의미한다. 100원이 2년 뒤에 75원이 되려면 해마다 13.4%씩 감소해야 한다. 즉 '100원 × (1 - 13.4%) × (1 - 13.4%) = 75원'이 되므로 CAGR은 '-13.4%'가 된다.

세금과 인플레이션을 고려했더니 6%이던 수익률이 3.3%로 거의 반 토막이 된다. 재테크에 대한 장기 계획을 세우거나, 금융상품의 기대수익률을 계산할 때 세금과 인플레이션을 고려하지 않는다면 크게 잘못된 판단을 내릴 수 있다.

앞에서 은행 예금 이자율이 1.80%였는데, 이는 명목상의 세전 수익률일 뿐이다. 세금과 인플레이션을 고려한 세후실질수익률은 '1.80% × (1 − 20%) − 1.5% = −0.06%'가 된다. 은행 예금으로는 부자가 되기 힘들다고 한 이유가 바로 이 때문이다. 현재 은행 예금의 실질수익률이 마이너스이기 때문에 예금에 묶어두면 돈을 지킬 수는 있겠지만, 부는 지킬 수 없다.

자, 이제 세후실질수익률인 3.3%를 바탕으로 부자가 되는 데 걸리는 시간을 계산해보자. 수입의 20%를 투자한다고 했을 때 6% 수익률로 27년이면 부자가 될 수 있었지만, 세금과 인플레이션을 고려한 3.3%의 수익률로는 부자가 되는 데 49년이 걸린다. 수익률이 반 토막 나면서 부자 도달 기간이 배로 늘어난 것이다. 28세에 시작하면 77세에나 부자가 될 수 있다는 얘기다. 너무 오래 걸리는 데다가, 77세까지 일을 계속해야 하는데 그러기도 힘들다.

그렇다면 어쩔 수 없다.
좀더 빨리 부자가 되기 위해 좀더 덜 쓰고
부잣길로 더 많은 돈을 보내야 한다.

좀더 빨리
부자가 되려면

물가상승률과 세금을 고려하면 수입의 20%를 부잣길로 보내더라도 부자가 되는 데 49년이나 걸린다. 77세에 부자로 은퇴하는 것도 나쁜 선택은 아니다. 하지만 77세까지 직장생활을 하기는 힘들다. 그러니 좀더 빨리 부자가 돼서 내가 원하는 삶을 살고 싶다면 생계비용을 줄이고 부잣길로 보내는 돈을 늘려야 한다.

앞에서 세금과 인플레이션을 고려하지 않았을 때 부자가 되는 데 걸리는 시간은 20%의 세금과 1.5%의 인플레이션을 고려했을 때 [표 10-2]와 같이 바뀐다.

만약 수입 중 30%를 부잣길로 보낸다면 36년 7개월 만에 부자가 될 수 있다. 28살에 직장생활을 시작하여 65세에 부자가 된다. 더 나아가 수입의 40%를 보낸다면 56세, 50%면 50세에 부자로 은퇴할 수 있다.

최근에 생겨난 신조어 파이어FIRE족처럼, 재정적 독립을 이뤄 조기에 은퇴할 수 있는 것도 바로 이런 방법에 기인한다. 파이어족은 수입의 70%를 모아서 40세 전후에 은퇴하는 것을 목표로 한다. [표 10-2]에서 보듯이 수입의 30%만 쓰고 70%를 부잣길로 보내면 세금과 인플레이션을 고려하더라도 11년이면 부자가 될 수 있다. 39살에 부자가 되는 것이다.

진짜 부자 가짜 부자

[표 10-2] 세금과 인플레이션을 고려할 때 목표 도달 기간

생계비용률(%)	세금과 인플레이션이 없는 경우 투자기간	세금과 인플레이션을 반영한 경우 투자기간
90	462개월(38년 6개월)	839개월(69년 11개월)
80	323개월(26년 11개월)	587개월(48년 11개월)
70	242개월(20년 2개월)	439개월(36년 7개월)
60	184개월(15년 4개월)	334개월(27년 10개월)
50	139개월(11년 7개월)	253개월(21년 1개월)
40	103개월(8년 7개월)	187개월(15년 7개월)
30	72개월(6년 0개월)	130개월(10년 10개월)

사실 부자가 되기 위한 가장 기본적인 원칙은 누구나 아는 것이다. 바로 '아끼고 모아야 한다'는 얘기다. 우리 부모님들이 귀가 닳도록 강조했던 내용이다.

맞다, 부자가 되려면 어떻게든 아끼고 모아야 한다. 다만, 이제 더는 아끼고 모으기만 해서는 부자가 될 수 없다. 거기에 한 가지를 추가해야 한다.

아끼고 모아서
'투자해야' 한다!

보통 사람들의 은퇴 시기인 65세에 부자가 되려면 수입의 30%를 모아서 투자해야 한다. 좀 더 빨리 부자가 되려면 수입의 40%를

모아서 투자해야 한다. 그러면 50대 중반에 부자가 되어 은퇴할 수
있다. 만약 수입의 50%를 모아서 투자한다면 50세에 부자가 될 수
있다.

물론 수입의 40~50%를 모은다는 것이 쉬운 일은 아니다. 그렇
다고 해서 불가능하지도 않다.

월급을 아끼고 모으는 방법에 대해서는 재테크 분야 베스트셀러
인《맘마미아 월급재테크 실천법》을 참조하기 바란다. 불필요한 지
출을 막고 절약하는 여러 방법을 자세히 다루고 있다. 책 내용 중에
는 월급의 50% 이상을 저축하는 것이 정말 꿈같은 얘기에 불과한
지를 다룬 부분이 있다. 저자가 운영하는 카페 회원들의 저축·투자
비율에 대한 통계를 소개하는데 〈그림 10-3〉과 같다.

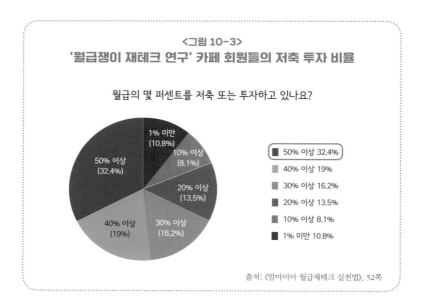

〈그림 10-3〉
'월급쟁이 재테크 연구' 카페 회원들의 저축 투자 비율

월급의 몇 퍼센트를 저축 또는 투자하고 있나요?

50% 이상 32.4%
40% 이상 19%
30% 이상 16.2%
20% 이상 13.5%
10% 이상 8.1%
1% 미만 10.8%

출처:《맘마미아 월급재테크 실천법》, 52쪽

진짜 부자 가짜 부자

월급의 50% 이상을 저축 또는 투자하는 사람이 의외로 많으며, 과반수의 회원들이 월급의 40% 이상을 저축 또는 투자하고 있음을 알 수 있다.

부자가 되려면 얼마씩 투자해야 할까?

8장 워크북에서 우리는 엑셀을 이용해 목표 금액을 모으는 데 걸리는 시간을 구한 바 있다. 본문에 등장하는 '생계비용률에 따른 부자 도달 기간' 역시 엑셀을 이용해 구한 자료다. 수입이 100일 때 생계비용률이 70%라면 생계비용은 70, 월 투자 금액은 30이 된다. 수익률이 6%라면 목표 시스템자산은 '(70 × 12) ÷ 6% = 14,000'이므로 인수는 다음과 같이 정리된다.

rate(수익률) = 6%/12 = 0.5%
pmt(납입액) = (-)30
pv(현재 보유액) = 0
fv(미래목표금액) = 14,000

	A1		fx	= NPER(6%/12,−30,0,14000)			
	A	B	C	D	E	F	G
1	241.396						

세율 20%와 인플레이션율 1.5%를 고려하면 세후실질수익률은 '6% × (1 − 20%) − 1.5% = 3.3%'가 된다. 이제 목표 시스템자산은 '(70 × 12) ÷ 3.3% = 25,454.5'가 되어 필요 기간은 242개월에서 439개월로 증가한다.

	A1		fx	= NPER(3.3%/12,−30,0,70*12/3.3%)			
	A	B	C	D	E	F	G
1	438.41						

진짜 부자 가짜 부자

그러면 이번에는 역으로, 원하는 기간에 부자가 되려면 얼마씩을 투자해야 하는지 구해보자. 투자기간(nper)이 정해진 상태에서 납입액(pmt)을 구해야 하는데, 이 경우에는 nper 함수 대신 pmt 함수를 쓰면 된다.

pmt 함수의 구문은 다음과 같이 사용한다.

> PMT(rate, nper, pv, [fv], [type])

'수익률 10%로 10년 뒤 1,000,000원을 만들려면 매년 얼마씩 납입해야 하는가'를 구할 때는 인수를 다음과 같이 입력하면 된다.

> rate(수익률) = 10%
> nper(납입 횟수) = 10
> pv(현재 보유액) = 0
> fv(미래목표금액) = 1,000,000

A1	▼		*fx*	= PMT(10%,10,0,1000000)		
	A	B	C	D	E	F	G
1	−₩62,745						

10% 수익률로 10년 뒤에 1,000,000원을 만들려면 매년 62,745원을 투자해야 함을 의미한다.

현재 나이가 35세로 23년(276개월) 뒤인 58세에는 부자가 되고 싶은 사람이 있다고 하자. 목표로 하는 시스템수익은 월 2,000,000원으로, 세후실질수익률 3.3%를 적용했을 때 목표 시스템자산은 '(2,000,000원 × 12개월) ÷ 3.3% = 727,272,727원'이 된다.

현재까지 모아놓은 자산이 2억 원이라면 이제부터 매월 얼마씩을 투자해야 할까? 현재 가지고 있는 2억 원을 3.3% 수익률로 투자해야 하므로(즉, 납입해야 하므로), 현재 보유액은 −2억 원이 된다.

이 경우 pmt 함수를 이용해서 다음과 같이 구할 수 있다. 지금 가진 돈 2억 원과 함께 추가로 매월 73만 원씩을 투자하면 원하는 목표에 도달할 수 있다.

A1		fx = PMT(3.3%12,23*12,−200000000,2000000*12/3.3%)						
	A	B	C	D	E	F	G	H	I
1	−₩728,756							

엑셀 실력이 있다면 다음과 같이 구성해서 수익률이나 투자기간, 목표 시스템수익을 자유롭게 바꿔가며 월 투자액을 구해볼 수도 있다.

B7		fx = PMT(B1/12,B2*12,B3,B6)			
	A	B	C	D	E
1	수익률(연)	3.3%			
2	투자기간(연)	23년			
3	현재보유액	−₩200,000,000			
4	목표 시스템수익	₩2,000,000			
5					
6	목표 시스템자산	₩727,272,727			
7	월 투자액	−₩728,756			

목표 시스템자산(B6)은 다음과 같이 목표 시스템수익(B4)에 12를 곱하고 수익률(B1)로 나누어 구한다.

B6		fx = B4*12/B1

만약 세후실질수익률을 4.3%로 1% 증가시킬 수 있다면, 월 납입액은 45,500원이면 된다. 현재 가진 2억 원이 연 4.3%씩 복리로 증가하면 23년 뒤 5억 3,676만 원이 되기 때문에, 이 돈만으로도 목표 금액 5억 5,814만 원을 대부분 채울 수 있어

추가 납입액이 거의 필요 없다.

B7		fx	= PMT(B1/12,B2*12,B3,B6)		
	A	B	C	D	E
1	수익률(연)	4.3%			
2	투자기간(연)	23년			
3	현재보유액	−₩200,000,000			
4	목표 시스템수익	₩2,000,000			
5					
6	목표 시스템자산	₩558,139,535			
7	월 투자액	−₩45,500			

만약 현재 모아놓은 돈이 하나도 없다면 3.3% 수익률로는 월 176만 원을, 4.3% 수익률로는 월 119만 원을 투자해야 한다.

B7		fx	= PMT(B1/12,B2*12,B3,B6)		
	A	B	C	D	E
1	수익률(연)	3.3%			
2	투자기간(연)	23년			
3	현재보유액	₩0			
4	목표 시스템수익	₩2,000,000			
5					
6	목표 시스템자산	₩727,272,727			
7	월 투자액	−₩1,763,801			

B7		fx	= PMT(B1/12,B2*12,B3,B6)		
	A	B	C	D	E
1	수익률(연)	4.3%			
2	투자기간(연)	23년			
3	현재보유액	₩0			
4	목표 시스템수익	₩2,000,000			
5					
6	목표 시스템자산	₩558,139,535			
7	월 투자액	−₩1,187,792			

11장

부자가 되는
로드맵을
그려라

당신만의 로드맵이 필요하다

'시스템수익이 생계비용을 초과해야 부자다'라는 나의 주장에 동의한다고 하더라도 이를 달성하기 위한 과정은 각자가 고민해야 한다. 같은 목적지를 향하더라도 출발 위치가 다르면 내비게이션이 알려주는 길은 모두 다르다. 마찬가지로 부자가 되는 목적지가 같더라도 각자의 재정상태와 환경은 모두 다르다. 그러므로 자신의 경로는 스스로 고민하여 찾아내고 실행해야 한다. 그 대신 경로를 찾는 데 적용할 일반적인 방법론과 몇 가지 사례를 소개하고자 한다.

　부자가 되기 위한 구체적인 계획을 수립하기 전에 기본 원칙을 다시 한번 정리하자. 살을 빼는 데 수많은 다이어트 방법이 존재하지만 근본적인 원칙은 아마도 '적게 먹고 많이 운동하는 것'일 터이다. 부자가 되기 위한 근본적인 원칙도 마찬가지다.

'수입의 일정 부분을 모아
투자한다.'

구체적으로 구분하면 다음과 같다.

- **부자 달성 목표 시기에 맞춰 수입의 30% 이상을 모은다.**
- **모은 돈을 연 6% 이상의 수익을 기대할 수 있는 자산에 투자한다.**

30%를 세금처럼 먼저 떼서 이체하고, 내 실제 소득은 70%뿐이라고 생각하는 것이 좋다. 못 한다고 단정 짓지 말자. 당신보다 소득이 30% 적은 누군가는 그렇게 살고 있다. 궁상떠는 게 아니라 가난에서 벗어나 경제적 자유를 얻고 부자가 되는 길로 올라서고자 아끼는 것이다.

다시 한번 강조하지만 부자 방정식에서 부자가 되는 방법은 '돈을 많이 버는 것'이 아니다. 얼마를 벌든지 간에 그중 30% 이상을 모아서 투자하는 것이다. 1,000만 원을 벌어서 800만 원을 쓰는 사람보다 200만 원을 벌어서 140만 원을 쓰는 사람이 더 빨리 부자가 된다. 안 그럴 것 같은가? 나에게 재정적 고민을 가장 많이 털어놓는 사람들이 바로 의사다. 그분들이 내게 묻는 건 어떻게 하면 병원이 더 잘되고 돈을 많이 벌 수 있느냐가 아니다. 크게 두 가지를 물어

진짜 부자 가짜 부자

보는데, 하나는 '어떻게 투자해야 하느냐'이고 다른 하나는 '어떻게 아내를 설득하느냐'이다. 실제로 이런 식의 질문을 많이 받는다.

"제 직업은 전문직(의사)입니다. 저는 하루하루가 어떻게 될지 아슬아슬한데, 아내는 공감이 되지 않나 봅니다. 돈은 어떻게든 남편이 벌어올 거라 생각하고, 자신의 역할은 그 돈을 열심히 쓰는 거라고 생각하는 것 같습니다. 아무리 힘들게 벌어도 도대체 돈이 모이지가 않습니다. 어떻게 해결해야 할까요?"

잘나가던 연예인이나 스포츠 스타가 비참한 말년을 보내는 경우를 우리는 수없이 알고 있다. 반면 시장에서 과일을 팔아 빌딩을 올린 사람도 있다. 지겹도록 강조하겠다.

> 얼마를 버느냐보다
> 몇 퍼센트를 모으느냐가 더 중요하다.

방금 언급한 의사들의 질문 두 가지가 결국 부자 방정식을 구성한다. '어떻게 투자해야 하느냐'는 시스템수익을 어떻게 늘리느냐로 볼 수 있고, '어떻게 아내를 설득하느냐'는 생계비용을 어떻게 줄이느냐(얼마를 모을 것인가)로 볼 수 있다. 이 두 가지 주제로 나누어 부자가 되기 위한 로드맵을 작성해보자.

부양가족 없는 싱글은
50퍼센트 이상 모아라

부자가 되기 위한 근본 원칙이 '수입의 일정 부분을 모아 투자한다' 이므로, 첫 번째 단계는 수입의 일정 부분을 모으는 것이다. 어느 정도를 모아야 할까? 앞에서는 최소한 수입의 30% 이상을 모을 것을 권했다. 물론 이보다 많으면 많을수록 좋다. 하지만 목표는 '무조건 열심히' 혹은 '무조건 많이'라고 정하기보다는 현실적으로 달성 가능한 구체적인 수치로 정하는 게 좋다.

생계비용을 제외한 여유자금의 규모는 생애주기나 부양가족의 수에 따라 달라진다. 20대 독신남과 40대 가장의 지출 규모는 다를 수밖에 없다. 나이와 상황에 따라 구분하여 참고가 될 만한 가이드를 제시하고자 한다. 미혼이거나 독신이라면 최소한 수입의 50% 이상을 모으기를 권한다. 어떻게 보면 직장생활 초기가 돈을 모으기에는 가장 좋은 때다. 사회생활 초 내 주변에는 월급을 하나도 쓰지 않고 100% 모으는 사람도 있었다.

회계법인은 워낙 바쁘고 업무량이 많아 야근이 잦았다. 주 52시간 근무제는 상상도 할 수 없던 시절이었고 거의 매일 야근을 했는데, 다행히 야근을 하면 별도로 야근 수당이 나왔다. 큰돈은 아니지만 그래도 하루 밥값과 교통비 정도는 되는 금액인지라 출퇴근하고 밥 먹는 정도는 해결할 수 있었다. 그 동료는 집이 서울인 데다 아직

진짜 부자 가짜 부자

결혼하기 전이라 부모님과 함께 살았기에 별도로 주거비를 지출하지 않았다. 그래서 야근 수당만 가지고 생활하고 월급은 그대로 적금으로 모았다. 물론 부모님과 같이 사는 미혼이기에 가능한 일이었다. 그래도 100%가 무리라면, 50%는 도전해볼 만하지 않은가?

사실 미혼일 때 가장 큰 지출 중의 하나가 데이트비용이다. 이성에게 잘 보이기 위해서 꾸미거나 치장하는 데 많은 돈을 쓰게 된다. 평소에는 생각하지도 않던 고급 레스토랑에서 식사를 하고, 기념일에는 특별한 날이라며 비싼 선물을 주고받기도 한다. '1년에 한 번뿐인 생일이니 이 정도는'이라고 생각하겠지만, 1년에 한 번뿐인 게 생일만은 아니다. 밸런타인데이, 화이트데이, 로즈데이, 빼빼로데이, 크리스마스, 처음 만난 날, 사귀기로 한 날, 손잡은 날, 뽀뽀한 날 모두 1년에 한 번뿐이다. 심지어 평생에 한 번뿐인 100일, 200일, 300일 기념은 어떻게 할 건가?

평생 함께할 배우자와 가치관에 충돌이 자꾸 생겨나는 건 바람직하지 않다. 깊이 사귄 다음에도 종교적 차이를 극복하지 못하고 헤어지는 커플도 있다. 양가 부모님의 정치 성향이 달라서 파혼을 하기도 한다. 이 때문에 연애 초기에 서로의 종교나 정치관을 확인할 필요가 있다. 여기에 하나 더 추가하고 싶은 것이 바로 경제관념이다.

부부 사이에 돈에 대한 생각이나 경제관이 많이 다르다면, 결혼생활에 문제가 생길 수 있다. 10년쯤 지나 나에게 '회계사님, 아내를 어떻게 설득해야 할까요?'라고 메일을 써야 할지도 모른다. 그러니 서로의 종교를 확인하듯, 돈에 대한 생각이나 태도를 확인해볼 필요가 있다. 직접 물어보기 어려운 경우에는 이 책을 다 읽고 난 다음 연인에게도 읽어보도록 권하고, 책 내용에 대해 어떻게 생각하는지 서로 얘기해보자. 만약 서로의 생각이 비슷하다면, 이렇게 말하면서 반지를 건네자.

"나와 함께
연결재무제표를 만들어볼래?"

자녀 없는 맞벌이 부부도
50퍼센트 이상 모아라

결혼 후 맞벌이 상태이고 아직 자녀가 없다면, 싱글일 때와 마찬가지로 부부 수입 합계의 50% 이상을 모아야 한다. 아이가 생기면 돈을 모으기가 어려워지기 때문이다.

아이를 낳아 키워보면 알겠지만, 나를 위한 지출은 아낄 수 있는데 아이를 위한 지출은 아끼기가 훨씬 어렵다. 나한테 쓰는 돈을 아끼는 건 참으면 되지만, 아이를 위한 돈을 아끼는 건 간혹 미안함을 넘어 죄책감이 들기도 한다. 커피전문점에서 하루 한 잔씩 마시는 커피값과 아이가 하루에 마시는 분윳값이 대략 비슷하다. 커피를 마시지 않는 것과 분유를 주지 않는 것 중에 무엇이 더 힘들겠는가.

젊을 때는 부족하게 살아도 비참하지 않다. 하지만 부양가족이 생겼을 때 가난을 느끼면 비참할 수 있다. 앞에서 얘기했지만 나는 11평짜리 전셋집에서 보냈던 신혼생활이 크게 불편하지 않았다. 잔디 마당이 펼쳐진 집에서 아이들이 뛰어노는 걸 볼 수 있게 된 지금은 예쁜 추억일 뿐이다.

신혼이 행복한 건 풍족해서가 아니다. 정말 서로 사랑해서 한 결혼이라면 물질적 풍요 없이도 만족하며 살 수 있다. 신혼이 불행한 건 '부족해서'가 아니라, '비교해서'다. 주변 사람과 비교하는 습관이 있다면 어떤 상황이 되어도 만족스러운 삶을 살기 어렵다. 가난한 동네에서 살다가 돈을 모아 부자 동네로 이사를 하면 만족스러울까? 주변에 부자가 더 많아지기 때문에 만족감도 잠깐일 것이다.

심리학 연구에 따르면, 사람들은 새로운 것에 쉽게 익숙해지는 경향이 있기 때문에 지속적인 만족감을 느끼지 못한다. 매일 5,000원짜리 점심을 먹는 사람에 비해 6,000원짜리 점심을 먹는 사람은 하루하루가 20%만큼 행복할까? 매일 10,000원짜리 식사를 하면 2배만큼 행복을 느낄까? 5,000원짜리 점심을 먹다가 10,000원짜리 점심을 먹기 시작하는 순간은 행복을 느끼지만, 그 행복이 지속되지는 않는다. 반면 지출은 2배만큼 지속된다.

소비를 줄이는 고통이 두렵다면 다음 사실을 기억해보자. 당신은 금요일과 일요일 중 어느 날을 더 좋아하는가? 대부분 사람은 일요일보다 금요일을 더 좋아한다. 일요일은 쉬는 날이고 금요일은 일을 하는 날인데 왜 그럴까? 바로 미래에 대한 기대 때문이다. 금요일 뒤에는 토요일과 일요일이 있지만, 일요일 뒤에는 월요일이 있지 않은가. 소비라는 측면에서도 갈망하는 물건을 가졌을 때보다 가질 것이라고 기대하는 시간이 더 행복하다.

산타클로스의 정체를 모르는 아들에게 받고 싶은 선물이 무엇인지 물어보고 나면 그 선물을 받을 수 있을지, 고민과 기대가 가득하다. 그 뒤로는 매일 아침 눈을 뜰 때마다 "아빠, 이제 크리스마스 몇 밤 남았어?"로 하루를 시작한다. 산타할아버지가 자신이 원하는 자동차를 주시면 얼마나 좋을지 매일 상상한다. 마침내 그토록 원하던 선물을 받고 나면 정말 뛸 듯이 기뻐한다. 하지만 몇 시간을 가지고 놀다가 금세 시들해진다. 크리스마스 전 일주일과 크리스마스가 지난 일주일 중 아들은 어느 때가 더 행복할까? 내 눈에는 선물을 받기 전이 선물을 손에 쥔 후보다 더 행복해 보인다. 마찬가지로 원하는 것을 사고 난 다음보다 사기 전이 더 행복한지도 모른다. 그러니 아직 사지 말고 충분히 행복을 즐겼으면 좋겠다. 지금 줄이는 만큼 나중에 더 큰 선물이 기다리고 있다.

자녀가 있더라도
30퍼센트 이상 모아서 투자하라

자녀가 태어나면 갑자기 지출이 많아진다. 단순히 '입이 하나 늘었다'라는 표현으로는 부족하다. 자녀가 태어난 다음을 생각하면, 태어나기 전에 50%나 60% 이상을 모았던 경우에나 30%를 모을 수 있다. 부부 중 한 사람이 직장을 그만둬야 하는 상황이라면 상황은 더 심각해진다. 수입은 절반으로 줄어드는데 지출은 50%가 늘어나는 상황이 된다. 그래서 아이를 갖는 게 큰 부담이 될 수 있다.

아이를 키우기 위해 필요한 비용은 얼마나 될까? 서울가정법원이 만든 '양육비 산정기준표'를 참고할 만하다(표 11-1). 부부가 이혼한 경우 자녀를 누가 양육하느냐에 따라 비양육자는 양육자에게

[표 11-1] 양육비 산정기준표

부모합산 소득 (세전) 자녀의 만 나이	0 ~ 199만 원 평균 양육비(원) 양육비 구간	200 ~ 299만 원 평균 양육비(원) 양육비 구간	300 ~ 399만 원 평균 양육비(원) 양육비 구간	4000 ~ 499만 원 평균 양육비(원) 양육비 구간	500 ~ 599만 원 평균 양육비(원) 양육비 구간	600 ~ 699만 원 평균 양육비(원) 양육비 구간	700 ~ 799만 원 평균 양육비(원) 양육비 구간	800 ~ 899만 원 평균 양육비(원) 양육비 구간	900만 원 이상 평균 양육비(원) 양육비 구간
0~2세	532,000	653,000	818,000	948,000	1,105,000	1,294,000	1,388,000	1,587,000	1,753,000
	219,000~ 592,000	593,000~ 735,000	736,000~ 883,000	884,000~ 1,026,000	1,027,000~ 1,199,000	1,120,000~ 1,341,000	1,342,000~ 1,487,000	1,488,000~ 1,670,000	1,671,000 이상
3~5세	546,000	732,000	896,000	1,053,000	1,189,000	1,379,000	1,576,000	1,732,000	1,924,000
	223,000~ 639,000	640,000~ 814,000	815,000~ 974,000	975,000~ 1,121,000	1,122,000~ 1,284,000	1,285,000~ 1,477,000	1,478,000~ 1,654,000	1,655,000~ 1,828,000	1,829,000 이상
6~11세	623,000	776,000	952,000	1,136,000	1,302,000	1,514,000	1,605,000	1,830,000	2,164,000
	244,000~ 699,000	700,000~ 864,000	865,000~ 1,044,000	1,045,000~ 1,219,000	1,220,000~ 1,408,000	1,409,000~ 1,559,000	1,560,000~ 1,717,000	1,718,000~ 1,997,000	1,998,000 이상
12~14세	629,000	774,000	995,000	1,220,000	1,386,000	1,582,000	1,718,000	1,876,000	2,411,000
	246,000~ 701,000	702,000~ 884,000	885,000~ 1,107,000	1,108,000~ 1,303,000	1,304,000~ 1,484,000	1,485,000~ 1,650,000	1,651,000~ 1,797,000	1,798,000~ 2,143,000	2,144,000 이상
15~18세	678,000	948,000	1,205,000	1,376,000	1,610,000	1,821,000	1,970,000	2,124,000	2,664,000
	260,000~ 813,000	814,000~ 1,076,000	1,077,000~ 1,290,000	1,291,000~ 1,493,000	1,494,000~ 1,715,000	1,716,000~ 1,895,000	1,896,000~ 2,047,000	2,048,000~ 2,394,000	2,395,000 이상

※전국의 양육 자녀 2인가구 기준

출처: 서울가정법원

양육비를 부담하여야 하는데, 이때 참고하기 위해 만든 것이다. [표 11-1]은 2017년에 개정되어 2019년 현재까지 적용되고 있는 산정 기준표다. 자녀가 2인일 때를 기준으로 부모의 합산소득과 자녀의 나이에 따른 표준양육비를 제시한 것이다. 이를 부모합산소득으로 나누어 소득 대비 양육비 부담률을 산정해보면 [표 11-2]와 같다.

소득 대비 대략 20~30%가 표준 양육비로 설정되어 있다. 이 때문에 아이가 생기기 전 소득의 30%를 모았던 가정도 아이가 태어난 후에는 한 푼도 모으기 힘들어지는 경우가 많다. 그러니 자녀가

[표 11-2] 소득 대비 양육비 부담률

자녀의 만 나이	합산소득 중간값	250만 원	350만 원	450만 원	550만 원	650만 원	750만 원	850만 원
0~2세	양육비(원)	653,000	818,000	948,000	1,105,000	1,294,000	1,388,000	1,587,000
	소득 대비 비율(%)	26.1%	23.4%	21.1%	20.1%	19.9%	18.5%	18.7%
3~5세	양육비(원)	732,000	896,000	1,053,000	1,189,000	1,379,000	1,576,000	1,732,000
	소득 대비 비율(%)	29.3%	25.6%	23.4%	21.6%	21.2%	21.0%	20.4%
6~11세	양육비(원)	776,000	952,000	1,136,000	1,302,000	1,514,000	1,605,000	1,830,000
	소득 대비 비율(%)	31.0%	27.2%	25.2%	23.7%	23.3%	21.4%	21.5%
12~14세	양육비(원)	774,000	995,000	1,220,000	1,386,000	1,582,000	1,718,000	1,876,000
	소득 대비 비율(%)	31.0%	28.4%	27.1%	25.2%	24.3%	22.9%	22.1%
15~18세	양육비(원)	948,000	1,205,000	1,376,000	1,610,000	1,821,000	1,970,000	2,124,000
	소득 대비 비율(%)	37.9%	34.4%	30.6%	29.3%	28.0%	26.3%	25.0%

진짜 부자 가짜 부자

없을 때 소득의 50% 이상을 모을 수 있어야 한다.

자녀가 태어난 뒤 늘어나는 지출 중 가장 큰 부분을 차지하는 것이 바로 교육비. [표 11-3]은 통계청의 가계금융복지조사 통계 자료 중 가구 특성별 소비지출 자료를 가구원 수에 따라 비교한 것이다.

가구원 수가 2인에서 3인, 4인으로 증가할수록 교육비가 급격히 증가한다. 전체 소비지출에서 차지하는 비중도 2인가구일 때 1.5%이던 것이 3인가구일 때 10%, 4인가구일 때 19%로 증가해 자녀가 늘어남에 따라 교육비가 큰 부담이 된다는 것을 알 수 있다.

이와 관련해서 10여 년 전에 직장 선배가 해주었던 얘기를 공유

[표 11-3] 가구 특성별 소비지출 비교 (단위: 만 원, %)

가구원 수 지출 구분	2인	3인		4인	
	금액	금액	증가율	금액	증가율
소비지출	1,990	3,107	56.1	3,927	26.4
식료품	632	913	44.5	1,084	18.7
주거비	287	341	18.8	370	8.5
교육비	30	312	940.0	745	138.8
의료비	212	187	-11.8	180	-3.7
교통비	208	327	57.2	369	12.8
통신비	114	204	78.9	247	21.1
기타지출	507	824	62.5	932	13.1

출처: 국가통계포털(kosis.kr), 가계금융복지조사, 2019년 자료

하고 싶다. 회계법인에 같이 근무하던 선배였는데 자녀가 둘이었다. 아이들 교육에 대해 얘기가 나왔는데, 자기는 아이들 사교육을 시키지 않는다고 했다. 아이들을 자기처럼 회계사가 될 수준으로 공부시키려면 어느 정도 사교육비를 들여야 하는지 계산해봤는데, 자녀 한 명당 집 한 채 값은 필요한 것으로 나왔다고 했다. 아이 공부를 위해서 집 한 채는 투자해야 하는데, 입장을 바꿔서 거꾸로 생각해봤다고 한다.

> 부모님이 나한테
> 회계사가 되도록 공부시켜준 게 좋았을까,
> 아니면 그냥 집을 한 채 사주는 게 좋았을까?

회계사 월급을 모아 집 한 채 사려면 10년이 넘게 걸린다. 한 푼도 쓰지 않고 그대로 모았을 때의 얘기다. 현실적으로는 15년 이상 근무해야 겨우 집 한 채 사게 된다. 집 없이 시작하는 회계사와 집을 가진 채 시작하는 일반 직장인 중 누가 더 만족스러운 삶을 살까 생각해봤더니 후자라고 결론이 나왔다. 그래서 두 자녀에게 사교육을 시키지 않는 대신 집 한 채씩 사줄 테니 그냥 하고 싶은 거 하라고 했단다. 충분히 수긍이 됐다.

나 역시 두 아이를 명문대에 입학시키기 위해 사교육 시장에 보낼 생각은 별로 없다('전혀 없다'라고 쓰고 싶지만, 누가 그러더라. 인생 확신하는 거 아니라고). 내가 아이들에게 가르치고 싶은 건 대기업에 취직하거나 의사나 변호사 같은 전문직이 되기 위한 교육이 아니다. 정말로 가르치고 싶은 건 시스템수익을 만드는 방법이다. 고소득 노예생활을 하는 전문직이었던 내가 시스템수익을 갖춘 다음에야 경제적 자유를 누리게 됐으니, 당연한 일 아니겠는가. 아이들 사교육에 쓸 돈이면 그 돈으로 아이를 위한 시스템자산에 투자하는 게 낫다고 생각한다.

> "널 위한 시스템수익을 만들어뒀으니,
> 네가 하고 싶은 일은 스스로 찾아라.
> 그게 무엇이든지 응원하마!"

시스템수익을 만드는 방법을 가르쳐주고, 그걸 구축해준다면 내가 할 수 있는 경제적 지원은 다 했다고 본다. 거기에 더해 아이들에게 해주고 싶은 건 딱 하나다. 바로 좋은 습관 두 가지를 갖게 해주는 것이다.

> 책 읽는 습관과 운동하는 습관!

시스템수익을 갖추고 책 읽는 습관과 운동하는 습관이 있다면, 두 아들이 세상을 나보다 더 멋지게 살아낼 수 있으리라 생각한다. 내가 제주도 이주를 결심했을 때, 주위에서 많이 한 질문 중 하나가 "아이들 교육은?"이었다. 시스템수익을 갖추고, 책 읽는 습관과 운동하는 습관을 심어주는 데 제주도나 시골이어서 제약이 있을까?

이 두 가지에 꼭 사교육이 필요할까?

필요한 건 어쨌든
수입의 30%를 모으는 거다!

늦었다면 늦은 만큼
더 큰 비율로 투자해야 한다

이 책을 읽고 있는 이들 중에는 나이가 이미 40대나 50대에 들어선 사람도 있을 것이다. 여기까지 읽고 어쩌면 '왜 이걸 진작에 몰랐을까, 조금만 더 일찍 알았더라면'이라는 후회를 하고 있을지도 모르겠다. 나 역시 40이 되어서야 이걸 깨달았다.

부자 방정식을 깨닫고 난 뒤, 하루는 샤워를 하다 말고 눈물이 쏟아졌다. 시스템수익을 만들어야 한다는 걸 알긴 했지만, 어떻게 만들어야 할지 막막했다. 수익률이 6%가 넘는 시스템자산이 있다는 걸 알았지만, 그 자산에 투자할 돈이 충분하지 않았기에 여전히 강의라는 힘든 노동에 의존해야 했다. 경제적 자유를 얻을 수 있는 방법을 알아냈는데, 돈이 없어서 실행에 옮길 수가 없었다. 부자 부모라도 있었다면, 많이 벌 때 좀더 덜 쓰고 착실히 모아두었다면, 좀더 빨리 이걸 깨달았더라면!

진짜 부자 가짜 부자

그날따라 조금 더 힘들었던 8시간의 강의를 마치고 집에 와서 샤워를 하는데 갑자기 눈물이 쏟아졌다. 그러다 결국 욕조에 주저앉아 꺼이꺼이 울었다. 밖에서 아내가 울음소릴 듣고 걱정한다는 걸 알았지만 멈출 수가 없었다. 너무 억울하고 분했다.

조금만 더 어렸을 때 이걸 깨달았다면!
누군가가 나에게
좀더 일찍 이걸 알려주었다면!

물론 이 책은 나에게 '인세'라는 또 하나의 시스템수익이 되어줄 것이다. 하지만 꼭 시스템수익이 아니더라도 이 책의 내용은 사람들에게 반드시 알려주고 싶었다. 욕심 같아서는 초·중·고 교과서에 실려서 모든 사람이 좀더 일찍 깨달았으면 한다. 뒤늦은 나이에 깨달은 많은 분들이 아마도 나와 비슷한 생각을 할 것이다.

늦었지만 어쩔 수 없다. 이제라도 알게 된 걸 다행이라 생각하고 최선의 방법을 찾아야 한다. 아이들이 한창 자라는 시기라면 지출을 줄이기가 결코 쉽지 않을 것이다. 애초부터 시작하지 않았다면 모를까, 이제 와서 갑자기 사교육비를 끊는 게 가능할지 경험이 없는 나로서는 단정 짓지 못하겠다. 어떻게든 스스로 찾아야 한다.

만약 현 상황에서 지출을 줄이기가 어렵다면 수입을 늘리는 수밖에 없다. 별도의 수입을 만들어야 한다. 지출을 줄여서 30% 이상을 모으지 못한다면, 수입을 늘려서 30%를 확보해야 한다. 리모컨을 내려놓고 소파에서 일어나야 한다. 자식들을 위해서가 아니라 자신의 삶을 찾기 위해, 노동에서 벗어나 경제적인 자유를 얻기 위해 움직여야 한다. 앞에서 살폈듯이 실제 평균 은퇴 나이는 57세다. 은퇴 후를 걱정하지 않을 만큼 재산을 모아둔 게 아니라면 1차 은퇴 후에도 '인생 2막'을 열어가야 한다. 그러니 지금부터라도 '투잡'의 형태로 준비해보자.

다행인 점은 과거 어느 때보다 부업을 하기가 쉬워졌다는 것이다. '경기가 어렵다', '장사가 안된다'라고 얘기하지만 그건 시대와 상황이 바뀌었음에도 과거의 방법을 고수하는 이들에게 해당하는 얘기다. 유명 유튜버인 '신사임당'의 말대로 지금이 어쩌면 단군 이래 가장 돈 벌기 좋은 시대인지도 모른다. 그렇다고 이 말이 '누구나 쉽게 돈을 벌 수 있다'라는 의미는 아니다. 과거에는 돈을 벌기 위한 아이디어나 의지, 재능이 있어도 실행에 옮기고 도전하기가 어려웠다. 하지만 이제는 많은 부분에서 장벽이 낮아졌다. 사업장을 임대하고 인원을 채용하여 조직을 갖추지 않더라도, 아웃소싱을 통해 혼자서도 사업을 할 수 있다.

나 역시 처음에 설립한 주식회사는 1인 기업이었다. 온라인 법인 설립시스템(startbiz.go.kr)을 이용해 혼자서 법인을 설립하고, 저렴한 비용에 공유오피스를 얻었다. 프리랜서 디자이너들이 입찰하는 온라인 사이트를 이용해서 회사 로고와 명함도 만들었다. 혼자서 법인을 설립하고 사업도 하는 세상인 만큼 스마트스토어나 부업을 하기는 훨씬 더 쉽다. 물론 시작을 하기는 쉽지만, 성공을 하는 것

진짜 부자 가짜 부자

은 여전히 어렵다. 당장에 큰돈을 벌려는 목적보다는 시야를 넓히고 경험을 쌓아가며 미래를 준비한다는 생각으로 접근해보는 것도 좋겠다.

꼭 사업이 아니더라도 수입을 30% 늘리기 위한 부업의 길은 훨씬 넓어졌다. 운송이나 배달 영역에서 일반인이 하루 1~2시간 뛰어들 수 있는 대리운전, 상품배달, 음식배달 등의 일도 다양하게 생겨나고 있다. 카카오T대리, 쿠팡플렉스, 배민커넥트 등 많은 서비스가 생겨났고, 앞으로 더 많이 생겨날 것이다.

체력적인 부담 등으로 노동에 의한 부업이 힘들다면, 자산에 의한 부업을 찾아보는 것도 좋다. 앞서 얘기했던 대로, 가짜 자산을 진짜 자산으로 바꿔보자. 집을 보유 중인데 자식이 자라 쓰지 않는 방이 있다면, 숙박공유도 가능하다. '에어비앤비 호스트 되기'라고 인터넷에 검색해보면 많은 정보를 얻을 수 있다. 이처럼 관심을 갖고 살펴보면 돈을 벌 기회가 예전보다 훨씬 많아졌음을 알 수 있다.

너무 늦게 알았다는 후회가 든다면, 생각을 바꿔보자. 과거보다 평균수명이 늘었음에도 퇴직 연령은 당겨졌다. OECD 기대수명 자료에 따르면 1980년 65.0세이던 기대수명이 2020년에는 82.8세로 증가했다(국가통계포털, 〈국제통계연감: 기대수명(OECD)〉). 똑같이 57세에 은퇴하더라도 과거에는 은퇴 후 8년 정도의 여명이 있었다면, 이제는 26년의 세월이 남게 된다. 기대수명이 20년 가까이 늘었으므로, 30세에 입사해서 57세에 퇴사하는 경우 27년을 근무한다는 걸 생각해보면 한 번의 직장생활을 더 해도 되는 기간이다. 실제로 통계청이 발표하는 고용동향 자료를 살펴보더라도 65세 이상 고령층의 취업자 수와 고용률은 꾸준히 증가 추세를 보인다(안타까운 것은, 노인 일자리가 많아졌다기보다는 노후에도 노동 현장으로 내몰린다고 해석된다는 점이다).

'인생 2모작'이라는 표현이 아주 흔해졌다. 이 관점에서 보면 50세가 되어서야 부자 방정식을 알았다고 후회할 게 아니라, 2모작으로 두 번째 인생이 시작되기 전 알게 된 게 다행일 수 있다. 1모작 때는 순전히 노동소득에만 의존했다면, 2모작에서는 시스템수익의 도움을 받아보자. 1모작에서 완전한 경제적 자유를 얻지 못하더라도 어느 정도 성과를 거두어두면 2모작이 훨씬 편해진다.

예를 들어 인생 후반기인 2모작 시점에 필요한 생계비용이 300만 원이라면, 시스템수익이 없는 상태에서는 이를 순전히 노동소득에 의존해야 한다. 하지만 경제적 자유를 달성하지는 못했더라도 시스템수익을 100만 원 정도 구축했다면 노동소득으로 200만 원만 벌 수 있으면 된다. 고령의 나이에 월 300만 원의 일자리는 경쟁도 치열하고 구하기가 쉽지 않다. 하지만 월 200만 원이라면 선택의 범위가 훨씬 넓어진다. 만약 시스템수익으로 월 200만 원을 구축했다면 나머지 100만 원만 노동소득에 의존하면 된다. 월 100만 원 정도면 스스로 보람을 느끼며 여유 있게 할 수 있는 봉사활동 차원에서도 가능한 소득이다. 은퇴를 꼭 '노동에서 해방되는 것'으로 정의할 게 아니라 '정말 하고 싶은, 의미 있는 일을 하는 것'으로 정의하고 준비한다면, 완전한 경제적 자유를 달성하지는 못하더라도 충분히 의미 있는 노후생활이 가능할 것이다.

늦은 나이가 되도록 만들어놓은 시스템수익이 하나도 없다는 한탄이 흘러나온다면, 다행스러운 사실을 하나 알려드리겠다. 우리 모두에게는 사실 시스템자산이 있다. 아직 수익을 만들어내지 못하지만 노후에는 시스템수익을 제공하게 되는 자산이다. 바로 전 국민이 의무적으로 가입하게 되어 있는 '국민연금'이다. 국민연금의 수익률에 대한 비판이나 기금의 고갈 가능성 등 여러 가지 의견이 있지만, 나는 정말 좋은 제도라고 생각한다. 정말 그것마저 없었다면 어땠을지, 자발적으로 구축한 시스템수익이 없는 대다수의 사람은 노후가 되면 뼈저리게 느끼리라 본다.

그러면 내가 수령할 수 있는 연금은 얼마나 될까? 국민연금공단 홈페이지(nps.or.kr)에 접속해보면 자신의 연금수령 예상액을 조회할 수 있다. 해당 홈페이지에서 신청을 통해 국민연금 외에 개인연금이나 퇴직연금까지도 한꺼번에 조회할 수 있다. 나도 조회해봤는데 적지 않은 시스템수익이 존재함을 알고 큰 위안이 됐다. 국민연금이 내 노후를 대비하는 유일한 수단이라면 크게 실망할 수도 있다. 노후를 전적으로 의존하기에는 한참 부족한 금액이다. 하지만 내 노후의 시스템수익이라고 생각하면 의외로 큰 금액으로 다가올 것이다. 아마 현재까지 구축해놓은 어떤 시스템수익보다도 더 큰 금액일 확률이 높다. 매번 월급에서 세금처럼 떼 간다고 생각했을 때는 원수처럼 느껴지던 존재가, '자동 부자'까지는 아니더라도 자동으로 시스템자산에 투자됐다는 걸 알고 나니 참 감사했다.

이것만 보더라도 부자가 되기 위한 첫걸음은 '소득의 일정 비율을 모으는 것'임을 알 수 있다. 실제 국민연금의 수익률이 우리가 바라고 만족하는 수준이 아님에도, 꾸준히 일정 비율을 모아서 투자한 것만으로도 상당한 시스템수익을 만들 수 있었다. 개인적으로는 '젊은 시절에 좀더 많이 떼 가서 다른 데 낭비하지 않게 할 것이지'라는 생각이 들 정도다. 국민연금이 소득의 30%를 떼 가서, 6% 수익이 나는 자산에 투자해준다면, 전 국민이 부자가 될 수 있다. 그렇게만 해준다면 이 이상의 복지가 있을까 싶다.

———

6퍼센트도 충분하면 시스템자산을 모아가라

어디에 투자할 것인가? 얼마를 모을 것인지 계획했다면, 이제는 투자처를 계획할 단계다. 마찬가지로 우리의 최종 목적지는 시스템수익이 생계비용을 넘어설 수 있도록 시스템자산에 투자하는 것이다. 하지만 목적지에 도달하는 경로는 개인마다 다를 수 있다. 투자와 관련해서는 크게 두 가지로 구분할 수 있다.

안전하게 갈 것이냐,
위험을 부담할 것이냐?

진짜 부자 가짜 부자

만약 수입의 30% 이상을 충분히 모을 수 있고, 6%의 수익률만으로도 부자가 될 수 있는 상황이라면 큰 고민 없이 안전하게 시스템 자산을 모아가면 된다. 미국의 고정배당우선주나 우선주ETF를 매달 사서 모으고, 배당을 받으면 이를 다시 재투자하자. 다만 이 경우에도 미국 우선주라는 한 자산에만 투자하는 경우 미국 금리 인상이나 환율 등의 리스크에 노출될 수 있다. 위험을 줄이기 위해서는 분산투자가 기본이다.

미국 배당주와 함께 월세가 나오는 수익형 부동산에도 관심을 가져보자. 부동산을 보는 안목이나 공부, 발품이 필요하지만 꼬박꼬박 나오는 월세만큼 든든한 시스템수익도 드물다. 배당주는 소액으로도 매월 투자가 가능하지만, 부동산에 투자할 때는 최소한의 자금은 필요하다. 배당주에 투자하다가 일정 금액 이상이 모이면 수익형 부동산으로 갈아타는 방법을 추천한다.

더 높은 수익을 위해서는 투자자산이 필요하다

앞서 우리는 20%의 세금과 1.5%의 인플레이션을 고려할 때, 수입의 30%를 모아 연 6%의 수익률로 부자가 되려면 36년 7개월이 걸린다는 사실을 확인했다. 28세에 직장생활을 시작해서 65세에 부자가 되는 방법이지만, 현재 나이가 28세를 훨씬 넘어섰다면 달성하기가 쉽지 않다. 지출을 줄여 더 큰 비율을 투자하면 달성할 수 있겠지만 사실 수입의 30%를 모으는 것도 쉽지 않다. 그러면 좀더 높은 투자수익률을 기대해야 한다.

세후실질수익률이 중요하다

내가 기대보다 이른 나이에 부자가 될 수 있었던 가장 큰 원인은 투자수익률에 있다. 주식투자를 통해 연 20%가 넘는 수익률을 달성한 덕에 예상보다 훨씬 빨리 부자가 될 수 있었다. 세후수익률 20%를 달성한다면 수입의 30%를 투자하더라도 6년 만에 부자가 될 수 있다. 하지만 이 경우는 시스템자산이 앞으로도 계속해서 20%의 시스템수익률을 가져다줄 때의 얘기다. 현실적으로 불가능에 가깝다. 다만, 투자자산의 수익률이 높게 나와준다면 원하는 규모의 시스템자산을 모으는 데 필요한 시간을 단축할 수 있다.

시스템자산의 세후실질수익률이 3.3%(세전수익률 6%, 세율 20%, 인플레이션 1.5%)이고, 월 소득 300만 원에 생계비용은 70%인 210만 원이라고 가정하자(월 소득이 1,000만 원이고 생계비용이 700만 원이어도 결과는 같다). 생계비용인 210만 원을 시스템수익으로 충당하려면 7억 6,364만 원(= 210만 원 × 12개월 ÷ 3.3%)의 시스템자산이 필요하다. 월 90만 원씩 투자해서 7억 6,364만 원을 만드는 데 필요한 기

[표 11-4] 90만 원으로 7억 6,364만 원을 만드는 기간

생계비용률	목표 시스템수익	목표 시스템자산	세후실질 투자수익률	투자기간
70%	210만 원	7억 6,364만 원	3.30%	36년 7개월
70%	210만 원	7억 6,364만 원	6%	27년 9개월
70%	210만 원	7억 6,364만 원	8%	23년 10개월
70%	210만 원	7억 6,364만 원	10%	21년 0개월
70%	210만 원	7억 6,364만 원	15%	16년 6개월
70%	210만 원	7억 6,364만 원	20%	13년 9개월

간은 투자수익률에 따라 [표 11-4]와 같이 달라진다.

세후실질투자수익률이 6%만 되어도 부자가 되는 데 필요한 시간을 9년 가까이 줄일 수 있다. 8%를 달성하면 28세에 시작해서 52세에 부자가 될 수 있다. 단기간에 대박을 꿈꾸는 사람들은 수익률 1%를 우습게 생각하는 경향이 있는데, 실제 투자수익률 1%는 인생에서 엄청난 차이를 가져온다.

그러면 투자수익률을 1%라도 높이기 위해 택할 수 있는 방법으로는 무엇이 있을까?

주식과 부동산의
실질수익률 비교

가장 우선적으로 고려할 수 있는 투자자산은 주식과 부동산이다. 물론 주식과 부동산 모두 위험하다. 함부로 뛰어들었다가는 큰 손실을 입게 될 수도 있다. 하지만 어떤 투자자산이든 원금손실의 위험은 각오해야 한다. 시스템자산 역시 가격이 하락할 수도 있다. 하지만 애초에 보유목적이 자산을 처분해 차익을 얻는 게 아니라 시스템수익을 얻는 것 아닌가. 그러니 시스템수익만 유지된다면 자산 가격이 하락하더라도 크게 상관이 없다. 하지만 시세차익 목적의 투자자산은 시세가 하락하는 경우 손실을 입게 된다.

우리나라에서 투자자산으로서 주식과 부동산의 수익률은 어떨까? 어떤 게 더 좋은 투자자산일까? 과거 상황이 미래에도 계속된다고 단정할 수는 없지만, 그래도 과거를 살펴보는 건 두 자산의 특성을 알고 미래를 기대하는 데 도움이 될 것이다.

먼저 부동산의 수익률을 확인해보자. [표 11-5]는 KB국민은행에서 발표하는 월간 KB 주택 가격 동향 시계열 자료다.

자료를 제공하기 시작한 1986년 말 33.72에서 2018년 말 99.98로 증가했는데, 이를 복리수익률로 환산하면 연 3.45%다.

그렇다면 주식은 어떨까? [표 11-6]은 연도별 코스피지수다.

코스피지수는 1980년 1월 4일을 100으로 하여 산정하는데, 2019년 말 현재 2197.67로 대략 22배가 상승했다(다만 여기에는 상장

[표 11-5] 월간 KB 주택 가격 동향

연도	매매지수	증감률 (%)	연도	매매지수	증감률 (%)	연도	매매지수	증감률 (%)
1986년	33.72	7.08	1997년	53.70	1.97	2008년	79.91	3.11
1987년	36.11	13.22	1998년	47.06	-12.37	2009년	81.08	1.46
1988년	40.88	14.59	1999년	48.66	3.42	2010년	82.62	1.89
1989년	46.85	21.04	2000년	48.87	0.43	2011년	88.29	6.86
1990년	56.71	-0.55	2001년	53.70	9.87	2012년	88.26	-0.03
1991년	56.39	-4.97	2002년	62.52	16.43	2013년	88.59	0.37
1992년	53.59	-2.90	2003년	66.10	5.74	2014년	90.45	2.10
1993년	52.04	-0.10	2004년	64.74	-2.07	2015년	94.45	4.42
1994년	51.98	-0.20	2005년	67.34	4.01	2016년	95.73	1.35
1995년	51.88	-0.20	2006년	75.15	11.60	2017년	96.91	1.24
1996년	52.66	1.50	2007년	77.51	3.14	2018년	99.98	3.16

※ KB국민은행 리브온(onland.kbstar.com)에서 확인할 수 있는 자료로 일정 시점(2019년 1월)의 주택매매 수준을 100으로 환산하여 기준으로 정하고, 시점별로 가격 수준의 상대적인 변동률을 작성한 수치다.

출처: KB국민은행 리브온

폐지되어 시장에서 퇴출된 종목들이 반영되지 않는다는 단점이 있다. 이에 대해서는 《재무제표 모르면 주식투자 절대로 하지 마라》를 참고하기 바란다). 40년간 2,200%가 상승했는데 이는 복리수익률CAGR로 연 8.03%에 해당한다. 부자 방정식을 달성할 수 있는 막강한 수익률이다. 부동산과 비교 기간을 일치시켜 1986년부터 2018년까지의 수익률을 구하더라도 6.49%다. 한국은 가계자산 중 부동산 의존도가 높지만, 과거 수익률은 주식이 부동산보다 2배 정도 높았다.

[표 11-6] 연도별 코스피지수

(단위: 포인트, %)

연도	지수	증감률	연도	지수	증감률	연도	지수	증감률
1981년	131.3		1994년	1027.37	18.61	2007년	1897.13	32.25
1982년	128.99	-1.76	1995년	882.94	-14.06	2008년	1124.47	-40.73
1983년	121.21	-6.03	1996년	651.22	-26.24	2009년	1682.77	49.65
1984년	142.46	17.53	1997년	376.31	-42.21	2010년	2051.00	21.88
1985년	163.37	14.68	1998년	562.46	49.47	2011년	1825.74	-10.98
1986년	272.61	66.87	1999년	1028.07	82.78	2012년	1997.05	9.38
1987년	525.11	92.62	2000년	504.62	-50.92	2013년	2011.34	0.72
1988년	907.2	72.76	2001년	693.7	37.47	2014년	1915.59	-4.76
1989년	909.72	0.28	2002년	627.55	-9.54	2015년	1961.31	2.39
1990년	696.11	-23.48	2003년	810.71	29.19	2016년	2026.46	3.32
1991년	610.92	-12.24	2004년	895.92	10.51	2017년	2467.49	21.76
1992년	678.44	11.05	2005년	1379.37	53.96	2018년	2041.04	-17.28
1993년	866.18	27.67	2006년	1434.46	3.99	2019년	2197.67	7.67

단, 이것만 가지고 주식이 부동산보다 더 좋은 투자자산이라고 단정할 수는 없다. 여기에는 고려해야 할 요소가 몇 가지 더 있다. 첫 번째는 기간에 따른 수익률 편차다. 주식과 부동산의 수익률을 연대순으로 비교해본 결과는 [표 11-7]과 같다.

사실상 주식투자의 높은 수익률은 1980년대에 발생한 것이다. 연 50%에 가까운 어마어마한 수익률을 기록했다. 하지만 1990년 이후로는 부동산에 비해서 수익률이 크게 앞선다고 보기 힘들

[표 11-7] 주식과 부동산의 시기별 수익률

연도	부동산			주식		
	시작지수	최종지수	CAGR	시작지수	최종지수	CAGR
1986 ~ 1989	33.72	46.84	11.58%	272.61	909.72	49.44%
1990 ~ 1999	46.84	48.66	0.38%	909.72	1028.07	1.23%
2000 ~ 2009	48.66	81.08	5.24%	1028.07	1682.77	5.05%
2010 ~ 2018	81.08	99.97	2.35%	1682.77	2041.04	2.17%

다. 1990년부터 2018년까지의 CAGR은 부동산이 2.65%, 주식이 2.83%로 큰 차이가 없다. 게다가 부동산은 앞에서 여러 번 언급한 대로 레버리지를 활용할 수 있다. 은행 대출을 이용하여 적은 금액으로 투자할 수 있으며, 은행 이자율보다 가격 상승률이 높다면 실제 투자수익률은 더 높아진다.

평균적인 레버리지 효과는 얼마나 될까? 이를 알아보기 위해 은행 대출 이자율과 주택 가격 상승률을 비교해봤다. 한국은행 경제통계시스템(ecos.bok.or.kr)에서 주택담보대출 금리를 확인해볼 수 있는데, 자료를 구할 수 있는 2009년부터 최근까지 금리와 가격 상승률을 비교해보면 [표 11-8]과 같다.

공교롭게도 대출금리 평균값이 3.93%인 반면 해당 기간 주택 가격 상승률 평균은 2.28%로, 은행 대출에 의한 레버리지 효과는 없는 것으로 나타난다. 부동산투자 수익률이 주식투자 수익률보다 못하고 담보대출금리에도 미치지 못한다니, 일반인들의 기대나 예상

[표 11-8] 주택담보대출금리 vs. 주택매매지수 변동률

(단위: %)

구분	2009	2010	2011	2012	2013	2014	2015	2016	2017	2018	평균값
주택담보 대출금리	4.85	4.71	5.20	4.60	4.04	3.63	3.08	2.93	3.05	3.25	3.93
주택매매 지수 증감률	1.46	1.89	6.86	-0.03	0.37	2.1	4.42	1.35	1.24	3.16	2.28
초과수익률	-3.39	-2.82	1.66	-4.63	-3.67	-1.53	1.34	-1.58	-1.81	-0.09	-1.65

출처: 한국은행 경제통계시스템 자료 정리

과는 많이 다를 것이라 본다. 여기에는 몇 가지 원인이 있다. 일단, 주택의 범위를 살펴봐야 한다. 표에 제시된 주택매매지수는 세 가지 주택 유형(아파트, 단독, 연립)을 모두 포함한 종합지수인데, 우리가 투자목적으로 고려하는 부동산은 대부분 아파트다. 아파트매매지수와 주택종합지수를 비교해보면 [표 11-9]와 같은 차이가 발생한다.

또한 1990년부터 2018년까지 아파트의 가격 상승률은 4.04%로 주식(2.83%)보다 높았다. 이 때문에 부동산과 주식을 비교하면 주식의 수익률이 높았다고 할 수 있지만, 아파트만으로 한정해서 비교하면 아파트의 수익률이 더 높았다고 할 수 있다.

만약 지역을 서울로 한정한다면 이런 차이는 더 커진다. 서울의 아파트매매지수를 확인하면 1990년 말 24.02에서 2018년 말 100.01로 연 5.04%의 상승률을 보였다. 같은 기간 주식에 비해 2배 가까운 상승률이다. 여기에 최근 5년간의 상승률은 서울 아파트

진짜 부자 가짜 부자

[표 11-9] 아파트매매지수 vs. 주택종합지수

연도	아파트			주택종합	주식
	시작지수	최종지수	CAGR(%)	CAGR(%)	CAGR(%)
1986~1989	20.08	31.71	16.44	11.58	49.44
1990~1999	31.71	39.28	2.16	0.38	1.23
2000~2009	39.28	77.97	7.10	5.24	5.05
2010~2018	77.97	100.03	2.81	2.35	2.17
1990~2018	31.71	100.03	4.04	2.65	2.83

가 연 7.09%, 코스피지수는 연 1.60%로 아파트의 가격 상승률이 주식보다 훨씬 높다. 대출에 의한 레버리지까지 고려한다면 최근 5년간 서울 아파트의 수익률은 압도적이다. 이런 최근 효과까지 더해져서 일반인들에게는 주식보다 부동산이 훨씬 더 수익성 좋은 투자수단으로 인식되고 있다.

주식과 부동산,
더 유리한 투자자산은?

　부동산에는 부수적으로 실질수익률을 올려주는 요소가 있다. 매매차익 외에도 보유 기간에 부동산을 운용해서 추가적인 수익을 얻을 수 있다는 점이다. 임대를 하는 경우 월세소득을 얻을 수 있으며, 자기가 직접 거주하는 경우에도 집이 없었다면 부담했을 임차료를 줄이는 효과가 있다. 집을 전세로 내놓는 경우에는 월세소득이나 임차료 감소는 없지만, 대신 무이자로 차입하는 효과가 있다. 은행 대출은 앞에서 살핀 대로 레버리지 효과가 없거나 낮았지만, 전세금은 무이자부부채이기 때문에 주택 가격이 상승하면 레버리지 효과를 얻을 수 있다. 물론 주식도 시세차익 외에 배당수익을 얻을 수 있지만 부동산 임대소득에 비해서는 훨씬 낮다. 따라서 매매차익 외에 보유수익까지 고려한다면 부동산의 수익성이 더 높다고 볼 수 있다.

　부동산이 가지고 있는 또 하나의 장점은 바로 변동성이다. 1986년에서 2018년까지 주택(2.65%)과 주식(2.83%)이 비슷한 상승률을 보였지만 연도별로 편차는 주식이 훨씬 크다. 해당 기간 주택의 수익률 범위가 −12.37~21.04%를 보인 반면, 주식은 −50.92~92.62%로 변동성이 훨씬 크다. 서른세 번 중 일곱 번은 주택의 최고 손실률(−12.37%)을 넘어서는 손실을 보였다. 주택을 구입한 사람이 33년 동안 한 번 겪을 고통을 주식투자자는 5년에 한 번씩 겪었다는 의미다. 같은 금액의 이익에 의한 행복보다 손실에 의한 고통을 심리적으로 크게 느낀다는 점을 생각하면(대니얼 카너먼의 《생각에 관한 생각》에 따르면 같은 금액의 이익보다 손실을 1.5~2.5배 정도 회피하는 성향이 있다고 한다), 부동산이 더 좋은 투자 수단으로 여겨진다.

주식이 부동산에 비해서 장점도 있다. 첫 번째는 세금이다. 앞에서 살펴봤듯이 수입의 20%를 투자할 경우 27년이던 부자 도달 기간은 인플레이션과 세금을 고려하는 순간 49년으로 2배 가까이 급증했다. 전혀 다른 차원의 얘기가 된다. 그만큼 인플레이션과 세금이 무섭다는 얘기인데, 부자들이 가장 예민하게 반응하는 것 중 하나가 바로 세금이다. 부동산 투자에는 많은 세금이 붙는다. 매매차익인 양도차익에 과세할 뿐만 아니라 취득 시점의 취득세, 보유 기간의 보유세(재산세, 종합부동산세)도 부담해야 한다. 반면 주식은 이런 세금이 없거나 부동산에 비해 매우 적다. 특히 주식의 양도차익에 대해 현재 우리나라는 일반적인 경우 과세를 하지 않는다(대주주의 양도차익에 대해서는 과세하고 있으며, 최근 대주주의 범위도 확대됐다. 또한 주식양도차익에 대해 소액주주에게도 전면 과세하는 방안이 꾸준히 논의되고 있다). 이 때문에 세전수익률과 세후수익률이 거의 같아진다는 장점이 있다. 또한 거래 시의 수수료 역시 부동산에 비해 훨씬 적다.

주식이 가진 또 다른 장점은 소액투자가 가능하다는 점이다. 부동산도 레버리지를 이용하면 소액투자나 무피투자가 가능한 경우도 있지만, 이는 어디까지나 예외적인 상황일 뿐 일반인이 부동산에 매달 10만 원씩 투자하기는 어렵다. 하지만 주식은 1만 원 이하

[표 11-10] 주식과 부동산의 장단점

구분	주식	부동산
장점	• 소액으로 투자 가능 • 매매차익에 대한 비과세	• 레버리지 이용 가능 • 보유 기간에 별도 수익 발생 • 낮은 변동성과 안정적인 수익률
단점	• 변동성이 큼	• 일정 규모 이상의 투자금 필요

의 적은 금액으로도 투자가 가능하다. 대규모 종잣돈을 필요로 하지 않기 때문에 바로 실행에 옮기기가 쉽다. 게다가 부동산처럼 관리가 번거롭지도 않다. 부동산은 임차인을 구하거나 부동산 가치를 유지하기 위하여 유지나 보수가 필요하지만, 주식은 그런 부담을 질 필요가 없다. 다만, 이런 쉬운 접근성 때문에 아무런 공부도 없이 무턱대고 주식시장에 뛰어들었다가 손실만 입고 나오는 경우도 많다. 주식에 투자하려면, 유지·보수가 필요 없는 대신 훨씬 많은 공부와 노력이 필요하다.

지금까지 살펴본 주식과 부동산의 장단점을 정리하면 [표 11-10]과 같다. 그런데 지난 30년간 주택과 코스피의 상승률은 연 2.65%, 2.83%로 3%가 채 되지 않는다. 이럴 거면 연 6%짜리 시스템자산에 투자하고 거기서 발생한 시스템수익을 재투자하는 것이 훨씬 유리하다. 연 3% 정도의 수익률이라면 주식이냐, 부동산이냐를 고민할 필요가 없다.

둘 다 아니다!

진짜 부자 가짜 부자

투자자산의 기대수익률을 높여야만 한다

주식과 부동산에서 기대할 수 있는 수익률이 과거 30년의 수익률 수준이라면 부자가 되는 데 별로 도움이 되지 않는다. 수익성 측면에서 은행 예금에 맡기는 것보다야 낫겠지만, 시스템자산의 수익률에도 못 미친다면 그냥 시스템자산에 묻어두는 것이 훨씬 유리하다. 어떻게든 투자자산의 기대수익률을 높여야만 한다. 어떻게 수익률을 높일 수 있을까?

물고기 잡는 법을 배우자

기가 막힌 대안을 손쉽게 제시할 수 있다면 좋겠지만, 아쉽게도 내겐 그럴 만한 능력이 없다. 나 역시 이 부분에 대해서는 계속 고민하고 공부하는 중이다. 한 가지 뻔해 보이면서도 유일한 방법은 '제대로 된 공부'를 하는 것이다. 내가 주식으로 지금까지 높은 수익률을 얻을 수 있었던 이유는 계속해서 고민하고 공부했기 때문이다. 투자와 관련된 책을 두루 읽고 파고들었으며, 좋은 강의가 있다고 하면 시간과 돈을 아끼지 않았다. 노력과 성과가 선형관계를 이뤘다고 볼 수는 없지만, 그런 노력이 쌓여서 장기적으로는 우상향하는 성과를 이뤄냈다. 당신이 이 책을 여기까지 읽고 뭔가 깨달음을 얻어내고 발전을 이루었다면, 그것이 공부의 성과가 아니고 무엇이겠는가.

투자 공부와 관련해서 한 가지 조언을 하자면, '물고기 잡는 법을 배우라'는 것이다. 사람들은 이상하게도 '물고기가 어디 있는지'에 관심을 갖는다. 부동산이라면 어떤 지역이 앞으로 유망한지, 주식이라면 어떤 산업이나 분야가 유망한지를 묻는다. 고기를 잡는 방법도 모르고 잡을 만한 도구도 없는데, 어디에 물고기가 많은지 알아서 무슨 소용이 있을까 싶다. 혹시나 궁금해할까 싶어 알려드리자면 부동산은 서울 강남의 아파트가 좋고, 주식은 바이오 산업과 4차 산업혁명 관련 분야가 유망하다. 거기에 고기가 많다.

정말 이게 궁금한가? 주식이나 부동산에 대해 체계적으로 배우는 강의보다는 '20XX년 시장 대전망' 같은 강연에 훨씬 많은 사람이 몰린다. 그런 전망은 기본적인 지식과 투자관점이 갖춰진 다음에나 유용하다. 물고기 잡는 법을 일단 알고 나서, 물고기가 어디 있는지 찾아 나서야 하지 않겠는가?

부동산에 투자할 때

부동산과 관련해서는 투자 방법에 대해 조언할 입장이 못 된다. 내가 충분한 경험을 쌓지 못했기 때문이다. 재산을 증식하는 과정에서는 전적으로 주식에만 의존했다. 뒤늦게 투자자산이 아닌 시스템자산의 필요성을 깨달으면서 부동산에 관심이 갔지만, 부동산을 시스템자산으로만 접근했기 때문에 투자자산으로서의 부동산에는 경험이 거의 없다. 그저 아내의 토지 투자에 상식적인 조언을 했을 뿐이다. 다만 투자부동산을 선택할 때도 시스템자산으로의 가능성을 열어두면 좋을 것 같다.

다시 한번 확인하자면, 우리의 궁극적인 목표는 생계비용을 넘어서는 시스템수익을 얻는 것이다. 시스템자산을 구축하는 과정에서 투자자산을 잠시 지름길로 고려하는 것이다. 전세를 낀 갭투자로 아파트를 구입하더라도, 나중에 월세로 전환했을 때 어느 정도의 시스템수익을 확보할 수 있는지 고려해보는 게 좋다. 그저 시세가 상승할 거라는 믿음만 가지고 투자했다가 부동산이 하락세로 돌아섰을 때 대안이 없다면 난감해진다.

실제로 지난 30년간 성과가 좋았던 서울의 아파트 매매시세도 2010년부터 2013년까지는 4년 연속 하락했다. 따라서 시세가 하락하더라도 임대수요가 충분해서 시스템자산으로의 전환이 용이한 매물인지 검토해야 한다.

앞에서 소개한 《자동 부자 습관》에서 노부부가 부자가 된 비결 중 하나도 집을 사서 월세를 준 다음 대출금을 자동이체로 갚은 것이었다. 대한민국에만 존재하는 전세제도가 없어지고 월세가 정착된다면, 부동산은 투자자산보다는 시스템자산으로 자리매김할 가능성이 크다고 본다.

주식에 투자할 때

주식은 올바른 투자 방법을 통해 투자수익률을 개선할 가능성이 있다. 주식에 입문하는 사람들에게 내가 추천하는 책 중 하나가 조엘 그린블라트가 쓴 《주식시장을 이기는 작은 책》이다. 고담캐피털이라는 헤지펀드를 설립하여 20년간 복리로 연 40%의 수익률을 달성한 저자는 이 책을 통해 주식투자의 '마법공식'을 제시했다. 마법공식은 '자본수익률return on invested capital'과 '이익수익률earnings yield'이라는 단 두 가지 지표만으로 투자종목을 선정하는 방법이다. 시장에서 거래되는 종목들의 자본수익률을 계산해서 순위를 매기고, 이익수익률도 순위를 매긴 다음, 둘을 함께 고려해 가장 순위가 높은 종목들에 투자하는 방법이다. 그는 이런 방법으로 1998년에서 2004년까지 미국 주식시장에서 CAGR 30.8%라는 놀라운 수익률을 기록했다. 당시 시장 평균수익률 12.3%에 비해 아주 높은 수익률이다.

내가 《주식시장을 이기는 작은 책》을 추천하는 이유는 다른 책에 비해 얇고 가독성이 좋아 쉽게 읽히면서, 투자의 정수를 정확하게 짚고 있기 때문이다. 주식투자에서 많은 사람이 저지르는 가장 큰 실수 중 하나가 바로 주식투자를 '좋은 기업에 투자하는 것'으로 생각한다는 점이다.

투자의 목적은
좋은 기업에 투자하는 것이 아니다!

진짜 부자 가짜 부자

투자의 일차적인 목적은 '돈을 버는 것'이다. 그리고 이를 달성하기 위해서는 '싸게 사서 비싸게 팔아야' 한다. 내 눈에 좋은 회사라면 남들이 보기에도 좋은 회사일 확률이 높다. 그리고 누가 보기에도 좋은 회사라면 대부분 가격이 비싸다. 투자에서 돈을 벌기 위한 첫 단계인 '싸게 사서'가 되지 않고 비싸게 사게 된다. 그러니 가격을 고려하지 않고 그저 좋은 회사를 찾아 나서면 십중팔구 투자에서 손실을 볼 확률이 높다. 운 좋게 몇 번 '비싸게 사서 더 비싸게 파는 경우'가 있겠지만 결국에는 큰 손해를 볼 수 있다.

주식투자의 목표는 '좋은 회사에 투자하는 것'이 아니라 '좋은 회사를 싸게 사는 것'이 되어야 한다. 이 때문에 가격이 싼지 비싼지에 대한 가치평가 단계가 필요하다. 주식의 적정가치를 계산해서 가격과 비교하여 싼지(가격 ⟨ 가치), 비싼지(가격 ⟩ 가치)를 판단하는 과정을 거쳐야 하는 것이다. 하지만 대부분의 투자자는 가격을 가치와 비교하지 않고 가격과 비교해서 판단한다. 주식의 적정가치를 판단하지 않고 그저 과거의 가격과 현재의 가격을 비교해서 싼지 비싼지를 판단한다. 10,000원 하던 주식이 5,000원이 됐으면 싸다고 판단하고, 20,000원이 됐으면 비싸다고 판단한다. 그건 그저 가격이 '하락했다', '상승했다'를 의미할 뿐 '싸다/비싸다'를 판단하는 근거는 되지 못한다. 실제 적정가치가 3,000원인 주식이 10,000원에서 5,000원으로 하락했다면, 5,000원은 여전히 비싸서 더 내려가야 할 가격일 뿐이다.

조엘 그린블라트가 책에서 제시한 마법공식은 단 두 가지 지표만을 제시했지만 주식투자의 목표가 '좋은 회사를 싸게 사는 것'이라는 점을 정확히 짚어내고 있다.

첫 번째 지표인 '자본수익률'은 회사에 투자된 자본 대비 얼마나 많은 이익을 냈는지를 나타낸다. 당신이 1억 원을 투자해서 회사를 설립한 다음 1,000만 원의 이익을 냈다면 자본수익률은 10%가 된다. 투자자 입장에서는 이 자본수익률이 높은 회사가 곧 좋은 회사다.

두 번째 지표인 '이익수익률'은 회사가 벌어들이는 이익을 얼마에 살 수 있는지를 나타낸다. 지금 1,000만 원의 이익을 내고 있는 회사를 5,000만 원에 살 수 있다면 이익수익률은 20%이고, 2억 원에 살 수 있다면 이익수익률은 5%다. 이 이익수익률이 높을수록 싼 회사다. 결국 자본수익률이 높은 회사는 좋은 회사이고 이익수익률이 높은 회사는 싼 회사이므로, 이 두 가지 순위가 모두 높은 회사에 투자하면 '좋은 회사를 싸게 사는 방법'이 된다. 이걸 꾸준히 실행하는 것만으로 시장 평균을 이겨내는 훌륭한 성과를 얻게 된다는 것이다.

이렇게 기업의 재무데이터나 시장의 가격정보 등 수치화된 데이터를 이용해 투자전략을 세우고 실행하는 것을 '계량투자' 혹은 '퀀트투자'라고 한다. 주식투자에 입문하는 일반인이 쉽게 따라 할 수 있으면서도 시장 초과수익을 기대할 수 있는 합리적인 투자 방법이다. 한국 주식시장에 적용할 수 있는 여러 가지 퀀트전략을 포함하여 퀀트투자에 대해서는 강환국 씨가 쓴 《할 수 있다! 퀀트 투자》라는 책에 아주 잘 정리되어 있다. 책의 부제인 '초보자도 연복리 20%

벌 수 있는 주식투자 비법'에 아주 잘 어울리는 내용으로 구성되어 있으니 주식투자에 뛰어들고 싶은 투자자라면 꼭 읽어보기를 권한다. 이 책에는 마법공식의 한계를 지적하고, 이를 보완하는 '신 마법공식'도 제시되어 있다. 책에 제시된 기대수익률을 달성할 수만 있다면 부자가 되는 데 필요한 시간을 획기적으로 단축할 수 있을 것이다.

나는 초기에 재무지표를 활용해서 퀀트식으로 투자하다가, 투자에 대한 공부가 깊어지고 자신감이 생기면서 개별 종목을 분석해서 집중투자 하는 방법을 택했다. 다행히 기대보다 훨씬 높은 수익을 얻을 수 있었고, 그 덕에 경제적 자유를 빠르게 얻었다. 하지만 모든 사람이 쉽게 따라 할 수 있는 과정은 아니라고 생각한다. 많은 공부와 고민, 인내를 거쳐야만 했다.

그러니 주식투자는 처음에 퀀트투자로 시작한 다음, 충분한 공부가 됐다면 자금 일부를 개별 종목에 대한 투자로 조금씩 옮겨가며 성과를 관찰해보기 바란다. 투자 성과뿐만 아니라 개인의 성격이나 기질, 투자 환경에 따라 퀀트투자가 적합한지 개별주 투자가 적합한지 판단하는 과정이 필요하다. 이런 판단은 투자를 실행하는 과정에서 자기 자신에 대한 이해가 바탕이 되어야 내릴 수 있다. 두 가지 모두를 경험해봐야 결론에 다가갈 수 있을 것이다.

그럼에도 자산배분은
필요하다

아무리 훌륭한 투자전략을 선택하고 실행하더라도 시장 위험을 벗어날 수는 없다. 과거의 성과가 미래의 수익을 보장하지 않고, 시장에는 언제든 '블랙 스완Black Swan(검은 백조. 존재하지 않을 것 같아 예측하지 못했던 상황이 실제로 발생해 시장에 커다란 충격을 주는 것을 의미한다. 월가의 트레이더였던 나심 니콜라스 탈레브가 《블랙 스완》을 통해 경고했던 상황이 서브프라임 모기지 사태를 통해 나타나면서 두루 쓰이는 용어가 됐다)'이 등장할 수 있다.

투자위험을 관리하는 가장 전통적인 방법은 '자산배분'이다. 상관관계가 높지 않거나 반대로 움직이는 성향이 있는 다양한 자산(주식, 채권, 금, 원자재, 해외 자산 등)에 나누어 투자함으로써 위험을 분산시키고 꾸준한 수익을 추구하는 방법이다. 하지만 이렇게 분산할 경우 위험은 낮출 수 있지만 우리가 원하는 연 6% 이상의 수익률을 기대하기는 어렵다(다만 상황은 계속해서 바뀔 수 있기 때문에 자산배분에 대한 공부는 해둘 필요가 있다. 개인투자자의 자산배분에 대해서는 김성일의 《마법의 돈 굴리기》를 추천한다).

대신 내가 권하는 방법은 시스템자산과 투자자산에 배분하는 전략이다. 투자금의 일부로는 시스템자산을 구축하여 안정적으로 시스템수익을 키워나가고, 나머지는 투자자산에 할당해 목표에 도달하는 기간을 단축하는 방법이다. 양쪽에 어느 정도의 배분을 하는 것이 좋은지에 대해서는 아직 과학적이고 합리적인 기준을 찾지 못했다. 다만 30~70%의 범위 내에서 개인에 따라 조정하기를 권한다. 위험을 감당할 자신이 있고, 투자에 대한 공부가 웬만큼 됐다고 판단한다면 투자자산의 비중을 늘리고, 아직 공부와 경험이 더 필요하다고 생각된다면 시스템자산의 비중을 늘리기 바란다. 하지만 아무리 투자에 자신감이 생기더라도 투자액의 30%는 시스템자산에 투자하기를 바란다. 시스템자산에서 안정적인 시스템수익이 생겨나면 투자 성과 역시 좋아질 확률이 높다.

투자에 성공하기 위해서는 심리적인 여유나 안정감도 중요한 요소다. 당장 한 달 내에 수익을 내야만 하는 사람과 5년 이상 여유 있게 투자할 수 있는 사람 중 누가 더 성과가 좋겠는가. 안정적인 시스템수익이 나와준다면 투자 성과가 좋지 않은 하락기나 시장의 침체를 버티면서 기다릴 수 있다. 당장 그 돈 없어도 밥은 굶지 않을 상황을 먼저 만들어야 한다. 1998년 IMF나 2008년 금융위기 때 투자자산을 처분하지 않고 버틴 사람들의 성과가 어땠는지 복기해보자.

자산의 가격은 장기적으로 우상향한다. 자본주의 사회에서 돈을 계속 찍어내는 한 가격은 상승한다. 다만 단기적인 침체는 언제든 발생할 수 있다. 그 단기적인 침체를 버틸 수 있도록 힘과 대안을 마련해두어야 한다. 투자의 귀재 워런 버핏이 했다고 알려진 유명한 얘기가 있다.

"주식시장은 인내심 없는 사람의 돈을 인내심 있는 사람에게 이동시키는 도구다."

타고난 인내심이 없다면,
시스템수익이 당신의
인내심이 되어줄 것이다!

진짜 부자 가짜 부자

나만의 로드맵을 만들자

엑셀을 이용해서 부자가 되기 위한 자신만의 로드맵을 그려보자. 단번에 '시스템수익 〉 생계비용'이라는 부자의 조건을 달성하기는 힘들다. 일단 구간을 짧게 나누어 목표 시스템수익을 설정해보자. 다음의 단계에 따라 스스로 로드맵을 그려보기 바란다.

1. 구간 설정

구간을 나누는 방법은 두 가지 정도로 생각해볼 수 있다.

① 일정 기간별 목표 설정

첫 번째는 일정 기간으로 설정하는 것이다. 매 3년 단위 혹은 매 5년 단위의 목표를 세우는 것이다. 예를 들어 다음과 같이 설정할 수 있다.

일정 기간별 목표 설정

연도(나이)	최소 목표 시스템수익
2020년(30세)	현재(0원)
2025년(35세)	30만 원
2030년(40세)	60만 원
2035년(45세)	90만 원
2040년(50세)	120만 원

2045년(55세)	150만 원
2050년(60세)	180만 원

② 변곡점별 설정

두 번째 방법으로는 삶의 주요 변곡점별로 설정하는 것이다. 결혼, 출산, 아이의 입학과 졸업, 은퇴 등으로 나누어 해당 기간까지의 목표를 설정하는 방법이다. 예를 들어 다음과 같이 설정할 수 있다.

변곡점별 설정

연도(나이)	이벤트	목표 시스템수익
2020년(30세)	현재	
2022년(32세)	결혼	20만 원
2025년(35세)	첫째 출산	50만 원
2027년(37세)	둘째 출산	80만 원
2032년(42세)	첫째 입학	100만 원
2034년(44세)	둘째 입학	120만 원
2040년(50세)	중간 목표	150만 원
2045년(55세)	중간 목표	170만 원
2050년(60세)	은퇴	200만 원

꼭 이 두 가지 방법이 아니더라도 자신의 사정에 맞게 다양한 방법으로 단기 목표를 설정해보기 바란다. 어떻게 설정하든지 기간과 금액은 구체적이어야 한다.

진짜 부자 가짜 부자

2. 자산 배분비율과 목표 수익률 설정

만약 시스템자산에 투자하는 것만으로는 단기 목표를 달성하기가 어렵다면 전액을 시스템자산에 투자하면 된다. 단, 시스템자산의 수익률은 수시로 변할 것이다. 최근 금리가 계속 낮아지면서 시스템자산의 수익률도 계속 낮아지고 있다. 세전 6%의 시스템수익률로 문제가 없다고 판단했는데, 시스템수익률이 4%로 낮아져 뒤늦게 투자자산을 확보해야 하는 문제가 생길 수 있다. 그러니 평소에도 최소 30%는 투자자산에 투자하여 자신에게 잘 맞는 투자자산이 무엇인지 공부해두는 것이 좋다.

앞의 예에서 ①의 경우 단기 목표는 5년 뒤 시스템수익 30만 원을 만드는 것이었다. 10장의 워크북에서 연습했던 엑셀을 이용해서 투자 금액을 구해보면 다음과 같다.

	B7		fx	= PMT(B1/12,B2*12,B3,B6)		
	A	B	C	D	E	F
1	수익률(연)	3.3%				
2	투자기간(연)	5년				
3	현재보유액	₩0				
4	목표 시스템수익	₩300,000				
5						
6	목표 시스템자산	₩109,090,909				
7	월 투자액	−₩1,674,798				

②의 경우 단기 목표는 2년 뒤 시스템수익 20만 원을 만드는 것이었다. 이 경우에 매월 투자해야 하는 금액은 다음과 같다.

	B7		fx	= PMT(B1/12,B2*12,B3,B6)		
	A	B	C	D	E	F
1	수익률(연)	3.3%				
2	투자기간(연)	2년				
3	현재보유액	₩0				
4	목표 시스템수익	₩200,000				
5						
6	목표 시스템자산	₩72,727,273				
7	월 투자액	−₩2,935,566				

①의 경우 매달 168만 원, ②의 경우 매달 294만 원의 투자금이 필요하다. 해당 금액을 투자할 수 있는 상황이라면 이 중 70%는 시스템자산에 투자하고, 나머지 30%는 투자자산에 투자하자. 투자자산의 세후실질수익률이 3.3%를 넘는다면 목표를 초과 달성하게 될 것이고, 그에 미달한다면 목표 달성에 실패할 것이다. 실패하더라도 장기적인 투자수익률을 높이기 위한 공부라고 생각하자.

만약 위에서 정한 금액만큼 투자할 수 없는 상황이라면 어떻게 할까? 그 경우에는 투자자산의 비중을 높이고 투자자산의 목표수익률을 설정해야 한다. 만약 ①의 경우 현실적으로 투자할 수 있는 금액이 120만 원이라면 다음과 같이 목표수익률을 구한다.

먼저 시스템자산과 투자자산의 배분비중을 정해야 한다. 아직 젊은 나이이기에 공격적인 투자를 한다고 생각하면 시스템자산에 30%, 투자자산에 70%를 배분한다. 이 경우 시스템자산 투자액은 36만 원이 된다. 매월 36만 원씩 시스템자산에 투자하는 경우 5년 뒤에 얻을 수 있는 시스템자산은 FV(future value)라는 함수를 사용해서 다음과 같이 구한다.

FV(rate,nper,pmt,[pv],[type])

매년 100,000원씩을 수익률 10% 자산에 10년간 납입하는 경우, 10년 뒤 얻게 되는 금액을 구하는 과정은 다음과 같다.

rate(이자율) = 10%
nper(납입 횟수) = 10회
pmt(납입액) = (-)100,000

이를 엑셀에 대입하면 다음과 같이 1,593,742원이라는 결과를 얻을 수 있다.

A1	▼	○	*fx*	= FV(10%,10,−100000)		
	A	B	C	D	E	F	G
1	₩1,593,742						

매월 360,000원씩 세후수익률 3.3%의 시스템자산에 투자하는 경우 5년 뒤 얻을 수 있는 금액은 다음과 같다.

> rate(이자율) = 3.3%/12
> nper(납입 횟수) = 5년 × 12
> pmt(납입액) = (−)360,000

A1	▼	○	*fx*	= FV(3.3%/12,5*12,−360000)		
	A	B	C	D	E	F	G
1	₩23,449,230						

월 300,000원의 시스템수익을 얻기 위해 필요한 시스템자산은 109,090,909원인데 시스템자산에 투자하여 얻을 수 있는 금액은 23,449,230이므로, 나머지 금액 85,641,679원은 투자자산으로 얻어내야 한다.

월 투자 금액 120만 원의 70%인 84만 원을 투자해서 5년 뒤 85,641,679원을 얻으려면 몇 퍼센트의 수익률을 달성해야 할까? 이를 구하는 함수는 수익률을 의미하는 RATE 함수다. RATE 함수의 구문은 다음과 같이 사용한다.

> RATE(nper, pmt, pv, [fv], [type], [guess])
> *guess는 선택사항으로 이자율의 추정값이다. 간혹 일반적으로 엑셀이 추정하는 범위를 훨씬 넘어서는 수익률이 예상되는 경우가 있다. 예를 들어 1,000,000%의 수익률을 달성해야 하는 상황이라면 엑셀이 쉽게 찾아내지 못한다. 이때는 guess값으로 1,000,000%를 입력하여 엑셀이 결괏값을 찾는 것을 도와줄 수 있다.

우리가 현재 입력해야 하는 인수값은 다음과 같다.

nper(납입 횟수) = 5년 × 12
pmt(납입액) = (-)840,000
pv(현재 보유액) = 0
fv(미래목표금액) = 85,641,679

이를 엑셀에 입력하면 다음과 같이 1.672%의 목표수익률을 구할 수 있는데 이는 월 수익률에 해당한다.

A1			fx	= RATE(5*12,−840000,0,85641679)		
	A	B	C	D	E	F	G
1	1.672%						

여기에 12를 곱하면 20.07%가 산정되지만, 우리가 구하는 수익률은 복리이므로 '$(1 + 1.672\%)^{12} - 1 = 22.02\%$'가 되어 목표수익률 22%를 구할 수 있다.

A3			fx	= (1+A1)^12−1		
	A	B	C	D	E	F	G
1	1.672%						
2	20.07%						
3	22.02%						

주의할 점은 이렇게 산출된 목표수익률이 너무 높은 경우에는 목표를 현실적으로 수정할 필요가 있다는 것이다. 워런 버핏의 수익률이 연 20% 수준이라고 한다. 또한 누적수익률 2,700%로 역사상 최고의 펀드라는 얘기를 듣는 피터 린치의 마젤란 펀드도 수익률이 연 29%다.

이들보다 높은 수익률을 목표로 하다 보면 자칫 투자가 아닌 투기의 길로 빠질 수 있다. 한두 해 반짝 높은 수익률을 보일 수는 있지만, 꾸준히 높은 수준의 수익률을 달성하는 것은 쉬운 일이 아니다.

너무 조바심 낼 필요는 없다. 반드시 완전한 경제적 자유(시스템수익 〉 생계비용)를 목표로 하지 않아도 된다. '매달 월급 외에 따로 OO만 원만 꼬박꼬박 들어와 주면 원이 없겠다'라는 수준을 목표로 해도 된다. 정말 그것만으로도 우리 삶이 훨씬 나아진다.

3. 단계별 점검 및 수정

이렇게 단기 목표를 설정하고 기록해놓은 다음 주기적으로 검토하길 바란다. 첫 번째 단계에서 설정한 목표를 달성했는지, 달성하지 못했다면 이유가 무엇인지, 내가 예상하고 목표로 했던 투자수익률과 실제 달성한 투자수익률을 비교해보자. 이를 통해 장기 목표도 수정하고 업데이트해가면서 자신이 로드맵을 잘 따라가고 있는지, 이탈했다면 궤도를 어떻게 수정해야 하는지 판단할 수 있을 것이다.

행복한
진짜 부자가
되자

세상은 계속해서 변할 것이다. 본문에서 6% 시스템자산으로 추천했던 JP모건의 고정배당우선주는 최근에 고정배당률이 4.75%로 낮아졌다. 미국이 금리를 계속 인하함에 따라 기존 6%대의 우선주는 상환하고, 4.75%의 금리로 새로 발행했다. 국내 사정도 녹록지 않다. 몇 개월 사이 정부가 내놓은 부동산 정책은 부동산에서 발생하는 소득을 불로소득으로 보아 용인하지 않겠다는 의지를 천명하고 있다.

몇 달 뒤에는 상황이 또 어떻게 바뀔지 예측할 수 없다. 이 책에서 다룬 내용도 시간이 지나면 '버려야 할 옛것'이 될지도 모르겠다. 다만 이 책에 적힌 지식은 버려야 할 것이 되더라도, 이 책을 읽은 사람이 책의 내용을 실천하면서 쌓게 될 지혜는 저마다의 인생에 좋은 양분이 되리라 믿는다.

부자가 되기 위한 과정은 다음과 같다.

1. 자신의 상태를 측정하고 기록한다.

2. 재정적인 목표를 세우고, 이를 달성하기 위한 로드맵을 그린다.

3. 목표를 향한 로드맵을 잘 따라가고 있는지 주기적으로 확인하고 수정한다.

돈이 많으면 행복할까? 2011년 방송된 KBS 다큐멘터리 〈행복해지는 법〉에는 돈과 행복의 상관관계를 살펴보는 내용이 있었다. 사람들이 '행복하기 위해 필요한 것'으로 선택한 것으로는 '돈'이 가장 많았다. '돈이 얼마나 있다면 행복한가'라는 질문에는 10~50억을 가장 많이 선택했다. 평균 21억 원을 선택했는데, 당시 상위 1%가 가진 재산에 해당하는 금액이었다.

정말 돈이 많으면 행복할까? 이에 대한 수많은 연구 결과에 따르면 가난에서 벗어나는 수준일 때는 돈이 행복에 큰 영향을 미치는 것으로 나타난다. 하루 세끼 끼니를 구하지 못하는 상황에서 돈은 생존을 보장하고 행복에 기여한다. 하지만 일정 수준을 벗어나면 돈과 행복의 상관관계는 거의 없는 것으로 나타난다. 다큐멘터리에서 소개한 연구 결과도 월 소득이 400만 원 이하일 때 행복은 소득에 비례하여 증가하지만, 400만 원을 넘어서면 더는 증가하지 않고 오히려 감소하는 것으로 나타났다.

세계에서 가장 활발하게 인용되는 행복심리학자 중 한 명이라는 연세대학교 서은국 교수가 쓴 《행복의 기원》을 보면, 돈은 인간이 느끼는 행복에서 비타민과 같은 역할을 한다고 한다. 비타민이 부족하면 건강에 여러 가지 이상 증상이 나타날 수 있지만, 적정량 이상의 섭취는 건강에 아무런 도움이 되지 않는다. 마찬가지로 돈이 부족하면 행복하지 않을 수 있지만, 일정 수준 이상의 돈은 행복에 도움이 되지 않는다. 오히려 더 많은 돈을 벌기 위해 행복에 영향을 주는 다른 것들(건강, 가족과의 시간, 사회적 관계 등)을 희생하는 바람에 행복을 방해하는 요소가 되기도 한다.

심리학에서는 인간에게 '쾌락적응'이 있다고 한다. 즉, 무엇에든 적응하는 능력이 있어서 일종의 내성이 생기기 때문에 같은 정도의 자극으로는 처음만큼의 쾌락을 느끼지 못한다는 것이다. 소득이 늘어나고 부가 쌓이는 것은 분명 기쁜 일이다. 하지만 그 기쁨에 적응하고 나면, 이제는 좀더 많은 부를 원하게 된다. 더 큰 자극이 주어지기를 기대하는 것이다. 부자들이 오히려 돈에 대한 욕심을 더 부리는 듯한 것도 이 때문이다. 돈에 자유로워지지 못하고 중독되어 끌려간다면 진짜 부자라고 할 수 있을까?

다큐멘터리 〈행복해지는 법〉에는 여러 사람이 등장한다. 직장을 그만두고 자영업에 뛰어들어 7년간 고생만 하다가 드디어 대박을 터뜨린 고깃집 주인은 어렵게 잡은 기회를 놓치지 않으려고 연중무

휴로 새벽 4시까지 장사를 했다. 아침부터 오후 5시까지는 아내가 점심 장사를 하고, 오후 5시부터 새벽 4시까지는 남편이 저녁 장사를 했다. 아빠 얼굴을 자주 보지 못하는 두 딸은 아빠에게 "우린 언제 같이 살아?"라고 물었다. 그 부부의 목표는 10년쯤 뒤에 '시간이 부자인 사람'이 되는 것이라고 했다. 신도시에 개원한 한 치과의사는 마주 보는 두 건물에 치과만 7개가 들어서 있는 경쟁에서 살아남았다. 직원이 10명이나 되는 큰 치과의 원장인데도 그는 여전히 불안하다고 했다. 지금 더 발전하지 않으면 언제든 경쟁에서 밀려나고 도태될 수 있다는 불안감이었다.

OECD가 조사하는 행복지수에서 한국은 매번 최하위권이다. 다큐멘터리에 등장하는 '당신의 삶에 만족하십니까?'라는 길거리 설문에서도 대한민국은 53%가 만족한다고 답한 반면에, 행복지수 1위를 자랑하는 덴마크는 93%가 만족한다고 답변했다. 다큐멘터리에서 인상적인 내용은 덴마크 벽돌공의 인터뷰였다. 그는 자신의 직업에 대해 자긍심이 있었다. 자신과 같은 사람이 없다면 사람들이 지붕이 없거나 벽이 없는 집에 살아야 한다며, 자신이 하는 일은 은행장과 똑같이 중요한 일이라고 했다. 1년에 최소 5주의 유급휴가를 가지며, 주당 노동 시간이 37시간을 초과하지 않는다는 그의 한 달 수입은 600만 원이었다. 그런데 그중 절반에 가까운 약 300

만 원을 세금으로 내야 한다. 세후 수입이 300만 원밖에 되지 않는 것이다. 수입의 절반을 세금으로 뺏기니 불만이 많을 것 같지만 그는 전혀 불만이 없었으며, 오히려 그 이상을 돌려받는다고 생각했다. 실제로 65세가 되면 자신이 벌었던 평균소득의 반 정도를 죽을 때까지 연금으로 지급받는다.

국가가 시스템자산인 셈이다!

기본적인 생존을 보장해주는 사회에서 중요한 것은 자기 자신과 가족이다. 벽돌공 메스 핸슨의 답변을 그대로 옮겨본다.

> "제가 하고 싶은 일을 하는 현재 상황에서는 돈이 많이 필요하지 않습니다. 돈이 중요하지 않다는 뜻은 아닙니다. 누구나 돈을 많이 벌기를 원합니다. 하지만 아내, 아이와 또 다른 것들에 시간을 보내는 것이 돈만 버는 것보다는 훨씬 더 중요해요."

우리는 흔히 '노동은 신성한 것'이라고 얘기한다. 신성한 노동수익은 부자의 길이 아니고 '불경한' 불로소득이 진짜 부자가 되는 방법이라고 하면, 반감을 가지는 사람들도 있다. 나 역시 노동을 천시

할 생각은 전혀 없다. 하지만 우리가 정말 신성한 노동을 하고 있을까? 누구를 위해서, 무엇을 목적으로 하는 노동이란 말인가? 단지 돈을 목적으로 하기 싫은 일을 참아내고 있다면, 신성하다고 표현할 수 있을까? 왜 모든 직장인은 금요일을 가장 좋아하고, 월요일을 가장 싫어할까?

TV 프로그램에서 누군가가 "돈 안 줘도 그 일 할 거예요? 안 주면 안 할 거잖아요. 그러니 돈 때문에 일하는 거죠"라고 얘기하는 걸 들은 적이 있다. 너무 잔인하고 극단적인 질문이다. 자본주의 사회에서 돈을 받지 않고 일을 할 수 있을까?

나 역시 아무런 대가도 주어지지 않는다면 강의를 할 생각도, 책을 쓸 생각도 없다. 누군가가 돈을 주지 않아도 일을 한다면 사회 전체적으로도 결코 바람직하지 않다. 생각해보라. 지금 당신이 하고 있는 일을 누군가가 공짜로 제공해버린다면 어떻게 되겠는가. '돈을 받지 않아도 그 일을 하겠느냐?'는 결코 좋은 질문이 아니다. 대신 나는 이렇게 묻고 싶다.

당신에게 돈이 충분히 있어도
그 일을 할 건가요?

정말 신성한 노동이고 의미 있는 일이라면, 돈이 충분히 있더라도 하게 되는 일이어야 하지 않을까? 복권만 당첨되면 당장 때려치우겠다고 생각하는 일이 '신성한 노동'이 될 수 있을까?

나는 부자가 되고 나서야 신성한 노동을 할 수 있게 됐다. 시스템 수익이 생계비용을 넘어서면서 '돈을 벌기 위한 일'을 더는 하지 않아도 된다는 생각이 들자 내가 진짜 좋아하는 일, 하고 싶은 일이 무엇일까 생각하게 됐다. 몸을 혹사하는 오프라인 강의는 줄여나갔다. 하지만 남들에게 지식을 전달하고 깨우침을 주어서 고맙다는 피드백을 받는 것은 '돈이 충분히 있어도 하고 싶은 일'이다. 세계에서 가장 성공적인 투자자 중 한 명인 레이 달리오가 일반인들을 위해 책을 쓰고 유튜브 영상을 찍는 것이 충분히 이해가 간다. 그래서 가끔 하게 되는 특강이나 온라인 강의는 계속하기로 했다. 그리고 이렇게 책을 써서 내 생각을 전달하는 것이 즐겁다. 돈이 충분히 있어도 책은 계속해서 써내고 싶다. 마감일을 정해놓지 않고 내킬 때마다 쓰는 바람에 책 한 권 나오는 데 1년이 넘게 걸렸지만, 참 즐거운 일이었다.

뭐가 또 이렇게 신나고 재미있는 일일까? 돈이 충분히 있어도 하고 싶은 일은 또 무엇일까? 처음에는 좀체 떠오르지 않았다. 오랜 기간 '어떻게 하면 돈을 더 벌 수 있을까? 어떻게 하면 남들이 부러워하는 성공을 얻을까?'만 생각했지, 나 자신이 진짜 무엇을 좋아하는지는 깊게 생각해보지 않았기 때문이다. 스스로 자신을 잘 모른다는 생각이 들었다.

그러다가 문득 생각해낸 것이 앞에서 언급한 보드게임이다. 어릴 때는 주사위게임이나 보드게임을 직접 손으로 그리고 잘라서 만들었다. 용돈이 부족해서이기도 했지만, 내가 직접 만든 다양한 규칙의 게임을 친구들과 함께 하는 게 즐거웠다. 공인회계사 2차 시험에 두 번이나 떨어지고 미래에 대한 불안감이 몰려오던 시절에는, 정 안 되면 회계사의 길은 깨끗하게 접고 게임개발회사에 '열정페이'만 받고 들어갈 생각을 한 적도 있다. 그렇게 20년 가까이 돌아보지 않았던 길이 다시 보이기 시작했다. 내가 나를 점점 더 알아가게 된다는 느낌이다. 이제야 비로소 '신성한 노동'을 할 수 있을 것 같다.

당신에게 '돈이 충분히 있어도 할 일'은 무엇인가? 생각해본 적이 있는가? 많은 사람이 그 일을 찾았으면 좋겠다. 그렇게 되면 덴마크의 벽돌공처럼 자신이 하는 일에 자긍심을 갖게 될 것이다. 우리 사회에 그런 사람이 많아졌으면 좋겠다. 우리나라도 복지 수준이 높아지고 연금이 강화되길 바란다. 세후실질수익률이 중요하며 절세가 필요하다고 역설했지만, 덴마크 같은 상황이라면 나 역시 기꺼이 세금을 낼 것이다. 인간은 절대 혼자서만 행복해질 수 없다. 주변의 사람들과 사회적인 관계 안에서 안정감을 느낄 수 있어야 한다. 담장 밖에 빈민과 강도가 넘쳐나는데 행복할 수 있겠는가?

지금 당장은 복지와 연금체계가 우리가 원하는 수준에 못 미칠 것이다. 국가가 제공하지 못한다면 개인이 구축해야 한다. 이 책에서 얘기하는 부자 방정식과 시스템수익이 당신의 행복을 돕는 안전망이 될 수 있기를 기대한다. 그렇게 된다면 나와 당신이 함께 진정 행복한 부자가 될 수 있으리라고 생각한다.

이 책이 우리 사회의 행복지수를 높이는 데 0.001%라도 기여한다면 나에게는 정말 의미 있는 일이 될 것이다.

[부록 표 1] 25년 이상 배당금을 증가시킨 기업 (25-Year Dividend Increasing Stocks)

(단위: 년, %)

종목코드	회사명	배당 증가 기간	배당수익률
AWR	American States Water	64	1.28
DOV	Dover Corp.	63	1.89
NWN	Northwest Natural Gas	63	2.75
EMR	Emerson Electric	62	2.79
GPC	Genuine Parts	62	2.97
PG	Procter & Gamble	62	2.39
MMM	3M	60	3.42
CINF	Cincinnati Financial	58	1.98
JNJ	Johnson & Johnson	56	2.88
LOW	Lowe's	56	1.98
KO	Coca-Cola Co.	56	2.94
LANC	Lancaster Colony Corp.	56	1.87
ITW	Illinois Tool Works	55	2.54
CL	Colgate-Palmolive	55	2.51
TR	Tootsie Roll	53	1.05
CB	Chubb Limited	53	1.97
HRL	Hormel Foods	52	2.05
ABM	ABM Industries	51	1.97
FRT	Federal Realty Investment Trust(REITs)	51	3.09
SCL	Stepan Co.	51	1.11
SWK	Stanley Black & Decker, Inc.	51	1.80
TGT	Target	51	2.45
CWT	California Water Services Group	51	1.41
SJW	SJW Corp	51	1.61
CBSH	Commerce Bankshares	50	1.62
BKH	Black Hills Corp	49	2.56
FUL	H.B. Fuller Co.	49	1.31
NFG	National Fuel Gas Co.	48	3.84
SYY	Sysco Corp	48	1.96
BDX	Becton Dickinson	47	1.20
MSA	Mine Safety Applications	47	1.39

LEG	Leggett & Platt	47	3.12
TNC	Tennant Co.	47	1.16
UVV	Universal Corp	47	5.54
GWW	W.W.Grainger	47	1.87
ABT	Abbott Labs	46	1.53
GRC	Gorman–Rupp	46	1.57
PPG	PPG Industries	46	1.62
PEP	PepsiCo	46	2.79
VFC	V.F. Corporation	46	2.33
ABBV	AbbVie Inc.	46	5.38
MSEX	Middlesex Water Co.	46	1.55
HP	Helmerich Payne	46	7.57
KMB	Kimberly–Clark	46	3.10
NUE	Nucor Corporation	45	2.94
ADP	Automatic Data Processing	44	1.95
TDS	Telephone & Data Systems	44	2.47
ED	Consolidated Edison	44	3.21
RPM	RPM International	44	1.97
WMT	Wal–Mart Stores	44	1.80
MGEE	MGE Energy	43	1.84
WBA	Walgreens Boots Alliance, Inc.	43	3.28
ADM	Archer Daniels Midland Co.	43	3.33
PNR	Pentair Inc.	42	1.72
MCD	McDonald's	42	2.54
CSL	Carlisle Co.	42	1.31
RLI	RLI Corp	42	0.95
CLX	Clorox Co.	41	2.87
MDT	Medtronic, Inc.	41	1.99
SHW	Sherwin Williams	40	0.77
EV	Eaton Vance	38	3.29
CTBI	Community Trust Bancorp	38	3.47
SON	Sonoco Products	38	2.95
BEN	Franklin Resources	37	3.77
ORI	Old Republic International Corp	37	3.57
WEYS	Weyco Group	37	3.84
APD	Air Products & Chemicals	36	2.18

진짜 부자 가짜 부자

XOM	Exxon Mobil	36	5.14
ATO	Atmos Energy	36	1.87
CTAS	Cintas Corporation	36	0.76
AFL	Aflac	36	2.03
BF-B	Brown-Forman	34	1.01
DCI	Donaldson Company	34	1.59
T	AT&T	34	5.34
ECL	Ecolab Inc.	33	0.96
SRCE	First Source Corporation	33	2.25
MCY	Mercury General	33	5.31
CVX	Chevron Corp	33	4.10
BRC	Brady Corp	33	1.54
TMP	Tompkins Financial	33	2.37
UHT	Universal Health Realty Income Trust(REITs)	33	2.23
UGI	UGI Corp	33	2.71
MKC	McCormick & Co.	32	1.40
TROW	T. Rowe Price	32	2.59
THFF	First Financial Corp	32	2.38
CFR	CullenFrost Bankers Inc.	26	3.15
SKT	Tanger Factory Outlet(REITs)	26	8.65
WST	West Pharma Services	26	0.44
JW-A	John Wiley & Sons	25	2.95
ESS	Essex Property Trust(REITs)	25	2.38

※ 2019년 10월 31일 기준   출처: Dividend.com

[부록 표 2] 한국P2P금융협회 회원사 대출 현황 조사   (단위: 백만 원, %)

번호	법인명	서비스명	누적 대출액	대출잔액	연체율
1	㈜에스엔에스렌딩	SNSL	6,636	487	0
2	㈜누리펀딩	누리펀딩	15,753	2,413	0
3	㈜다온핀테크	다온펀딩	7,004	3,033	0
4	㈜데일리펀딩	데일리펀딩	293,081	50,429	0
5	㈜렌딩사이언스	렌딩사이언스	32,813	17,019	4.45
6	㈜론포인트	론포인트	127,078	20,150	0
7	㈜모자이크펀딩	모자이크펀딩	108,893	14,319	0
8	㈜미드레이트	미드레이트	37,387	8,687	3.55
9	㈜미라클핀테크	미라클펀딩	24,290	7,445	0
10	㈜바른핀테크	바른펀딩	24,728	5,230	9
11	㈜브이핀테크	브이펀딩	88,644	59,161	0
12	비욘드플랫폼 서비스㈜	비욘드펀딩	126,906	36,765	70.12
13	㈜빌드온	빌드온펀딩	15,610	5,418	62.00
14	㈜소딧	소딧	78,792	7,707	76.00
15	스마트크라우드㈜	스마트크라우드	13,134	1,587	0
16	스마트핀테크㈜	스마트펀딩	6,120	601	43.00
17	㈜시소플랫폼	시소펀딩	186,791	32,699	0
18	㈜슈펙스펀드	슈펙스펀드	900	–	0
19	썬펀딩㈜	썬펀딩	17,072	5,303	85.00
20	㈜애플펀딩	애플펀딩	21,621	2,942	93.47
21	㈜어니스트펀드	어니스트펀드	629,093	216,453	4.69
22	㈜어스핀테크	어스펀딩	307	307	0
23	㈜월드펀딩	월드펀딩	28,465	2,994	55.00
24	㈜위펀딩	위펀딩	61,855	10,961	0
25	㈜유니어스	유니어스펀딩	31,510	9,640	0.62
26	㈜이지펀딩	이지펀딩	25,380	6,248	3.20
27	더줌자산관리㈜	줌펀드	42,368	9,075	4.17
28	㈜천사크라우드	천사펀딩	22,645	10,824	10.90
29	㈜트리거파트너스	칵테일펀딩	51,021	15,275	5.00
30	㈜케이펀딩	케이펀딩	8,090	4,851	2.30
31	코리아펀딩㈜	코리아펀딩	234,373	45,649	2.30
32	㈜크레딧펀딩	크레딧펀딩	24,007	10,663	44
33	㈜크레파스솔루션	크레파스펀딩	–	–	0

진짜 부자 가짜 부자

34	㈜타이탄인베스트	타이탄인베스트	27,531	940	0
35	㈜탑플랫폼	탑펀드	53,575	6,670	0
36	탱커펀드㈜	탱커	46,308	8,530	0
37	㈜테라핀테크	테라펀딩	913,574	300,783	12.18
38	㈜투게더앱스	투게더펀딩	501,364	144,415	1.28
39	랑파트너스㈜	펀드랑	23,740	8,210	12.18
40	㈜펀디드	펀디드	25,800	2,624	35.00
41	베네핏소셜㈜	펀펀딩	76,739	9,233	0
42	㈜프로핏	프로핏	200,293	59,251	0
43	㈜피플펀드컴퍼니	피플펀드	575,148	194,734	9.43
44	한국경우펀딩㈜	한국경우펀딩	22,208	3,950	0
45	㈜헬로핀테크	헬로펀딩	194,931	33,544	0
TOTAL			5,053,577	1,397,218	8.80

※ 2019년 9월 말 기준

출처: 회원사별 공시 자료

참고자료

《부자 아빠 가난한 아빠》, 로버트 기요사키 저, 안진환 역, 민음인(2018)

《돈 걱정 없는 신혼부부》, 박상훈·김의수 저, 비전과리더십(2010)

《나는 4시간만 일한다》, 팀 페리스 저, 최원형·윤동준 역, 다른상상(2017)

《부의 추월차선》, 엠제이 드마코 저, 신소영 역, 토트출판사(2013)

《디자이너가 아닌 사람들을 위한 디자인북》, 로빈 윌리엄스 저, 윤재웅 역, 라의눈
   (2016)

《똑똑한 배당주 투자》, 피트 황 저, 스마트북스(2016)

《잠든 사이 월급 버는 미국 배당주 투자》, 소수몽키(홍승초)·배가풍류객(임성준)·윤재
   홍 저, 베가북스(2019)

《미국 배당주 투자지도》, 서승용 저, 진서원(2019)

《회색인간》, 김동식 저, 요다(2017)

《자동 부자 습관》, 데이비드 바크 저, 김윤재 역, 이혜경 감수, 마인드빌딩(2018)

《맘마미아 월급재테크 실천법》, 맘마미아 저, 진서원(2019)

《주식시장을 이기는 작은 책》, 조엘 그린블라트 저, 안진환 역, 이상건 감수, 알키
   (2011)

《행복의 기원》, 서은국 저, 21세기북스(2014)

《생각에 관한 생각》, 대니얼 카너먼 저, 이창신 역, 김영사(2008)

《할 수 있다! 퀀트 투자》, 강환국 저, 신진오 감수, 에프엔미디어(2017)

《블랙 스완》, 나심 니콜라스 탈레브 저, 차익종·김현구 역, 동녘사이언스(2018)

《마법의 돈 굴리기》, 김성일 저, 에이지21(2017)

〈OECD 보건통계 2019〉, 보건복지부

〈한국인의 은퇴 준비 2018〉, 삼성생명 은퇴연구소

진짜 부자 가짜 부자

〈2019 한국 부자 보고서〉, KB경영연구소

〈재무보고를 위한 개념체계〉

〈국제통계연감: 기대수명(OECD)〉, 국가통계포털

〈취학 전 아동의 글씨쓰기와 기능적 과제수행과의 상관관계〉, 《대한감각통합치료학회
　　지》(대한감각통합치료학회) 12권 2호(2014), 황혜정·박규리·진화정·김경미

"조카에게 주는 천만원 선물 내게 큰 유익이 되는 이유", 〈매경프리미엄〉, 2017년 2월
　　7일

"'10억이면 부자'…변함없는 한국인 부자의 기준", 〈머니투데이〉, 2019년 6월 20일

"30년 이상 가입 국민연금 수급자 1만2천명…월평균 127만 원 받아", 〈연합뉴스〉,
　　2019년 10월 22일

"[2019 국감] 상위 1% 계좌에 전체예금 45%…'현금 불평등' 심화", 〈이투데이〉, 2019
　　년 10월 13일

"재개발·재건축 새 아파트, 전세놓고 대출받는 꼼수 못쓴다", 〈조선비즈〉, 2019년 9월
　　28일

"'역대급 입주' 오피스텔 수익률 5% 붕괴", 〈부동산 114 리포트&뉴스〉, 2019년 3월 12일

"[숏컷] '지식대중화'의 속뜻", 〈이코노믹 리뷰〉, 2013년 5월 20일

"기업 퇴직연금 도입 의무화…만기 ISA 연금계좌 전환 허용", 〈연합뉴스〉, 2019년 11월
　　13일

사경인 회계사의 부자 되는 돈 공부

진짜 부자
가짜 부자

초판 1쇄 발행 | 2020년 4월 17일
초판 6쇄 발행 | 2020년 5월 1일

지은이 | 사경인
펴낸이 | 전준석
펴낸곳 | 시크릿하우스
기획 | 박경화 · ㈜휴먼밸류
주소 | 서울특별시 마포구 독막로3길 51, 402호
대표전화 | 02-6339-0117
팩스 | 02-304-9122
이메일 | secret@jstone.biz
블로그 | blog.naver.com/jstone2018
페이스북 | @secrethouse2018
인스타그램 | @secrethouse_book
출판등록 | 2018년 10월 1일 제2019-000001호

ISBN 979-11-90259-17-0 03320

더클래스는 시크릿하우스와 ㈜휴먼밸류가 함께하는
교육 및 비즈니스 출판 브랜드입니다.

- 이 도서의 국립중앙도서관 출판예정도서목록(CIP)은 서지정보유통지원시스템 홈페이지
(http://seoji.nl.go.kr)와 국가자료종합목록시스템(http://www.nl.go.kr/kolisnet)에서 이용하
실 수 있습니다. (CIP제어번호 : CIP2020010982)